U0449152

西南政法大学刑法学术文库

刑法解释动态观

王东海 著

法律出版社 LAW PRESS·CHINA
北京

图书在版编目（CIP）数据

刑法解释动态观 / 王东海著. -- 北京：法律出版社，2025. --（西南政法大学刑法学术文库 / 石经海主编）. -- ISBN 978-7-5197-9779-9

Ⅰ. D924.05

中国国家版本馆 CIP 数据核字第 2025C36T98 号

刑法解释动态观 XINGFA JIESHI DONGTAIGUAN	王东海 著	责任编辑 屈 瑶 王雅楠 装帧设计 臧晓飞

出版发行 法律出版社	开本 710 毫米×1000 毫米 1/16
编辑统筹 学术·对外出版分社	印张 15　字数 180 千
责任校对 晁明慧	版本 2025 年 7 月第 1 版
责任印制 胡晓雅　宋万春	印次 2025 年 7 月第 1 次印刷
经　　销 新华书店	印刷 北京建宏印刷有限公司

地址:北京市丰台区莲花池西里 7 号(100073)
网址:www.lawpress.com.cn　　　　　销售电话:010-83938349
投稿邮箱:info@lawpress.com.cn　　　客服电话:010-83938350
举报盗版邮箱:jbwq@lawpress.com.cn　咨询电话:010-63939796
版权所有·侵权必究

书号:ISBN 978-7-5197-9779-9　　　　　定价:69.00 元

凡购买本社图书,如有印装错误,我社负责退换。电话:010-83938349

西南政法大学刑法学术文库
编辑委员会

主　任：林　维　石经海

委　员（以姓氏拼音为序）：

　　　　陈　伟　丁胜明　贾　健

　　　　姜　敏　李永升　林　维

　　　　卢有学　梅传强　石经海

　　　　袁　林

总　序

七十载辉煌征程,七十载峥嵘岁月。全新打造的西南政法大学刑法学术文库(以下简称"西政刑法文库")先后于2019年由中国检察出版社和于2022年由法律出版社隆重推出,这既是庆祝中华人民共和国成立70周年和致敬中华人民共和国光辉成就的献礼,更是西南政法大学刑法学科再出发的前进号角,我们将伴随中华人民共和国永不停息的发展脚步,迈入新征程,迎接新挑战,实现新跨越。

西南政法大学刑法学科源于1952年成立的西南人民革命大学政法系和1953年成立的西南政法学院刑法教研室(学校直辖的八个教研室之一),于1979年开始招收刑法学硕士研究生(是我国最早招收刑法硕士研究生的学科之一),于1995年被确定为省级重点学科,于2000年获得博士学位授权点,于2004年开始接收博士后研究人员。在七十年的发展历程中,以蔡燕荞、邓又天、赵念非、伍柳村、董鑫、赵长青、陈忠林、邓定一、杨显光、夏宗素、宣林泉、高绍先、李培泽、朱启昌、邱兴隆、张绍彦、朱建华、王利荣等老一辈教授为代表的西政刑法学人辛勤耕耘、默默奉献，为刑法学科的建设和发展做出了突出贡献。改革开放以来，邓又天教授、赵长青教授、陈忠林教授、梅传强教授和石经海教授先后担任学科带头人（负责人）。时至2022年，刑法学科的专任教师已达36人，形成了具有良好学历、职称、年龄和学缘结构的教学科研团队；拥有重庆市首批人文社科重点研究基地"毒品犯罪与对策研究中心"，与最高人民法院、国家禁毒办合作共建了"国家毒品问题治理研究中心"，此外，还有"重庆市新型犯罪研究中心""量刑研究中心""特殊群体权利保护与犯罪预防研究中心""少年法学研究中心""金融刑法研究中心""外国与比较刑法研究中心"等研究基地。经过几代人的薪火相传和不懈努力，西南政法大学刑法学科已经成为具有雄厚学科基础和优良学术传统，在全国发挥着重要影响力并且具有一定国际知名度的省部级重点学科。

科学研究与人才培养是学科建设的"两翼"。西南政法大学刑法学科具有数量规模庞大、年龄结构合理、学历水平优化、学缘结构合理的学科团队，他们积极投身于教学科研任务一线，近年来，在科研项目立项、学术论文发表、科研成果获奖等方面成绩斐然，在科学研究方面也取得了优异的成绩。此外，在大力加强科学研究的同时，西南政法大学刑法学科也着力于人才培养。自获得博士学位授权点以来，本学科已培养了逾两百名博士，他们活跃在法学理论和司法实务的各个领域，他们所取得的成绩在一定意义上也是本学科所取得的成绩。为此，"西政刑法文库"将立足本学科，主要出版本学科教学科研人员的优秀著作；同时，也将选择本学科培养且已经毕业的部分博士的学位论文或其他优秀学术著作出版。为了发挥"西政刑法文库"的学术价值和社会效应，体现学术丛书的性质，将采取不定期常年出版的形式，对于拟出版的著作，由编辑委员会审定同意后出版，每本著作连续编号，力争将其打造成为规模较大、质量上乘、影响广泛的学术精品。"西政刑法文库"将秉承思想交流与学术创新的基本宗旨，着力打造学术精品，展示西南政法大学刑法学人形象，献力中国刑法学术发展。

学术的生命在于争鸣,思想的火花源于碰撞。"西政刑法文库"的出版将呈现每一个作者对当下中国刑法理论与实践问题的关注和思考,为学术交流搭建一个有益的平台,用文字和思考对中国法治发展献出自己的绵薄之力。我们期待"西政刑法文库"的出版发行能够为国内外同行了解和认识本学科提供一个窗口,也期待国内外同行能够以此为平台,加强与本学科的沟通交流,国内外同行和广大读者的真知灼见将是我们进一步加强学科建设的重要力量。

将西南政法大学刑法学科发展好、建设好,是全体西政刑法学人的使命和追求。处在新时代的激流之中,在"双一流"建设的大背景下,本学科的发展也面临诸多新的挑战,加强学科建设刻不容缓。值此"西政刑法文库"出版之际,诚挚欢迎学界同仁以及各界朋友一如既往地关心和支持西南政法大学刑法学科的发展建设,共同促进我国法治事业的健步前行。

西南政法大学刑法学术文库编辑委员会
2022 年 10 月

序一 刑法解释理念与方法的新尝试

高维俭*

王东海是我在西南政法大学任教时指导的刑法学博士。其博士论文修订出版在即,邀我作序,当然欣允。近十年来,机缘促使,我个人的学术兴趣主要在于三个领域,即少年法学、美国刑事法学和刑法解释学。这三个领域在我国的研究现状大体有一个共通的缺憾,即缺乏从原点逻辑出发的系统严整的基本原理研究,从而虽不乏"入木三分"的片段精彩,但却少"任督二脉"的周天贯通。

刑法解释学,可谓"动态的""行动中的"刑法学,是相对于传统的"静态的""纸面上的"刑法学而言的。基于多年来的司法实践深入、教学经验积累和理论研究思索,我的一个初步判断

---

* 高维俭,华东政法大学青少年司法研究院院长,教授、博士生导师。

或理论推测为:刑法解释学的研究和教学以及刑法解释相应立法的严重匮乏,很可能是造成我国刑法实践中为数不少的违情悖理、章法紊乱的案例的主要的技术性原因。体制性的原因,另当别论。由此,2017年,我以《刑法解释基本原理之系统归正研究》为题,申请了国家社科基金项目,决定对刑法解释这一论题从基本原理的角度进行系统性的梳理和研究。彼时,我指导的三名刑法学博士生正面临博士毕业论文的选题。三人皆对此题颇感兴趣,于是均以刑法解释问题为大方向,结合自己的经验及认知,进行了各自的具体选题。其中,王东海博士选择了《刑法解释动态观》的命题。

《刑法解释动态观》的选题是颇具难度的。刑法解释这个大方向,很多学者都有了深入细致的研究,如何将现有的众多文献进行消化吸收和整合提升,在当下研究成果的基础上有所创新、有所突破,以体现博士论文的创新性,是首要关照的问题。同时,多数观点认为的刑法解释是对刑法条文的诠释和释义,存在着基本观念上将刑法注释和立法性解释等同于刑法解释、将解释对象限定为刑法文本、将解释主体基本限定为有权机关、将解释过程视为对刑法条文的静态释义、机械遵循文本而忽视文本背后的情理价值等有诸多的误区,这些传统的观点是从静态的角度来看待和研究刑法解释。如何突破现有的藩篱去论证清楚刑法解释的动态过程,如何让读者理解和认同刑法解释的动态性,着实是一个棘手的问题。然而,不得不说的是,不管是从理论推演的角度看,还是从具体的司法实践看,刑法解释都应当是一个动态的过程。我一直认为,刑法解释的主体应当具有广泛性——刑法解释并不是一项专属的权力,而是一项权利,刑法是众人之事,人人都享有刑法解释的权利;刑法解释的对象具有二元性——刑法解释的对象除刑法文本外,还包括案件事实;刑法解释的路径具有双重制约性——解释者在进行刑法解释时,必须坚守以语言学为基础的规范逻辑和以社会学为基础的情理价值两条路向,思维逻辑和判断标准必须受语言逻辑和社会情理的双轨制约;刑法解释的范式具有动态递进性——解释者(尤其是司法人员)应当不断对刑法规范文本和案件事实进行双向对合的审视和推敲,并对得出的初步解释结论进行反复的斟酌及评判,充分听取其他解释主体的意见,并站在社会公众(真正的立法者)的立场审视自己的解释结论,经过反复推敲、商谈、博弈后,最终形成解释共同体和社会公众可以接受的解释结论。刑法解释(criminal law interpretation)之"interpretation"中的"inter-",即有往返于二者之间,在二者之间达成沟通或建立法律逻辑内在关联的意思。刑法解释的基本要义在于:在刑法适用过程当中,应当本着"依理循法"[1]的法律推理(或法律思维)方法,本着法律逻辑三段论的基本章法,联系往返于个案法律事实(小前提)与关联刑法规范条文(大前提)之间,探寻并确证二者之间法律逻辑一致性和社会价值契合性与否及其恰当尺度的问题。

东海博士确定这一选题后,似有惶恐,经常和我探讨文章的核心观点、写作思路、论文架构等。作为导师,我也不断思考这一命题,并将我的思考与其交流。随之,这篇文章的核心观点和谋篇布局渐渐清晰。其间,王东海博士围绕这一选题也发表了一些颇具见地的文章。当这些不时见刊的文章和博士论文一章一章的内容不断呈现在我的眼前时,我倍感欣慰,因为这一难度不小的论题终于在他笔下渐渐成形,并且很多想法和观点甚至超出我的预期。

最终成稿时,《刑法解释动态观》正文部分共有六章:"问题反思:刑法解释动态观之提倡""个人场域:刑法解释动态观之主体研判""司法场域:刑法解释动态观之诉讼牵制""社会场域:刑法解释动态观之官民博弈""保障机制:刑法解释动态观之保障制约""个案研讨:刑法解释动态观之实践检验"。这六个章节,从基础理论进行反思,进而引出整篇论文的论题:要改变原有

---

[1] 关于"依理循法"的法律思维方法,简言之,即以作为法律内在价值的社会情理为导航,找寻并遵循作为法律形式逻辑的规范文本,并在二者之间反复对应和调适,从而获取既合理(合乎社会情理之内在价值)又合规(合乎规范文本之形式逻辑)的法律结论。上述所谓的"依理寻法"是"依理循法"的初步阶段。相关的详尽论说,参见高维俭:《罪刑辩证及其知识拓展》,法律出版社2010年版,第23~26页。

的静态解释的理念和方法，进而转为动态解释的理念和方法。其后的章节，从场域理论的视角，沿袭着刑法解释从个人到司法再到社会的路径进行过程性的展开，在每一章节都论证了刑法解释动态观的理论原理和具体样态，勾画出一幅展现了现实的刑法解释过程的路线及图景。然而，刑法解释动态观不是从来就有的，虽然人们不自觉地在运用这一方法和原理，但是将其从自发经验上升到自觉理论，需要通过制度的设计让刑法解释者（尤其是司法人员）秉持这一理念和方法，以使得刑法解释结论达到"天理、国法、人情"相统一的效果，保障机制这一章便应运而生。理论的目的在于系统指导实践，将刑法解释动态观运用到司法实践中是理论研究的当然使命，这无疑就需要通过典型的个案来验证这一理论命题的真切性和科学性。如此，六个章节环环相扣、层层推进，便形成了最终的博士毕业论文。王东海博士勤奋好学，理论功底和文字功底较为扎实，加上其一直身处办案一线，具有丰富的实践经验，整篇论文既有理论的系统与高度，又有实践的细节与深度，在外审和答辩时均获得了优良的评价。

博士毕业后，王东海一直没有放松学术追求，在繁忙的司法实践岗位工作之余，他还在不断思考和研究。四年多以来，他对该博士毕业论文的许多内容进行了更新完善，最终形成了这本书稿付梓出版。虽然因故删去了博士论文时的最后一章，但并不影响其理论脉络的完整性。因为，几乎在每一部分的论述中，都有诸多典型案例得以有机融入，作为支撑论证的一个重要维度。

对于《刑法解释动态观》这一命题，该书的研究恐怕还只是一个开始，一次探索，将刑法解释动态性的事实初步展现在世人面前，也许会引起人们对传统的刑法解释理念和方法的重新审视。其论理系统的广度和深度可能都还有进一步完善和挖掘的空间。例如，刑法解释基本规则的缺失，作为我国刑法解释问题的关键要害问题，如何进行系统化的理论证成、立法明确和司法贯彻？还有一些问题的相关研究有待进一步拓展、强化和深挖。例如，刑法解释动态观的这些理念和方法,可能还需要运用更多的典型案例来进行更为完善的全过程的检验?但无论如何,该种尝试和创新都是非常值得赞许和鼓励的。期望东海博士能够在不断丰富完善现有理论的基础上,百尺竿头,更进一步,同时,学以致用,学用相长,将理论应用于具体的司法个案实践中,实现理论研究与司法实践的双向奔赴和深度融合。

是为序。

2024年12月29日于抚仙湖

序二 在动态中寻求刑法正义的最优解
——《刑法解释动态观》序

刘仁文*

2021年,我应邀到西南政法大学参加博士生答辩,经我的博士后、西南政法大学副教授姚万勤介绍,认识了当时在重庆市江北区人民检察院工作的王东海博士。此后,我们一直保持联系,包括对一些学术问题的讨论。我不时在《检察日报》的理论版上看到他的文章,而且他的工作单位和岗位也在不断升迁——2023年8月调任重庆市两江地区人民检察院(重庆铁路运输检察院)任党组成员、副检察长,2024年11月调到重庆市人民检察院普通犯罪检察部任副主任,2024年下半年又借调到

---

* 刘仁文,中国社会科学院长城学者,法学研究所二级研究员,中国社会科学院大学法学院教授,博士生导师,中国刑法学研究会副会长,中国犯罪学学会副会长,最高人民法院特邀咨询员,最高人民检察院专家咨询委员会委员。

最高人民检察院经济犯罪检察厅工作。2024年10月18日,我在阅读当日的《检察日报》时,不经意间看到"先锋周刊"有一篇标题为《王东海:择重而为迎难而上》的报道,立即仔细看里面的图文,发现就是常与我联系的东海。从这篇报道中我得知,他虽然只有43岁,但已从检14个年头,他勤于笔耕,光发表的调研文章就达80篇之多,先后荣获过全国检察业务专家、全国检察机关侦查监督业务能手、全国经济犯罪检察人才、全国检察机关调研骨干人才等多项人才称号。报道中提到他"在刑法理论与检察实践之间百折不回""满脑子都是案子的事",我读起来特别亲切,因为那也是我对他的印象。

之前,东海就和我提起过,他想把自己在西政的博士学位论文打磨后出版,并想邀请自己的博士学位论文指导老师高维俭教授和我分别给该书作序。虽然和东海的交往还只有短短几年,但他的真诚似乎让我不好意思开口说不。经过进一步的交流,我才回想起来,对于他的这篇名为《刑法解释动态观》的博士学位论文,我曾是当年的匿名外审人。每年评阅那么多博士学位论文,都过去多年了,还记得这么清晰,说明该文的选题和核心观点当时给我留下了较深印象,特别是标题中言简意赅所表明的动态解释观,更是和我本人所持的法学研究动态观不谋而合。于是尝试着答应下来,也好借此机会对这个问题做些进一步的梳理和思考。

刑法解释是刑法学者和刑事司法者一个绕不开的话题。虽然说,为了克服刑法的不安定性和任意性,成文刑法和罪刑法定成为刑事法治的必然要求,但一个不争的事实是,在适用成文刑法时,除极少数可以对号入座外,绝大多数刑法条款都需要难易程度不等的解释。刑法学是正义之学,作为正义的载体,刑法条文必须得到妥当的解释,以此实现蕴含在刑法条文中的正义,而这需要坚守科学的立场,有赖于一系列的理念、方法、规则和理论。东海的《刑法解释动态观》一书,在解释的理念方面,提出刑法解释应当坚守动态的而非静态的理念,刑法解释者应当考虑文义的动态、案件事实的动态、诉讼过程的动态等,并在解释刑法过程中不断地对刑法规范文本和案件事实进行多角度多层次的考量,以动态的思维审视规范条文和案件事实,站在主体间性的立场与其他解释者进行沟通,充分考虑自己的解释结论是否符合公众的法感情;在方法和规则方面,提出刑法解释者在解释刑法时,应当以规范逻辑和社会情理价值为思维导航,从个人场域、司法场域、社会场域三个层次,动态地运用文义解释、体系解释、目的解释、合宪性解释等方法,对解释结论的合法性、合理性进行不断调试,以得出符合法的公平正义目标的解释结论;在理论方面,引入"主体间性""重叠共识""沟通交往"等理论,并对其进行转化,提出刑法解释者应当充分尊重其他解释主体的解释意见,各解释主体间应当经过充分的沟通达成最大程度的共识和协调。这些都给人以启发,并让人产生联想。

在刑法解释理念方面,有所谓的形式解释与实质解释、主观解释与客观解释等方面的纷争。持不同立场者各执一端,彼此都认为自己的解释是合理的、妥当的,但法律并没有说只许形式解释或只许实质解释,也没有说只许主观解释或只许客观解释。因此,从立法解释和司法解释这类有权解释以及司法人员在法律适用中的解释来看,也许解释者会在不同的刑事政策指引下选择不同的解释立场,如在某类犯罪严重或社会治安压力大的时候,更可能选择入罪的解释;在社会治安相对较好、人权保障成为强调重点的时候,更可能选择出罪的解释。离立法颁布时间较近,因社会变化不大,宜采主观解释的立场;离立法颁布时间较久,因社会变化大,则宜采客观解释的立场。由此看来,持形式解释立场还是实质解释立场,或主观解释立场还是客观解释立场,本身也是动态的,这也与当下热议的功能刑法观相契合。

在解释的方法和规则方面,固然需要文理解释、体系解释、目的解释、当然解释、扩张解释、限制解释等解释方法和规则,但是,理论研究和司法实践也呼唤在这些具体的方法之外有更为宏观一点的方法和规则,如个人场域的三段论推理,司法场域、社会场域不同主体间的博弈等。在个人场域中,要遵循三段论的推理,一方面,解释者不断将未经加工的生活事实转化为陈述事实,再将陈述事实依据证据和实体刑法的构成要件转化为案件事实,使得刑法解释具备"以事实为依据"的事实前提;另一方面,解释者在刑法规范的形式逻辑指引下,找寻和框定与该案法律事实相关联的刑法规范条文,从而具备"以法律为准绳"的具体依托。解释的过程,需要解释者往返于个案法律事实(小前提)与关联刑法规范条文(大前提)之间,考察二者之间的法律逻辑一致性和社会价值契合性,评判个案的法律事实是否符合相应的刑法规范条文,以及刑法规范条文是否可以适用于特定个案、在多大程度上可以适用于特定个案。在司法场域中,不同机关、不同主体、不同诉讼阶段,每个参与主体都要进行刑法解释,而且避免不了彼此商谈和博弈,需要不同的主体之间相互尊重,理性平和地交流观点。在社会场域中,司法者需要认真听取社会公众对刑法解释的意见和声音,对外界环境的刺激作出反应,在互动博弈中实现刑法教义学和社科刑法学的融合。

在解释的理论方面,"主体间性"是一个发端于西方哲学的概念,最早由胡塞尔从现象学的角度提出,之后由海德格尔将其在诠释学本体论上发扬光大,伽达默尔在海德格尔的基础上又进行进一步发展,建立了哲学诠释学,并将这一理论运用到法律诠释学当中。[1] 法律解释学领域的主体间性,是指法律解释者通过平等协商对话达到主体间视域融合和理解上的共识,使得解释结论能够尽可能地被各方接受。其要求解释者在解释法律规范文本时,不能仅仅将法律文本看成是客体,不能无视其他主体对法律文本的解释,而是应当将文本和其他解释者看成是对话者,通过相互交流形成对法律规范文本最大程度的共识理解。刑法解释作为法律解释的一个分

---

[1] 解释的英文为"interpretation",在拉丁语中,可以追溯到"interpretatio"。"Inter-"是一个前缀,表示"在……之间"或"相互之间"的意思,即解释就是在不同的主体之间沟通互动,也就是"主体间性"(intersubjectivity)。

支,自然也应当遵循"主体间性"。不同的解释主体之间进行理性的沟通,这与哈贝马斯的"沟通交往"理论[1]亦有异曲同工之妙,都体现了法律解释的互动性。近年来,天津大妈卖气枪案、内蒙古农民收购玉米案、于欢刺死辱母者案,以及早些年的许霆案,原审表面看来都是依法办案、于法有据,但为什么会受到社会的质疑呢?一个很大的原因就是司法者在解释刑法时没有遵循"主体间性"理论,忽视了其他主体对刑法规范条文的理解和反应。[2]

上述刑法解释的理念、方法、规则和理论,都体现了刑法解释的动态性。当然,强调刑法解释的动态性并不是要否定刑法解释的安定性。毕竟,刑法的正义性以刑法的安定性为前提和依归,刑法解释的动态性也要受其制约。就制约因素而言,刑法谦抑性原则和罪刑法定原则自不必说,这里要补充强调的是,刑法解释过程中还必须遵循规范逻辑和情理价值。规范逻辑是在刑法规范文本的语言逻辑层面考察法的内容,侧重法的形式意义;情理价值是在文法逻辑的基础之上对内涵于刑法文本中的价值的考量,侧重法的实质意义。规范逻辑和情理价值的协调,有助于刑法解释的安定性和妥当性,毕竟,"达成协调,是法学家的伟大工作"[3]。

《刑法解释动态观》一书,从系统论、关系论出发,对解释者应当如何动态地解释刑法,使解释结论更好地符合"天理、国法、人情"的统一,作出了有益探索,其思维方法和研究结论与我的立体刑法学有相通之处。在社会日新月异、科技叠加产生乘数效应的当下,刑法解释作为一个老话题,又滋生出许多新的挑战和困惑。我期待作者利用自己身处司法一线的优势,继续保持对学术的热爱,把刑法解释动态观这一课题深入下去,为实现理论研

---

[1] [德]哈贝马斯:《在事实与规范之间——关于法律和民主法治国的商谈理论》,童世骏译,生活·读书·新知三联书店2014年版。
[2] 参见刘仁文:《立体刑法学:回顾与展望》,载《北京工业大学学报(社会科学版)》2017年第5期。
[3] Demogue, *Analysis of Fundamental Notions*, vol. 7, Modern Legal Philosophy Series, p. 570.

究和司法实务的双向奔赴、不断探求刑法正义的最优解,做出自己新的贡献。

权以为序。

2025 年 6 月 22 日于北京

目 录

导 论 / 1
  一、选题背景与意义 / 1
  二、研究立场与方法 / 8

第一章 问题反思:刑法解释动态观之提倡 / 13
 第一节 刑法解释观念之厘定 / 14
  一、刑法解释概念梳理 / 14
  二、现有刑法解释观念争鸣 / 20
  三、刑法解释观念的动态与静态之分 / 28
 第二节 刑法解释静态观之反思 / 35
  一、刑法解释静态观的理论梳理 / 35
  二、刑法解释静态观的理论问题 / 37
  三、刑法解释静态观的实践问题 / 39
 第三节 刑法解释动态观之提倡 / 41
  一、刑法解释动态观的梳理 / 41
  二、刑法解释动态观的依据 / 46
  三、刑法解释动态观的功能作用 / 59

第二章　个人场域:刑法解释动态观之主体研判 / 62

第一节　起点:大前提与小前提的初步研判过程 / 63

一、刑法解释与三段论推理的关联 / 63

二、作为小前提之法律事实的构建 / 67

三、作为大前提之法律规范的寻找 / 71

第二节　过程:以刑法价值目的为导航的逻辑推理过程 / 77

一、刑法的价值目的考量 / 78

二、价值目的对逻辑推理的指引 / 79

三、刑法价值目的对逻辑推理指引的展开 / 84

第三节　结论:最大契合度之研判结论 / 87

一、规范逻辑角度的契合度研判 / 88

二、情理价值角度的契合度研判 / 92

三、规范逻辑和情理价值契合度研判的过程 / 95

第三章　司法场域:刑法解释动态观之诉讼博弈 / 100

第一节　侦查、调查阶段之博弈 / 101

一、侦查机关、调查机关的内部博弈 / 101

二、侦查机关、调查机关与检察机关之博弈 / 106

三、侦查与辩护之博弈 / 111

四、检察与辩护之博弈 / 113

第二节　审查起诉阶段之博弈 / 114

一、侦查、调查与检察之博弈 / 114

二、检察与辩护之博弈 / 118

第三节　法庭审判阶段之博弈 / 121

一、控辩双方的争执与博弈 / 121

二、法官裁判的居中兼听与辨析 / 124

三、解释结论形成中的利益平衡 / 128

第四章　社会场域：刑法解释动态观之官民互动 / 135
　第一节　民众与侦查的互动 / 136
　　一、辩护律师与侦查的互动 / 137
　　二、案件利益相关人与侦查的互动 / 141
　　三、侦查与媒体和大众的互动 / 145
　第二节　民众与检察的互动 / 148
　　一、辩护与检察的合作与对抗 / 148
　　二、利益相关人与检察的商谈与对抗 / 152
　　三、媒体大众与检察的相互影响 / 154
　第三节　民众与审判的互动 / 156
　　一、民众刑法解释观对审判的影响 / 156
　　二、民众与审判的互动 / 159

第五章　机制保障：刑法解释动态观之保障制约 / 167
　第一节　实质的监督制约机制 / 168
　　一、权力主体内部的监督制约 / 168
　　二、权力主体之间的监督制约 / 174
　第二节　平等的对话博弈机制 / 178
　　一、监察、侦查、检察与审判之间的对话协商 / 178
　　二、司法与被告一方的对话互动 / 182
　　三、司法与被害一方的对话协商 / 185
　第三节　广泛的公众参与机制 / 188
　　一、充分运用新时代"枫桥经验" / 189
　　二、进一步完善人民陪审员制度 / 191

三、进一步优化人民监督员制度 / 193
四、健全完善公开听证制度 / 196
第四节　严格的法律文书说理机制 / 198
一、扩大说理文书的范围 / 199
二、健全文书说理制度 / 201

结语　新时代刑法解释的观念革新 / 204

参考文献 / 206

导　论

一、选题背景与意义

(一)选题背景

1. 新时代中国特色社会主义良法善治之需

党的十九大报告提出,我国社会主要矛盾已经转化为人民日益增长的美好生活需要和不平衡不充分的发展之间的矛盾。社会主要矛盾的变化,在对物质文化生活提出了更高要求的同时,在民主、法治、公平、正义、安全、环境等方面的要求也日益增长。美好生活需要,是在物质生活得到满足后更高层次、更高质量的追求,是对超越物质的精神、文化、和谐、秩序、公平正义等全方位的需求,而其中极为重要的一个方面就是对公平正义的法治社会的需求和对全面落实依法治国的期待。从我国当前的实际来看,我国的民主法治建设迈出重大步伐,中国特色社会主义法治体系日益完善,全社会法治观念明显增强。但是一个不可忽略的事实是,面对百年未有之大变局,我国的社会矛盾和问题交织叠加,全面依法治国任务依然繁重。通过科学立法、严格执法、公正司法,努力实现让人民群众在每一个司法案件中感受到公平正义的法治建设目标,仍需国家政府、专家学者、社会公众,尤其是法律人的不懈追求与努力。

"努力让人民群众在每一个司法案件中感受到公平正义",是深化依法治国实践的根本遵循和行动指南,需要全国上下齐心协力为着这一目标而奋力前行。司法案件涉及方方面面,民事、行政、刑事等均在其中。而其重中之重则是刑事案件,因为刑事案件调整的社会关系特殊,调整的手段严厉,事关人的生命、身体、自由、财产等重大切身利益。在刑事司法领域,司法机关通过证据裁判和合理解释刑法,对有罪的人进行精准的定罪量刑,对国家社会和广大人民群众的合法权益进行有效保护,以实现法所蕴含的公平正义,应当是其根本宗旨。

也就是说,人民群众对法治的公平正义的追求和期待,首先应当反映在刑事法领域,反映在刑事司法者对刑法的精准适用上。而精准适用刑法的逻辑前提是对刑法进行精准解释,因为适用刑法的过程就是刑法解释的过程。将刑法规范条文适用于具体个案离不开对刑法条文的解读,即使是完美无缺的刑法条款也不例外,对其适用也需要解释。更何况完美无缺的刑法规范条文并不存在,刑法漏洞是一个绕不开的话题,也是到目前为止的任何时代、任何社会都没有解决的问题。"谁又可能预见全部的构成事实,它们藏身于无尽多变的生活海洋中,何曾有一次被全部冲上沙滩?"[1]

在刑法解释过程中,需要科学合理地解读刑法条文,实事求是地归纳案件事实,不断将刑法规范条文向案件事实靠拢,将案件事实向刑法规范条文拉近,对两者的契合度进行反复比对,以得出合法合情合理的裁决,使得人民群众能够在每一个个案处理中感受到刑法惩恶扬善的公

---

[1] [德]拉德布鲁赫:《法学导论》,米健、朱林译,中国大百科全书出版社1997年版,第106页。

平正义理念。

2.合法合理解决司法实践疑难案件之需

为了面对日新月异的社会生活事实,适应日益多元化的价值观念,不断满足刑法在保障人权、保护社会方面的需要,我国自1997年《刑法》颁布以来,在短短的20多年间相继出台了1个单行刑法和12个刑法修正案,不断对刑法规范条文进行调适和修缮,以应对社会风险、维护社会秩序,解决不断出现的新情况、新问题,确保国家安全、社会安定、人民安宁。诚然,通过修订、完善刑法使其与时俱进无可厚非,毕竟在变动的社会生活中,需要通过不断地修正刑法来使其与时代的发展相适应。但是,活生生的司法实践展示给我们的却是另一番图景——尽管刑法通过修缮不断进步,然而并没有使得全部的现实案件都得到合法合情合理的处理,刑法所蕴含的公平正义理念并没有一览无余地得到应有的体现,案件的判决并没有百分之百地得到"公众的认同"。

2008年的许某案[1]尽管已经过去十余年,但其对刑法学界乃至整个依法治国进程的影响并没有随着时间的推移而淡出人们的视野,"仅使留下淡红的血色和微漠的悲哀"[2];相反,许某案却一直是人们研究刑法解释所重点关注的话题。当然,该案成为关注重点的原因不是案情的离奇,而是在刑法解释或者说在刑法具体适用过程中出现了问题——一审判决对刑法的解

---

[1] 该案基本案情为:2006年4月21日晚,在广州打工的许某来到黄埔大道西平云路一家商业银行的自动取款机上取款。取款时输入100元自动取款机出钞1000元,而账户却只被扣除1元。面对突如其来的"幸福",许某难以收手,先后取出17.5万余元。2007年5月22日,许某在陕西宝鸡被公安机关抓获,不劳而获的17.5万元因投资失败而挥霍一空。2007年12月,广州市中级人民法院一审以盗窃金融机构数额巨大为由,判处许某无期徒刑。该案被曝光后,引发全民讨论,同时,许某不服一审判决提出上诉。2008年1月9日,广东省高级人民法院以刑事裁定书(粤高法刑一终字第5号)撤销原判、发回重审;同年3月31日,广州市中级人民法院以许某构成盗窃罪判处其有期徒刑5年。
[2] 原文参见鲁迅先生的《记念刘和珍君》,在这里主要是说明许某案并没有随着时间的流逝而淡出人们的视野,许某案留下的远远不止一个单纯的案件,而是影响到我国法治的进步,影响到人们对刑法解释的反思。

释超出了国民的预测可能性,违背了人们的法感情。许某案之后,鹦鹉案[1]、于某故意伤害案[2]、赵某某非法持有枪支案[3]、王某某收购玉米案[4]等一系列案件,相继引发社会各界的广泛关注。这些案件之所以引起全民关注,根源不仅在于案情本身,还在于司法判决中的刑法解释,司法者的刑法解释与民众的解释出现了冲突,司法者机械地遵照规则主义而缺乏对社会情理价值的考量,缺乏与民众的互动。也就是说,其没有以动态观念为指导进行刑法解释。同样,这些案件也折射出刑法规范条文本身的限制。刑事司法实践向我们展示出,仅仅依靠刑法的修缮并不能妥善解决

---

[1] 该案基本案情为:王某一从2014年开始养鸟,并逐渐迷恋上饲养鹦鹉。2016年4月,王某一将饲养的鹦鹉中的6只,卖给朋友谢某。同年5月17日,王某一被警方带走调查,警方调查显示,王某一售出的6只鹦鹉中的2只小太金阳鹦鹉,被列入《濒危野生动植物种国际贸易公约》附录,属于受保护动物,王某一涉嫌非法出售珍贵、濒危野生动物罪。一审法院认为,其中2只是受国际公约和法律保护的小金太阳鹦鹉,王某一获刑5年。2018年3月30日,深圳市中级人民法院对该案作出了终审宣判,王某一获刑2年。

[2] 该案基本案情为:2016年4月13日至14日,吴某某因与于某母亲苏某某之间的债务纠纷,先后在苏某某抵押给吴某某的房子里、苏某某公司的接待室,伙同11名催债人员采用辱骂、脱下于某的鞋子捂在苏某某嘴上、将烟灰弹到苏某某胸口等羞辱性的方式,要挟苏某某还债。警察到来劝阻不要打人后离开,于某试图冲出去被催债人员拦住。混乱中,于某从接待室桌子上拿起水果刀开始乱捅,捅伤4人。2017年2月17日,山东聊城市中级人民法院一审判决认定于某犯故意伤害罪,判处无期徒刑。于某和被害方均提出上诉。2017年6月23日,山东省高级人民法院作出终审判决,认定于某系防卫过当,构成故意伤害罪,将一审无期徒刑改判为有期徒刑5年。

[3] 该案基本案情为:2016年8月,赵某某花费2000元从上家接过打气球的游艺摊位(包括9支枪形物),开始在天津市河北区李公祠大街亲水平台附近进行经营。2016年10月12日案发,赵某某被天津市公安局河北区分局民警查获,摆摊射击气球的9支枪形物中的6支被公安机关证物鉴定中心鉴定为枪支。2016年12月27日,天津市河北区法院以赵某某构成非法持有枪支罪,判处其有期徒刑3年6个月,赵某某不服提起上诉。2017年1月26日,天津市第一中级人民法院二审宣判,维持赵某某犯非法持有枪支罪,将刑期改为有期徒刑3年、缓刑3年。

[4] 该案基本案情为:2014年11月至2015年1月,王某某在未办理粮食收购许可证,未取得工商部门颁发的营业执照的情况下,在该地多个村组收购当地散户农民种植的玉米,赚取差价。经查,收购玉米的经营金额为20余万元,获得利润6000元。2016年4月15日,内蒙古自治区巴彦淖尔市临河区人民法院判决认为,王某某无证照经营,违反《粮食流通管理条例》的相关规定,符合非法经营罪的构成要件,依据《刑法》第225条第4项,判处王某某犯非法经营罪,有期徒刑1年缓刑2年,并处罚金2万元,没收违法所得6000元。同年12月16日,最高人民法院以(2016)最高法刑监6号再审判决书,指令巴彦淖尔市中级人民法院再审。2017年2月17日,巴彦淖尔市中级人民法院对该案再审,认为王某某的行为虽然违反了《粮食流通管理条例》的相关规定,但没有达到构成犯罪的社会危害性程度,撤销原判,改判王某某无罪。

实践中的案件,或者说司法实践中案件的妥善处理很大程度上与刑法解释"心心相印""骨肉相连"。

因此,刑法解释的重要性,必须引起司法者和法学界的高度关注。甚至从某种意义上可以说,刑法的生命在于解释,刑法理论研究和刑事司法实践的重中之重是刑法解释。

综上所述,"刑法解释动态观"这一选题,既是良法善治所需,也是实现刑法公平正义所需;既是理论研究与时俱进的需要,也是解决疑难复杂案件的需要。从理论的角度来看,这一选题是对司法实践运用刑法过程的理论总结,涵盖了侦查、起诉、审判整个刑事司法过程,采用动态的视角对刑法解释进行研究,是对当下的"静态"研究的一种突破。从司法实践的角度来看,这一选题将规范逻辑和情理价值、历时审视和共时考量、单个主体诠释和多个主体博弈等一系列的观念立场注入司法实践,为解释者解释刑法提供了一个思维图示,有助于解释者以科学的理念为指导,以有效的方法为指引,以多元化的理解为参照,动态性地对刑法进行解释。

(二)选题意义

1. 理论意义

(1)提供新的视角

刑法解释是刑法理论研究的重中之重,刑法理论研究不可能与刑法解释划出"楚河汉界"。从某种意义上说,任何一个刑法理论的研究都关涉刑法解释,法学在大陆法系被称为法教义学,在英美法系基本等同于法律学说。[1] 本书立足于刑法解释研究这一重要命题,在对1979年以来的刑法解释进行系统梳理、分析评判的基础上,提出"动态观"这一概念,指出"刑法解释动态观"既是一种思维观念,也是一种操作方法。刑法解释是一个多元主体参与的过程——过程意味着动态,只有动态才能保持平衡。解释主体的

---

[1] 参见王凌皞:《走向认知科学的法学研究——从法学与科学的关系切入》,载《法学家》2015年第5期。

多元性,跳出了传统研究将刑法解释主体固化的藩篱,在解释主体上提供了新的视角;将刑法解释视为一种过程,而不是传统理论所指称的刑法解释就是立法机关和最高司法机关所发布的文字性的结论,在解释样态上提供了由"静态的结论"到"动态的过程"的视角。可以说,"刑法解释动态观"的提出,将刑法解释置于动态考量之下,为理论研究提供了一个新的方向。

(2)深化现有理论

当下关于刑法解释的研究,更多的关注点在于解释方法如何运用,采取形式解释论还是实质解释论等,虽有学者对刑法解释的动态性有所涉及,但研究不深入不全面:有的研究认识到刑法解释需要关注刑法文本含义的变动;有的研究指出刑法解释需要在规范与事实之间进行往返顾盼的动态关照;有的研究指出刑法解释应当关注控辩审三方的互动制约等。但这些研究都是只及于一个方面,对某一侧面进行并不深入系统的论证研究,并没有明确提出动态观这一理念,更没有多层次多角度地对刑法解释动态观进行深入的论证。

2. 实践意义

(1)为解释者提供思维图示

刑事司法实务不可能脱离刑法解释,因为任何一个刑事案件的处理都需要进行刑法解释,刑法适用的过程就是刑法解释的过程,"刑法解释是刑法适用的基本途径"[1],脱离刑法解释的刑事司法实务将成为"镜花水月"般的"幻影"。刑法解释者在解释刑法过程中,需要在观念的指引下遵循一定的思维图示。本书提出的刑法解释动态观这一观念立场和具体的刑法解释操作方法,可以系统纠正当下静态解释刑法、夸大立场与方法之间的鸿沟,或者在解释中没有遵循和依据等问题,提示解释者在刑法解释过程中自觉秉持动态的立场观念和运用动态的方法,即为刑法解释者提供一种思维

---

[1] 蒋熙辉:《刑法解释限度论》,载《法学研究》2005年第4期。

图示,有效指导刑法解释。刑法解释动态观,首先可以从观念立场上给刑法解释者提供思想上的指引,使其能够从考虑文义的动态、案件事实的动态、诉讼过程的动态等这种自发思考的状态蜕变为自觉运用的理性,使他们在解释刑法过程中自觉且不断地对刑法规范文本和案件事实进行多角度多层次的考虑,以动态的思维审视规范条文和案件事实,站在主体间性的立场与其他解释者进行沟通,充分考虑自己的解释结论是否符合公众的法感情;其次,可以指导刑法解释者在解释刑法时,以规范逻辑和社会情理价值为思维导航,从个人场域、司法场域、社会场域三个层次,动态运用文义解释、体系解释、目的解释、合宪性解释等方法,对解释结论的合法性、合理性进行不断调试,以得出符合法的公平正义的解释结论。

(2)为疑难案件的解决提供有效路径

近年来发生的赵某某非法持有枪支案、王某某收购玉米案、于某故意伤害案、掏鸟窝案等案件的处理,都与刑法解释密切相关。然而,由于刑法解释立场观念和方法的偏差,导致案件处理结果引起广泛关注。本书提出的刑法解释动态观,期望可以有效解决司法实践中的疑难案件。并且,有关的刑事司法实践也已经证明,刑法解释动态观有助于争议案件的解决。正如有学者所言,司法实践中的许某案再审、于某故意伤害案二审改判均体现了社会效果与法律效果的动态平衡。[1]虽然诉讼观上的动态平衡和这里的"动态"有所区别,但本质相同,都是充分考虑情势变更,摒弃机械和死板,遵循一切处在运动中的哲学观念,运用动态方法处理案件,"通过动态平衡实现个案正义"[2]。

(3)为制度设计提供理论支撑

权力的规范行使和司法裁判的规范运作,均需要科学合理的制度制约。合理的制度设计又需要科学理念的指导和科学方法的运用。刑法解释动态

---

[1] 参见卫跃宁:《"动态平衡诉讼观"是诉讼理论的新发展》,载《中国检察官》2018年第13期。
[2] 王万华:《动态平衡诉讼观的价值及其实现进路》,载《中国检察官》2018年第13期。

观作为一种立场观念和具体方法,不仅能够提供思维路线图和解决问题的路径,还指出了在诉讼过程中应当构建多元参与的平等对话平台,通过增强监督制约的实质性、完善人民监督员制度和人民陪审员制度,进一步强化庭审实质化等具体的制度设计,来实现预期目标,为刑事司法裁判实现合法合情合理的目标,增强裁判的公共认同,以切实达到"案结事了"和"三个效果"有机统一,提供制度设计的理论指引。刑法解释动态观,遵循客观规律,依据人的思维,充分运用马克思主义哲学认识论,紧密结合刑事司法实践,将一个完整的刑法解释划分为个人场域的动态、司法场域的动态和社会场域的动态,并根据各个场域和场域间应当如何实现和保障解释者能够且必须运用动态思维方法解释刑法而进行制度设计。

二、研究立场与方法

(一) 研究立场

1. 坚定中国立场

虽然说文明是相通的,文明可以而且应当相互借鉴,但相互借鉴不是照抄照搬,不是单纯的"拿来主义",否则就会出现"橘生淮南则为橘,橘生淮北则为枳"这样"水土不服"的病状。对刑法解释这一问题进行研究时也不例外,需要坚定中国立场,应当以我国的刑法规定为研究的逻辑起点,"紧密结合本国的司法实践","强化中国刑法学研究的主体性"[1]。毕竟,我们的传统文化和知识结构,我们的价值观念和思维方式,我们的国情社情和制度体制,我们的法治建设理念和发展水平,都与任何一个国家不完全相同。这些方面的不同甚至是迥异,决定了我们的法学学科体系建设以及刑法解释的研究,需要在坚定中国立场的前提下合理地借鉴外来的文明,这是"中国性"立场的当然要求。因为,"中国性"就是侧重于"外来之物"经过中国的"化

---

[1] 刘仁文:《再论强化中国刑法学研究的主体性》,载《现代法学》2023年第4期。

合"后形成的一种既定状态。[1] 如果没有坚定的中国立场,完全照搬照抄国外的刑法解释理论来改造我国的刑法解释理论,并指导刑事司法实践,注定要因丧失生存的土壤和养分而失败。这正如我们犯罪构成的四要件、大陆法系国家的三阶层、英美法系的双层次一样,放在各自的文化制度下具有强大的生命力,能够较好地解决理论研究和司法实践中的问题,但却不能不加本土化便移植。刑法解释理论也是如此,必须在新时代中国特色社会主义的背景下进行研究,"在中国特色社会主义新时代,时代和实践是法治问题的出题者,法学研究和法治理论是回应法治问题的答题者"[2],偏离方向的"答非所问"注定是要"赶考"失败的,注定要被"阅卷人"评为不合格。因此,法治中国视域下的刑法解释研究,必须具有坚定的中国立场。

2. 坚持刑事一体化立场

刑法解释看似是一个单独的刑法问题,其实不然。从学科的分类来看,刑法和刑事诉讼法以及其他刑事法律的分科,是随着社会的不断发展进步、知识的精细化发展等诸多因素而分割开来的,从知识属性上来说它们是"血脉相连"的,人为的分割并不能阻断它们之间天然的"血缘"关系。因此,刑法解释也不可能仅仅是一个纯粹的刑法学问题,毋宁说是一个刑事法的问题。从司法实践的角度来看,实体的刑法和刑事诉讼法以及证据法等刑事法律之间的关系是十分密切的,特别是刑法和刑事诉讼法之间,"就像植物的外形和植物的联系,动物的外形和血肉的联系一样"[3],具有不可分割的关系。这一点,对于任何一个实际处理过或者对刑事实务比较熟悉的人来说,都是不言自明的。毕竟,"真实案例,或者说,具体法律争端的解决,从来都是实体与程序的交错适用"[4]。也就是说,现实当中刑事案件的处理,需

---

[1] 参见王人博:《法的中国性》,广西师范大学出版社2014年版,增订序第8页。
[2] 李林:《新时代中国法治理论创新发展的六个向度》,载《法学研究》2019年第4期。
[3] 中共中央马克思恩格斯列宁斯大林著作编译局编译:《马克思恩格斯全集》(第1卷),人民出版社1956年版,第179页。
[4] 林钰雄:《刑法与刑诉之交错适用》,中国人民大学出版社2009年版,第1页。

要综合运用刑事实体法和刑事程序法。1989年,我国著名学者储槐植教授便提出了刑事一体化思想,其核心要义在于融通刑事法学科联系、融通刑事实体与程序的联系,以系统性的思维解决现实问题。[1] 刑法解释这一刑事法领域的重要课题,涉及法学、哲学、社会学各个领域,关涉每一位公民的人身、财产、生命、自由等切身利益,必须将其放在具备系统性的整体中进行研究,必须坚持刑事一体化的立场。

(二)研究方法

1.辩证唯物主义和历史唯物主义方法

(1)历史的、发展的观点

刑法解释是对已经制定好的甚至是若干年之前的刑法规范条文和已经发生的案件事实进行研究的课题。其研究对象决定了刑法解释研究是一个历史的过程,需要用历史的思维和眼光加以思考审视。同时,刑法解释必须关注解释结论在当下是否与社会文化观念相融合及对未来发展造成的影响,从这个意义上来说,刑法解释又是一个发展的过程。这就需要刑法解释者考量刑法规范文本和案件事实的历史性因素、共时性因素。同时,刑法规范文本本身和案件事实本身就具有变动性和发展性,即刑法规范文本文义的变动、社会公众价值观念的变动、案件事实的变动等,都会影响刑法解释。因此,刑法解释研究,必须采取历史的、发展的观点,既要了解刑法规范文本、案件事实产生的历史背景,也要使成文的刑法规范适应社会的发展变化,使对刑法的解释符合当下的社会情理等价值。

(2)理论联系实际的方法

刑法解释是解释主体的眼光和思维不断往返顾盼于文本与事实之间,将刑法规范与案件事实相对应,"从案件到规则,又从规范到案件,对二者进行比较、分析、权衡"[2],在此基础上形成裁判的过程。可见,刑法解释的过

---

[1] 参见储槐植、闫雨:《刑事一体化践行》,载《中国法学》2013年第2期。

[2] [德]H.科殷:《法哲学》,林荣远译,华夏出版社2003年版,第196页。

程,是一个实践性很强的应用过程,既需要理论的指导,更需要实践的验证。刑法解释需要理论的深化,需要对实践进行总结并上升为理性认识,又需要将抽象的理论运用到实践当中指导实践,并且刑法解释的理论也只有被应用到实践当中才能得到检验、丰富和发展。笔者对于刑法解释动态观这一命题的研究,是在系统全面梳理理论文献、紧密结合刑事司法实践的基础上,将理论研究和司法实践紧密结合,采取从理论到实践、从实践回归理论的研究方法,力求使该研究既有理论的深度,又有实践的可操作性。

2. 具体的研究方法

(1)文献研究法

笔者通过高校图书馆、国家图书馆、中国知网、谷歌学术、万方数据库、WESTLAW、月旦法学数据库、国家立法机构网站等检索渠道,尽可能全面地搜集、汇总、梳理与刑法解释——特别是刑法解释动态观——相关的文献资料,并按时间顺序和研究的专题这两个维度,进行归纳、提炼、总结,进而为本书的研究积累素材。

(2)调查分析法

笔者充分利用多年从事刑事司法实践的资源,理性总结经验教训,全方位、立体化、广泛深入地对刑事司法实践活动进行调查,对侦查人员、检察人员、审判人员、辩护律师等刑事司法实务者进行访谈,结合亲自办理的大量的审查逮捕和审查起诉案件,对刑事司法实践如何解释刑法进行客观描述。在客观描述的基础上,笔者结合刑法解释理论研究现状、存在的问题、现实中的样态等,对司法实践经验进行理论总结。

(3)个案分析法

在理论研究的同时,笔者密切关注新闻报道的热点争议案件和典型案件,对个案中刑法解释的理念和方法进行提炼、分析、论证因刑法解释方法不科学不合理而导致案件处理不合法不合理或合法但不合理的具体原因。同时,笔者运用刑法解释动态观对争议焦点进行解读,以检验理论的合理性、科学性、适用性。

(4)哲学研究方法

笔者充分利用法哲学的原理分析刑法规范和案件事实,心存自然的正义理念,对解释结论进行自我检验。同时,笔者运用主体间性的研究范式和重叠共识、商谈沟通等理论,充分考虑不同主体对刑法解释的理念、立场、观点、态度,在平等理性交流的平台上达成解释的共识。

(5)注释研究方法

本书对刑法规范文本进行文理分析、解读。因为刑法解释是对规范文本和案件事实的解释,对刑法规范文本进行注释是极其重要的一个方面。当然,这种分析和解释不可能脱离具体的案件事实,必须以具体的案件事实为导向,结合案件事实对刑法规范文本进行合情合理合法的诠释。

第一章 问题反思:刑法解释动态观之提倡

刑法需要解释,已经是一个不言自明的真理。"只有解释,才能使古老的法律吃着新鲜的食物。"[1]只有解释,才能使刑法规范条文保持旺盛的生命力。刑法解释是刑法学研究中一个历久弥新的永恒话题,古今中外,概莫能外。并且,随着立法层面中国特色社会主义法律体系的形成[2]和不断完善,进入解释时代已经成为法治的需要,也是现实的召唤。刑法解释研究,既要重视解释方法、解释技巧等技术层面的"术",也要重视解释理念、解释立场等观念层面的"道",从某种意义上说,"道"更重于"术"。当下,关于刑法解释观念层面的研究,主要有客观解释

---

[1] 张明楷:《刑法格言的展开》,北京大学出版社2013年版,第8页。
[2] 2011年3月10日,在十一届全国人大四次会议上,吴邦国代表全国人大常委会指出,一个立足中国国情和实际、适应改革开放和社会主义现代化建设需要、集中体现党和人民意志的,以宪法为统率,以宪法相关法、民法商法等多个法律部门的法律为主干,由法律、行政法规、地方性法规等多个层次的法律规范构成的中国特色社会主义法律体系已经形成。参见《中华人民共和国全国人民代表大会常务委员会公报》2011年第3号,第333页。

论、主观解释论、折中说之间的争论,形式解释论和实质解释论之间的争论,以及新兴的人本主义解释论、互动解释观等。然而,这些争论的切入点和侧重点多是静态的刑法规范文本,从动态的实践过程进行研究的却寥寥无几。应当说,从实践运行角度来看,刑法解释动态观应当是一种符合客观实际的刑法解释观念。

第一节 刑法解释观念之厘定

一、刑法解释概念梳理

何为刑法解释?应该如何给刑法解释下一个明确的定义。这一问题自开始研究刑法解释以来,一直争论不休,延续至今。如果从1979年新中国第一部《刑法》颁布起计算,如今已有40多年,然而在这长达40多年的争论中,学者也没有达成一致,从而为刑法解释下一个统一的定义。刑法是中国特色社会主义法律体系的重要法律部门,具有法律的共性,也具有自身的特性。刑法解释脱胎于法律解释,从逻辑思维顺序来说,对何为刑法解释进行研究,需要先对何为法律解释进行追本溯源。

(一)法律解释概念评析

1. 西方关于法律解释的界定

关于何为法律解释,西方学者主要是从四个方面加以论述的,或者说对法律解释的概念界定主要有四种观点,其中第二种和第三种观点为主流观点。[1]

第一种观点,将法律解释界定为一种解释性活动,也称为"解释性活动说"。这种观点认为,法律解释是一种解释性活动,这种解释是对话性解释,法律职业者和普通公民都可以参与其中。通过解释,解决法律适用中

---

[1] 参见严存生:《西方法哲学问题史研究》,中国法制出版社2013年版,第583~585页。

出现的新问题,并且使法律本身不断得到发展,具体包括立法解释和司法解释两个方面。其代表人物为美国著名法学家罗纳德·德沃金(Ronald M. Dworkin)。

第二种观点,认为法律解释即执法活动或者司法活动,也可以称为"执法活动或司法活动说"。该种观点认为,法律解释即司法者进行司法或者说是司法者进行裁判的活动,是有别于立法活动的法律运行过程中的一个阶段。

第三种观点,认为法律解释是一种司法技术,也可称为"司法技术说"。此种观点指出,法律解释的本质是一种司法技术,它通过对法律规范文本进行扩张解释或者限缩解释,将法律规范文本运用到具体的案件当中,来解决现实中的问题。这种技术不同于漏洞填补的技术,而是以法条为中心通过对文义的解释来处理司法实践中的案件。

第四种观点,认为法律解释就是法学家对法律文本和案件事实的解释,也可称为"学理解释说"。该说认为,法律解释就是法学理论工作者对法律规范文本和案件事实进行解释,以阐明法律真实含义的活动。

2. 我国关于法律解释概念的界定

在法理学或者法学研究层面,我国学者和权威文件关于何为法律解释的界定,主要有以下几种。

第一种观点,解释性立法说,认为法律解释是有权机关作出的,对法律条文的解释,是一种"准立法"。我国《立法法》第二章第四节和第六章,分别对法律解释做了规定。其中,《立法法》第48条规定了我国的法律解释权属于全国人民代表大会常务委员会。第119条规定,最高人民法院和最高人民检察院可以分别就审判工作和检察工作中遇到的问题进行法律解释,但应当针对具体的法律条文,且必须符合立法的目的、原则和原意。从法律规定来看,法律解释主要包括立法解释和司法解释,并且法律解释是一种权力,是对相关法律条文含义的说明。

第二种观点,法律适用说[1],认为法律解释是将法律条文运用到具体的个案中,通过法律的适用解决具体案件的活动。这种观点将法律解释看作一种适用法律的技术或方法,侧重于法律的具体适用,是从"司法"角度对法律解释的界定,不同于第一种观点将法律解释视为一种"立法"——至少是"准立法"的活动。

第三种观点,将法律解释区分为广义上的法律解释和狭义上的法律解释[2],认为广义上的法律解释是对法律规范条文含义的阐明,狭义的法律解释是指将法律条文运用到个案当中,结合个案对法律条文的说明和适用。

由此可见,不管是西方法理学界还是我国法理学界,关于何为法律解释并没有达成一致意见。时至今日,法律解释的概念依然是一个颇具争议的话题。法理学上法律解释概念的争议不断,导致了其衍生出的或者说以其为根据而诞生的刑法解释的概念至今也处于一种悬而未决的状态,关于何为刑法解释的学说林立,争议不休。但是,通过上述梳理可以发现,不管学者如何界定法律解释,一个绕不开的话题就是是否将法律规范条文运用到具体的案件中,是将法律解释视为一种立法活动还是视为一种司法活动。如果从静态和动态的角度来划分,可以说将法律解释界定为对法律条文规范含义说明的观点是一种静态的思维观念,姑且称为静态观;而将法律解释视为将法律规范条文运用到个案当中以解决具体的个案问题的观点,是一种动态的思维观念,姑且称为动态观。

(二)刑法解释概念梳理

作为法律解释下位概念的刑法解释,或许是因为上位概念存在争议,目前为止的刑法学界也没有对其概念达成一致。关于何为刑法解释,目前的理论研究中也是众说纷纭。

---

[1] 参见张志铭:《法律解释原理》,载朱景文主编:《法理学专题研究》,中国人民大学出版社2010年版。
[2] 参见周永坤:《法理学——全球视野》,法律出版社2016年版,第294页。

在我国，对于何为刑法解释的研究，学者早有论述。如早在1981年，我国著名刑法学家杨春洗教授等便提出，"刑法的解释，就是对刑事法律的意义、内容及其适用所作的说明"[1]。之后，高铭暄等也分别从不同角度对刑法解释作了界定，如高铭暄教授认为，"刑法的解释就是对刑法规范含义的阐明"[2]。胡新认为，"刑法解释就是阐明刑法规范的含义及其适用"[3]。杨敦先、张文教授指出，"刑法解释是对刑法规范的含义以及所使用的概念、术语、定义等所作的说明"[4]。李希慧教授将上述几种代表性的刑法解释定义概括为五种学说，[5]分别对应为"刑事法律意义、内容及其适用说明说""规范涵义阐明说""规范含义及其适用阐明说""规范的内容、含义及其适用原则阐释说""规范、概念、术语、定义说明说"。李希慧教授在对这五种学说进行分析评判的基础上，提出了自己对刑法解释的见解，认为刑法解释，"是指国家权力机关、司法机关或者其他机关、社会组织、人民团体、法律专家、学者、司法工作者或者其他公民个人，对刑法规定的含义进行阐明的活动，或者这些主体对刑法规定含义进行阐明的结论"[6]。及至21世纪，我国学者对何为刑法解释的定义逐渐走向简明化，如认为刑法解释是对于刑法规范含义的阐明[7]；刑法解释是对刑法规定意义的说明[8]；刑法解释是对刑法规范和案件事实进行解释[9]。近年来，随着刑法解释研究的不断深入，一些实务型的学者从实践角度出发提出了关于刑法解释的新观点，如刑

---

[1] 杨春洗等：《刑法总论》，北京大学出版社1981年版，第71页。
[2] 高铭暄主编：《中国刑法学》，中国人民大学出版社1989年版，第41页。
[3] 胡新主编：《新编刑法学》，中国政法大学出版社1990年版，第20页。
[4] 杨敦先、张文：《刑法简论》，北京大学出版社1986年版，第29页。
[5] 参见李希慧：《刑法解释论》，中国人民公安大学出版社1995年版，第39~40页。
[6] 李希慧：《刑法解释论》，中国人民公安大学出版社1995年版，第49页。
[7] 参见高铭暄、马克昌主编：《刑法学》（上编），中国法制出版社1999年版，第20~25页；赵秉志主编：《刑法学教程》，中国人民大学出版社2001年版，第25页。
[8] 参见张明楷：《刑法学》，法律出版社2016年版，第8页。
[9] 参见魏东：《刑法解释学基石范畴的法理阐释——关于"刑法解释"的若干重要命题》，载《法治现代化研究》2018年第3期。

法适用中的法官解释[1]、个案解释、刑法适用解释[2]、互动解释[3]等。

对上述观点进行类型化分析可以发现,现有的关于何为刑法解释的界定,主要集中在四个维度:第一个维度认为,刑法解释是对刑法规定或者法律文本含义的阐明。其着眼点在于对刑法条文含义的注释、说明、注解,以说明刑法条文的含义。第二个维度认为,刑法解释是对刑法条文含义的阐明,以及对刑法条文的适用。相比第一个维度来说,第二个维度增加了对刑法规范条文的适用,即认为单纯的阐明刑法规范条文的文字含义还不够,刑法解释还包括对条文的适用过程。第三个维度认为,刑法解释就是司法者(有的认为只是法官,有的认为包括控辩审三方)具体运用刑法规范条文解决实际案件的过程。该种观点从无适用则无解释的角度加以论证,认为单纯地对文字注解尚不能称为解释。这种维度与第二种维度有相似之处,不同点在于将刑法解释限制为司法适用、个案适用。第四个维度认为,刑法解释就是将刑法规范文本和案件事实相对应,将两者反复比对、调适,使两者不断拉近,寻求两者之间最大的契合度的过程。这一维度的刑法解释界定,将案件事实也纳入解释对象,并强调了刑法解释的适用属性。

之所以出现不同的观点,源于对刑法解释对象理解不同(如有的认为刑法解释的对象是刑法条文,有的认为是刑法规范,有的认为包括案件事实,有的认为不包括案件事实),对刑法解释主体理解不同(有的认为是法定主体即全国人大常委会、最高人民法院、最高人民检察院,有的认为是法官,有的认为是司法者,有的认为是全体公民),对刑法解释的样态理解不同(有的认为是静态的结果,有的认为是动态的过程)。

由此可见,目前的刑法学界,关于何为刑法解释并没有一个较为统一的定义,学者尚未达成一致的意见。

---

[1] 参见李荣:《刑法适用中的法官解释》,知识产权出版社2007年版,第21~27页。
[2] 参见王凯石:《刑法适用解释》,中国检察出版社2008年版,第71~121页。
[3] 参见张建军:《互动解释:一种新的刑法适用解释观》,载《法商研究》2016年第6期。

(三)刑法解释概念重构

界定一个概念,需要从微观和宏观两个层面进行考量。刑法解释概念的界定,也不例外。从微观的角度来说,刑法解释概念需要包含刑法解释的本质属性。关于刑法解释的本质属性,主要有四维度说和五维度说两种观点。四维度说认为,刑法解释的本质包括解释的主体、解释的对象、解释的目的和解释的样态。李希慧、徐岱教授持此观点〔1〕。五维度说认为,刑法解释的本质要素包括解释对象、解释主体、解释场景、解释方式和解释结论。〔2〕

从宏观层面来看,对刑法解释概念界定需要考虑与之紧密相关的观念。刑法解释概念的界定,影响刑法解释的观念,如果秉持刑法解释是动态的解释过程的理念,就会在刑法解释观念上树立刑法解释动态观;相反,如果秉持刑法解释是静态的对刑法解释的结果的理念,往往在刑法解释观念上会树立刑法解释静态观。

从辩证唯物主义的立场来看,运动是绝对的,静止是相对的,世间万物每时每刻都处在运动当中,我们所要解释的刑法规范文本和案件事实也是如此。当然,刑法规范条文制定之后,如果不做文字上的修改,从形式上看起来并没有发生变化,但是随着时间的推移或者场所的转变,甚至是解释者的不同,其含义并不是固定不变的。也就是说,刑法规范文本的含义会"随着生活事实而变化——尽管法律文字始终不变——也就是随着生活本身而变化"〔3〕;案件事实更是如此,会随着证据的收集和时间的流逝而不断地变动,甚至也会随着解释者的不同认知而展现出不同的样貌。从这个意义上来说,对刑法解释应从动态的角度加以界定。

因此,可以将刑法解释界定为:一个以规范逻辑和情理价值为主线,多

---

〔1〕 参见李希慧:《刑法解释论》,中国人民公安大学出版社1995年版,第40~41页;徐岱:《刑法解释学基础理论建构》,法律出版社2010年版,第119页。
〔2〕 参见林维:《刑法解释的权力分析》,中国人民公安大学出版社2006年版,第13~17页。
〔3〕 [德]亚图·考夫曼:《类推与"事物本质"——兼论类型理论》,吴从周译,台北,学林文化事业有限公司1999年版,第89页。

元主体参与并商谈博弈,以历史性和共时性为支撑的动态过程;是将具体的刑法规范条文与特定的案件事实相对应并不断调适罪刑关系,进而得出既符合规范逻辑又符合情理价值的解释结论的过程。需要说明的是,本书所指称的"刑法解释"不等于也不应当等同于对刑法条文的文义诠释;单纯对刑法条文进行的诠释,只能称为刑法注释、注解、释义,而不是真正意义上的刑法解释。传统意义上的刑事立法解释和刑事司法解释也不在本书研究范围之内,因为从本质上说,这些立法解释和司法解释是一种准立法,是一种"细则化的刑法"[1]。

二、现有刑法解释观念争鸣

(一)主观与客观之争

刑法解释观念上的主观解释论和客观解释论之争由来已久,并且在当前依然存在。虽然说客观解释论和主观解释论是对解释目标的争论[2],但是并不影响两者属于刑法解释观念的属性。杨兴培教授就明确指出,刑法解释涉及众多的问题,其中之一便是"依据什么观念,是主观主义解释观还是客观主义解释观?"[3]

刑法解释的主观解释论是刑事古典学派的观点,在西方刑法史上,这一观念在整个19世纪和20世纪初期都占据着绝对的支配地位。由于封建时代的罪刑擅断,给人们带来极大恐惧,自由裁量权的泛滥,也使人们饱受其苦。在反对封建主义的罪刑擅断和自由裁量权的基础上,刑事古典学派主张主观主义解释论。主观解释论建立在理性主义基础上,认为人们具有足够的理性能够制定出包罗万象的、不需要任何解释的精密法律,即使要对法

---

[1] 陈兴良:《刑法的明确性问题:以〈刑法〉第225条第4项为例的分析》,载《中国法学》2011年第4期;梁根林、[德]埃里克·希尔根多夫主编:《中德刑法学者的对话:罪刑法定与刑法解释》,北京大学出版社2013年版,第26页。
[2] 参见张明楷:《刑法解释理念》,载《国家检察官学院学报》2008年第6期。
[3] 杨兴培:《刑法实质解释论与形式解释论的透析和批评》,载《法学家》2013年第1期。

律进行解释,也应当严格按照立法者的意图进行。

客观解释论产生于19世纪末期,是在科学主义和非理性主义兴起,理性主义受到现实诘难而出现危机的情况下产生的。随着自然科学的发展,工业的不断进步,大城市的出现,失业率的增加,人们发现累犯、少年犯急剧增加,理性主义指导下制定的法律特别是刑法并没有发挥出人们预想的功能。人们逐渐认识到理性不是万能的,进而对立法者制定的法律的万能性也产生怀疑,并认为立法者的立法意图是有限的,在追求法的安定性同时也注重通过解释来应对新出现的社会问题。

主观解释论和客观解释论的争论主要集中在四个方面。一是解释目标。主观解释论认为,刑法解释的目标是探寻立法者原意,反对对文本进行超出立法者意图的解释。客观解释论认为,刑法解释的目标是发现刑法规范条文的客观含义,而不是什么立法原意。客观解释论认为立法原意是不存在的,法律一经颁布,便具有独立于立法原意的客观意思,对其解释应当根据变化了的情势、社会的客观需要进行适合当下社会现实的解释,即应当挖掘文字的当下含义。二是解释方法。主观解释论主张采取历史解释的立场,通过立法资料的查找等途径,去发现立法时立法者所要表达的文字含义和文本的固有含义,强调对文本的形式解释。客观解释论强调,应当根据文字的当下含义对刑法条文进行解释,解释的过程是解释者与文本对话的过程,侧重于运用目的解释的方法,阐明文字在解释当时的含义而不是立法时的含义;其认为立法者是人而不是神,立法者在立法时并不能全部预料到当下发生的事实。三是价值选择。主观解释论强调法律的安全稳定价值和自由保障价值,将法的安定性、确定性和可预测性目标放在首位,要实现这些目标,立法者原意是唯一的标准。客观解释论认为,公正价值优于安全价值,公正和效率大于安全和稳定,法律应当具有灵活性和动态适应性,应当实现公平正义,只要能够实现公正价值,可以对法律作出灵活解释。四是解释结果。主观解释论认为,评判结果是否正确的唯一标准是解释结论是否符合立法原意,符合立法者意图的解释就是正确的,否则就是不正确的解释。客观解释论则认为,解释主体是多元的,解释结论不存在唯一正确的结论,解释结论只要能够为公众所接受,能够实现不同解释者的视域融合或者"重叠共识",能够达成最大限度的共识即可。

当下,虽然两者的争论仍然存在,但客观解释论已成为大多数学者所赞同支持的立场观念。当然,主观解释论并没有退出历史舞台,部分学者依然在坚持主观解释论的立场,为其提供有力的辩护。[1] 主观解释论仍然在与客观解释论一路前行,学者不断争论,共同将刑法学特别是刑法解释的研究推向深入。

(二)形式与实质之争

刑法解释观念上的形式解释论与实质解释论之争,滥觞于日本刑法理论,日本的大谷实教授是形式解释论的代表,前田雅英是实质解释论的代表。[2] 我国的形式解释论与实质解释论之争的发起者,主要是张明楷教授和陈兴良教授,张明楷教授是实质解释论的领军人,陈兴良教授是形式解释论的鲜明旗帜。两位教授从各自的学术立场出发,发表了多部重量级学术成果。尤其是在 2010 年第 4 期的《中国法学》上,陈兴良教授的《形式解释论的再宣示》和张明楷教授的《实质解释论的再提倡》两篇[3]立场迥异、观点对立的文章,引发刑法学界广泛高度关注。刘艳红教授和邓子滨教授也是"针锋相对",刘艳红教授在 2009 年出版了《实质刑法观》[4],同年邓子滨

---

[1] 参见陈坤:《论刑法主观解释论的正确性——从认知语言学的视角看》,载《浙江社会科学》2015 年第 5 期;熊伟:《主观解释论之提倡》,载《中国人民公安大学学报(社会科学版)》2013 年第 5 期;徐光华:《刑法解释立场的历史考察——主观解释论之提倡》,载《河北法学》2008 年第 2 期。

[2] 参见张军:《形式解释与实质解释争议辨析》,载《刑法论丛》2014 年第 1 期。

[3] 参见陈兴良:《形式解释论的再宣示》,载《中国法学》2010 年第 4 期;张明楷:《实质解释论的再提倡》,载《中国法学》2010 年第 4 期。

[4] 参见刘艳红:《实质刑法观》,中国人民大学出版社 2009 年版。

教授出版了《中国实质刑法观批判》[1]。由此,形成了我国刑法学术史上的学派之争,也成为刑法学研究中两条蔚为大观的亮丽风景线。

当然,也有学者认为,我国当下所谓的形式解释论和实质解释论之争只是口号之争,并不具有实质性意义,这种对峙是虚构的,两者不管是从解释结论来看,还是从定罪的思路来看,并不存在实质性的差别,[2]所谓的形式解释和实质解释,本身就是一个伪命题[3]。尽管有学者对是否真正存在形式解释论和实质解释论提出否定的观点,但不可否认的是,不管双方之间是否有误读、是否有学术标签的嫌疑,形式解释论和实质解释论的争议在学术之争中确确实实存在。因此,在刑法解释观念的梳理上有必要对此进行回应。

在德日刑法史上,形式解释论和实质解释论之争经历了两个阶段。[4]第一阶段是传统意义上的形式解释论和实质解释论之争。这一阶段的争论,主要是围绕对构成要件的解释和判断展开的。形式解释论认为,构成要件的内容是中立的,是价值无涉的,是纯粹的记述的构成要件要素,对其判断不需要价值衡量;实质解释论则认为,构成要件并不是纯粹记述的要素,而是包含规范的要素,对构成要件要素的判断需要纳入价值要素进行考量。之后,随着刑事立法中使用了需要价值判断的规范构成要件要素和概括性条款,这一争议已经不复存在。第二阶段的争论是当代意义上的形式解释论和实质解释论之争。这一阶段的争论已经不是在构成要件的判断上是否需要价值判断的问题,而是转变为如何适用价值判断的问题。形式解释论者认为,对构成要件的解释是概念分析和体系演绎的结果,不应当将刑事政策的价值纳入其中,其注重的是与事实相对的价值判断,而不是刑事政策角度的价值衡量,是对古典的自由价值的坚守。实质解释论者则认为,对构成

---

[1] 参见邓子滨:《中国实质刑法观批判》,法律出版社2009年版。
[2] 参见陈坤:《形式解释论与实质解释论:刑法解释学上的口号之争》,载《刑事法评论》2012年第2期。
[3] 参见杨兴培:《刑法实质解释论与形式解释论的透析和批评》,载《法学家》2013年第1期。
[4] 参见劳东燕:《刑法解释中的形式论与实质论之争》,载《法学研究》2013年第3期。

要件的解释需要考量刑事政策上的目标,需要考虑刑罚的效果,是对社会保护的实践的附和。

当下,我国的形式解释论和实质解释论之争,主要集中在以下几点。一是在判断位阶上的争论,即在对刑法进行解释,或者说是对构成要件进行解释时,是先进行形式判断还是先进行实质判断。形式解释论认为,应当先进行形式判断再进行实质判断,对于不符合形式规定要件的行为,即使具有刑法可处罚性也不能将之作为犯罪予以打击,否则就是对罪刑法定的践踏。[1] 实质解释论则认为,应当先进行是否侵犯法益的实质判断,然后再进行刑法规范条文字面含义的判断,并且对法条含义的解读应当随着保护法益的变化而变化,"必须明确该犯罪的保护法益,然后在刑法用语可能具有的含义内确定构成要件的具体内容"[2]。二是是否能够做出不利于被告人的扩大解释。形式解释论认为,只要刑法没有明文规定,或者说没有形式上的规定,即使具有实质上的处罚必要性,也不得对刑法规范文本进行扩大解释,即不能因为处罚的必要而做出不利于被告人的扩大解释。[3] 而实质解释论则认为,当某种行为具有处罚的必要性和合理性时,应当在遵循罪刑法定原则的前提下,做出不利于被告人的扩大解释,以实现处罚的妥当性。[4] 三是对待刑法漏洞的态度不同。形式解释论认为,刑法的漏洞应当通过立法填补,不能通过刑法解释的手段将法律的缺陷转嫁给被告人承担,不能用解释论的方法对刑法漏洞进行弥补。[5] 实质解释论认为,应当最大限度地发挥刑法解释的功能作用,在法定形式范围之内,通过合理的解释来弥补刑法的漏洞,[6] 对司法实践问题的解决不能过度依赖刑法规范条文的修改,并认为

---

〔1〕 参见陈兴良:《形式解释论的再宣示》,载《中国法学》2010年第4期。
〔2〕 张明楷:《实质解释论的再提倡》,载《中国法学》2010年第4期。
〔3〕 参见陈兴良:《形式解释论的再宣示》,载《中国法学》2010年第4期。
〔4〕 参见张明楷:《实质解释论的再提倡》,载《中国法学》2010年第4期。
〔5〕 参见[日]曾根威彦:《刑法学基础》,黎宏译,法律出版社2005年版,第18页。
〔6〕 参见张明楷:《实质解释论的再提倡》,载《中国法学》2010年第4期。

法律不是被嘲笑的对象。

在上述主要的争论点之外,劳东燕教授还将形式解释论和实质解释论的分歧进行扩展,认为两者的纷争还体现在:刑法规范是行为规范还是裁判规范;刑法规范是偏向主观解释论还是偏向客观解释论;在解释方法上刑法规范是看重文义解释还是看重目的解释;刑法规范在疑难案件和解释的重要性上是看重解释还是尽可能减少解释;刑法规范是限制法官的自由裁量权还是倚重法官的自由裁量权五个方面。[1]

应当认为,形式解释论和实质解释论之争,使我国刑法理论界关于犯罪构成要件、刑法解释立场和方法、刑法的价值和功能等方面的研究有了新的提升,促进整个刑法学研究的深度和精度,引领我国刑法学研究不断向纵深发展。

(三)新兴解释观念述评

1. 人本主义解释观

主张人本主义刑法解释观的是袁林教授。袁林教授在其博士论文《人本主义刑法解释范式研究》中指出,刑法解释应当从规则主义的解释范式转向人本主义的解释范式。人本主义解释范式,在解释的理念和视角上,将人本主义作为基本的理念,将促进人的全面发展作为出发点和归宿,注重刑法解释的目标结果,实现法律与情理的结合,体现了刑法解释的人文关怀。在解释主体上,这种观点承认刑法解释主体的主体性、多元性、主体间性,并且指出,在不同主体的解释出现分歧时,应当加强有效互动,不断调整各自的视域立场,使解释结论符合常识常情常理,实现视域融合。在解释标准上,这种观点强调解释的标准是不同主体间的共识,包括事实认定、价值衡量、后果判断、解释目标四个维度的共识。这种观点以共识的达成来确立解释的合法性基础,并化解刑法解释的结论与公众认知的冲突,同时也起到限制

---

[1] 参见劳东燕:《刑法解释中的形式论与实质论之争》,载《法学研究》2013年第3期。

司法解释的作用。在解释方法上，这种观点强调通过文义解释、体系解释和社会学解释来实现主体性，通过对话协商的方法来实现主体间性。[1]

2. 公众认同解释观

公众认同刑法解释观的主要代表是马荣春[2]教授和俞小海[3]学者。刑法解释的公众认同观念指出，刑法解释的目的并不是解释清楚刑法条文的含义是什么，而是要得出一个社会可接受的结论，即刑法解释的目标是得到社会公众的认可。刑法解释的公众认同主要包括两个方面的内容："第一个方面是指刑法解释的常识化。……其强调的是刑法解释的可理解性。第二个方面是指刑法解释的合理性。……其强调的是刑法解释的可接受性。前者是形式意义上的，后者是实质意义上的。"[4]刑法解释的公众认同观念在我国的存在样态主要表现在两个方面：一方面是我国法学界和整个社会普遍认同并强调的，对刑法解释要实现法律效果和政治效果、社会效果的统一，即对刑法的解释不能与社会公众对刑法的理解相背离，不能脱离社会公众基本的法感情，解释结论要符合社会公众对刑法的期待；另一方面是司法机关在作出刑事判决时有意识地选择甚至变更罪名，以此来使得判决结果能够为公众所接受。刑法解释公众认同的实现，需要解释者特别是司法者在进行刑法解释时，要充分考量民意，不是单纯地以三段论推理的形式对案件作出判决，而是应当充分考虑社会普遍的价值观、道德观、正义观、刑事政策等"法外"因素，对刑法的解释必须纳入价值考量，解释者应当把自己看作一般公众，站在普通公众的立场上考虑刑法解释的问题。同时，应当建立畅通的公众意见收集反馈机制，通过广泛收集采纳社会公众的意见，不断提高判决的可接受性和认可度。

---

[1] 参见袁林：《人本主义刑法解释范式研究》，西南政法大学2010年博士学位论文。
[2] 参见马荣春：《共识刑法观：刑法公众认同的基础》，载《东方法学》2014年第5期。
[3] 参见俞小海：《刑法解释的公众认同》，载《现代法学》2010年第3期。
[4] 俞小海：《刑法解释的公众认同》，载《现代法学》2010年第3期。

3. 互动解释观

互动解释观是哲学解释学中的主体间性理论在刑法解释中的运用,要求刑法解释者不能自说自话,而是应当充分尊重其他解释主体的意见,通过不同主体不同解释观点的相互博弈,形成"视域融合"。张建军教授直接以《互动解释:一种新的刑法适用解释观》为题,[1]对刑法解释的互动解释观进行了详细论述,指出对刑法规范条文进行解释并不是某一单一主体的单独作业,所有适用刑法的主体都在对刑法进行着解释,法官、检察官、辩护人等都在对刑法规范条文进行着理解和解读。法官、检察官和辩护人,形成一个对刑法解释的解释共同体,都深度参与到对刑法的解释当中,并且都对刑法解释结论的形成产生实质性的影响。在解释过程中,控、辩、审三方通过相互说服、博弈、沟通商谈甚至是争论,不断调适自我对刑法的解释,最终实现"视域融合",达成具有共识性的结论。互动解释观,把刑法解释视为一个过程,强调参与主体的广泛性,说理的公开性和充分性,主体之间的相互尊重和平等的商谈沟通性,强调通过充分的沟通协商达成"共识"。

上述三种新兴的刑法解释观念,对原有的刑法解释概念和原理进行了观念和体系上的突破,使得刑法解释研究不断走向深入。同时,也为司法者提供了一种全新的思维视角,体现了将刑法解释这一高深的理论生活化,强调多元主体参与其中发出自己的声音,打破了刑法解释的"垄断"格局,使得刑法解释这一"旧时堂前燕"能够"飞入寻常百姓家",使刑法解释更加民主。但是,上述研究也同样存在不足之处:如何应对司法的专业化(精英化)与大众化(民主化)的冲突;对情理、民意、舆论等如何设置合理的边界使其在法治的轨道上运行,如何体现规范制约避免"舆论左右司法"副作用的出现;诉讼过程中法官的裁判,如何体现人民的意志,如何在实现民众认同的同时又坚守法的安定性;刑法解释在关照民众认同的同时,如何引导民众、开启民

---

[1] 参见张建军:《互动解释:一种新的刑法适用解释观》,载《法商研究》2016年第6期。

智;等等。对于这些问题,依然需要通过进一步研究予以解答。

三、刑法解释观念的动态与静态之分

通过上述分析可以发现,在刑法解释观念上,我国的刑法理论界和司法实务界均存在不同的观点,不同的学者或者司法实务者因站在不同立场秉持着不同的观念。当然,上述观念的划分是采用不同的标准进行的。刑法学从本质上来说,是哲学社会科学的一个门类,是一门实践性很强的社会科学。因此,对刑法学和刑法解释学进行研究,应当从实践性这一属性出发,站在社会科学的立场上对其进行审视。从社会科学和认知方法的角度出发,可以将刑法解释观念分为刑法解释静态观和刑法解释动态观。

(一)刑法解释静态观

刑法解释静态观,[1]是指解释主体在进行刑法解释时,将刑法规范文本作为刑法解释的唯一对象,即仅将刑法解释定义为对刑法规范文本的注疏而拒绝对案件事实的解释,或者拒绝承认解释的过程是将刑法规范文本与案件事实进行对比适用的过程;强调刑法的解释主体只有法律规定的有权机关,即将有权作出具有普遍约束力的解释的主体作为刑法解释的唯一主体,不承认未经授权的组织、机构和个人的刑法解释权利;认为有限的主体对刑法规范文本注释的完成即意味着解释的终结,缺乏对单个主体认识深化、多元主体商谈博弈的动态过程的关注。

具体来说,刑法解释静态观的特征表现在以下四个方面:

一是解释主体的特定性。刑法解释静态观认为,刑法解释的主体是法律规定的主体,即全国人大常委会和最高人民法院、最高人民检察院,除此

---

[1] "静态",在其本体论意义上,可以理解为"事物之静止状态",是相对于运动状态而言的;在方法论意义上,可以理解为"存在"的某种假想状态,这种状态是通过将时间和过程因素从"存在"中分离出来之后所构设的。参见江国华:《中国宪法学的研究范式与向度》,载《中国法学》2011年第1期。

之外的未经国家授权的任何组织、机构、个人都无权进行刑法解释。这种将刑法解释看作一种权力而非权利,进而限制刑法解释主体的多元性的观点,给刑法解释的多元主体互动,特别是民众参与刑法解释扎起了藩篱,限制了民众参与的权利,难以有效体现刑事解释的民主主义。

二是解释对象的单一性。刑法解释静态观,将刑法规范文本视为刑法解释的唯一对象,认为刑法解释就是对刑法规范文本文字含义的阐明,案件事实不是刑法解释的对象,而是在刑法解释完成后用刑法解释的结果进行处理的对象。这种以干瘪的刑法规范文本为研究对象的思维,体现的既是方法论上的机械思维——采取的实体思维,将刑法规范文本视为"存在",也是方法论上的孤立思维——只研究白纸黑字的刑法规范文本,而不顾及周围的关联因素;同时也体现了理论研究的符号化(过于注重文本文字这一符号,不考虑与之紧密相连的案件事实)和教条化(只研究刑法规范文本是什么,而不关注"怎么样""应当怎么样"等核心问题)。

三是解释过程的机械性。刑法解释静态观,在解释过程中往往机械地依照刑法规范文本的字面意思阐释,过度强调依照形式逻辑解读出来的刑法规范文本的字面意义,忽视甚至是无视文字背后的社会情理价值。在处理案件时,机械地将刑法规范文本和立法解释、司法解释运用到司法实践当中,而不考量刑法规范文本在当下的客观含义,以及文字固有的含义是否与当下的社会价值观念相合拍等问题。

四是解释范式的静态性。刑法解释静态观,虽然也注意到了刑法规范文本的含义在随着社会生活事实以及价值观念的转变而不断地发生变化,但是他们对文本的解释更注重对文字表面含义的遵守,更倾向于用已然发生的熟悉的生活事实填充文字的含义,对文字含义的开放性持保守甚至是拒绝的态度。同时,刑法解释静态观强调解释主体是特定的,导致在进行刑法解释时缺少了主体之间的商谈博弈,使得不同主体间的互动性消失,忽视了司法过程中控、辩、审之间通过博弈使得刑法解释处于动态过程的事实,以及司法博弈的解释结论要接受民众检验也使得刑法解释处于动态过程的客观事实。

(二)刑法解释动态观

与刑法解释静态观相对的,是刑法解释动态观。刑法解释动态观,是指在刑法解释过程中,秉持动态的观念立场,在规范逻辑和社会情理价值的指引下,以动态的思维和眼光对刑法规范文本的含义进行解读,对涉及的案件事实进行类型化的分析归纳,并不断调适事实与规范的契合关系;并将初步的解释结论与其他解释主体进行充分商谈沟通,甚至是不同解释主体之间相互博弈,根据商谈博弈不断修正"前见",达至与其他解释主体的"视域融合",使得解释结论能够为社会公众所认同。

具体来说,刑法解释动态观有以下四个方面的特征:

一是解释主体的广泛性。刑法解释动态观认为,刑法解释并不是一项专属的权力,而是一项普遍的权利,刑法是众人之事,因此人人都享有刑法解释的权利。刑法解释的主体并不限于立法机关、司法机关等有权力的主体,也不限于法官,而是包括侦查和调查人员、检察人员、辩护律师,以及社会公众,是人人都享有的一项权利。

从前述定义的刑法解释的概念来看,刑法解释包括对刑法文本含义的阐释和适用两个维度。对于刑法规定的含义进行理解、阐释,毫无疑问,任何人都可以进行该项活动,即除了国家授权的机关外,任何的社会组织、专家学者和一般公众,包括被告人、被害人等,都可以对刑法规定进行理解和阐释;而对于具体适用来说,刑法解释并不是对案件作出实质性的判决,而是将作为大前提的刑法规范文本和作为小前提的案件事实进行涵射推理,进而得出个体认知层面的解释结论或者说是案件处理结果,这一过程也是一个开放的体系,任何人都可以根据自己对刑法规范条文的理解来对具体的案件事实的处理进行判断。从司法实践运行的角度来看,对刑法规定的含义进行解读和阐释的主体并不限于立法机关和最高司法机关,一般的侦查和调查人员、检察人员、审判人员都在对刑法规定的含义进行解读和阐释,被告人、被害人以及社会组织、专家学者、一般的社会公众也在对刑法规定的含义进行解释,并通过提交辩护意见、庭审对抗、网络媒体发表意见等;特别是一些敏感案件,更会引发全民对于刑法规定含义、如何将刑法规定运用到具体案件中的大讨论。这些辩论、争议、对抗、讨论等,都是在对刑法规定进行解释。法律条文的真实含义是在各种力量、价值观、立场的协商和妥协过程中形成的,而不是由权威机构事前固定的。可见,不管是从概念的应然推理来说,还是从司法实践的实然样态来看,刑法解释的主体应当是并且也确实是多元的,而并不是一些观点所主张的刑法解释的主体是一元的。

需要说明的是,刑法解释主体的广泛性或者说多元性,并不等于有权解释主体的多元性——更不能理解为有权解释主体的不确定性。法律规定的立法机关和司法机关以外的,即没有经过国家授权的机关、团体、社会组织、学术机构、专家学者以及一般公众对刑法所做的解释,是非正式的,是不具有普遍约束力的,这是不言自明的。但是,解释结论的无效力或者说没有普遍约束力,并不能等同于没有权利(而不是权力)对刑法进行解释,两者是不同的概念,不容混同。

二是解释对象的二元性。刑法解释动态观认为,刑法解释的对象除刑法文本外,还包括案件事实。刑法解释的过程就是刑法适用的过程,而刑法适用又与法律论证密不可分。法律论证过程即法律推理的三段论,是将法律规定这个大前提和案件事实这个小前提进行反复的对比以得出解释结论的过程。刑法规范文本与案件事实是刑法解释的两个不可或缺的方面,离开案件事实的刑法解释是对条文的注疏而不是真正意义上的解释。

刑法解释的目的是在阐明刑法规范文本含义的基础上,对案件进行公平合理的解决。而公平合理解决案件需要经历三个步骤。首先,要对刑法规定的含义进行解读,阐明刑法用语和刑法条文的含义。其次,将案件事实向构成要件的方向进行归纳,从纷繁复杂的自然事实中抽象出符合构成要件的法律事实。最后,将作为大前提的法律规定及阐明的含义,与抽象出来的案件事实进行形式逻辑上的三段论推理。对刑法规定含义的阐释和对案件事实的归纳这两个过程不可截然分开,甚至可以说两者是一个"你中有我我中有你"的过程。在这一过程中,将抽象的刑法规范经由解释转化为具象的构成要件,将具象的案件事实经由解释转化为类型化的案情,使规范成为符合存在的,使案件成为符合规范的。正所谓"心存正义理念,目光不断往返于刑法规范和案件事实之间",用刑法规范文本解释案件事实,同时也用案件事实解释刑法规范文本。可见,刑法解释的对象应当包括刑法规定和案件事实两个方面。如此界定刑法解释的对象,既符合法理学将法律解释对象认定为法律文本和案件事实的一般原理,又与归正后的刑法解释概念和司法实践的运行实际相符合。毕竟,刑法规范条文的真实含义是从生活事实和文字中发现的,"法律并非一纸空文,它的意义必须在与案件事实的交流中才能释放出来"[1]。离开案件事实对刑法规定进行解释便失去了方向和依托。正如吴经熊先生所言:"法律与事实共存亡,法律并非产生于事实之前。谈法律而不言事实,诚属荒唐!"[2]

三是解释路向的双重制约性。刑法解释动态观强调,解释者在进行刑法解释时,必须坚守规范逻辑和情理价值两条路向,思维逻辑和判断标准必须受规范逻辑和情理价值的双轨制约。不可只顾规范文本的形式逻辑而不顾其所蕴含的情理价值,也不可只对案件事实仅做逻辑层面的归纳而舍弃情理价值的分析。规范逻辑主要解决的是合法的问题,情理价值主要解决的是合理的问题。如此,可以保障对规范文本和案件事实的解释归纳既合法又合理,使得解释结论能够达到最大的"共识",能够为社会公众所认可、所接受,能够最大限度地与公平正义相契合。

---

[1] 吴丙新:《修正的刑法解释理论》,山东人民出版社2007年版,第113页。
[2] 吴经熊:《法律哲学研究》,清华大学出版社2005年版,第18页。

成文的刑法规定,"是一种被价值和情感干预了的规范,而不是过滤了情感和价值的纯粹自然的规范"[1]。它是建立在不可磨灭的人类感情基础之上的,解释者对其解释适用时也应当具有"替天行道的人类意念",而不是仅仅对其进行单纯的文义阐释和形式逻辑推理。虽然说科学性是对法律的一种要求,但是社会学中的法学与自然科学存在本质上的不同。法学并不是建立在"符合真理观"基础上的"客观存在"[2],刑法规定本身并不是冷冰冰的文字堆积,也不是价值无涉的形式逻辑的推演,刑法规定本身内含着浑厚的人文、价值和人们的情感因素。这就决定了"价值—实用"的逻辑和路向,[3]才是法学研究应当遵循的逻辑进路。因此,对刑法规定进行解释,必须要超越符号性的干瘪的刑法规定,要读到条文背后的价值观念,衡量法条文字的时代内涵;要找到天理、国法、人情之间的最佳结合处,既不脱离刑法规范条文本身的规范含义,也不抛弃条文背后的社会情理价值。只有这样的解释结论和司法判决,才会被人们信服,才能具有权威,才会对社会秩序的维护起到作用。相反,如果解释结论和司法判决与公民的深刻经验相抵触,势必不可能长存。因此,我们必须将对权利所作的论证带到公众当中,接受公众朴素的法感情和社会情理价值的检验,引领人们内心向善、信仰法律。

四是解释范式的动态递进性。刑法解释动态观认为,在进行刑法解释时,应当采取动态的方法和思维,对刑法规范文本和案件事实进行动态的解释,而不是机械、死板地对刑法规范文本和案件事实进行解释和归纳,也不能不顾其他解释主体的观点看法而固执地坚守经过解释所得出的初步结论。相反,应当不断地对刑法规范文本和案件事实进行审视,对得出的初步解释结论进行多角度衡量评判,充分听取其他解释主体的意见,并站在社会

---

[1] 谢晖:《从弱契约、利益可接受证成法律之为制度修辞》,载《政法论丛》2018年第2期。
[2] 谢晖:《从强契约、商谈可接受证成法律之为制度修辞》,载《法学评论》2018年第2期。
[3] 参见谢晖:《从弱契约、利益可接受证成法律之为制度修辞》,载《政法论丛》2018年第2期。

公众的立场审视自己的解释结论,经过反复推敲、商谈、博弈后,最终形成解释共同体和社会公众可以接受的解释结论。

刑法解释主体认知的动态性、解释对象的动态性、解释过程的动态性、解释结论的动态性,决定了刑法解释并不是简单地对刑法规定条文注疏,而是一个动态的过程,是一个将刑法规定运用到具体的案件事实当中,用事实解释法律和用法律解释事实,在规范与事实之间不断寻找最大契合点,对具体案件进行合法合理处断的过程。这一动态过程,主要体现在三个层面。[1] 一是在个人场域的层面表现为:解释者在螺旋式上升的认知规律支配下,根据规范逻辑和情理价值对刑法规范条文和案件事实进行解读,并不断往返于两者之间寻找最大契合度。二是在司法场域层面表现为:解释者自觉或不自觉地在重叠共识理论、沟通交往理论、主体间性理论的指引下进行解释。监委和公检法在调查、侦查、起诉、审判纵向过程中,会因解释主体的不同、所处立场的差异、知识结构的差别等因素,使得调查、侦查与审查逮捕、审查起诉、审判之间存在动态的博弈关系。三是在社会场域层面表现为:控辩审三方在对刑法进行解释、对裁判结果进行博弈进而得出解释结论和形成判决的同时,也要考虑社会公众的价值理念、法感情和接受度,他们和社会公众之间也存在动态的交互理解的过程,特别是对于影响较大的、舆论关注度较高的案件来说更是如此。因此,刑法解释是一个多元主体参与的、在规范和事实之间不断往返衡量的、协商博弈的动态过程。

刑法解释静态观和刑法解释动态观是两种不同的观念立场,在刑法学研究和刑事司法实践中,两种观念都有其表现形式。

---

[1] 参见王东海:《坚守刑法解释的动态递进品格》,载《检察日报》2018年4月4日,第3版。

第二节　刑法解释静态观之反思

一、刑法解释静态观的理论梳理

一是对刑法解释概念进行静态性界定。例如,认为刑法解释,就是"对刑法规范含义的阐明"[1]。有的学者在阐明的基础上加了"适用",如刑法解释"就是阐明刑法规范的含义及其适用"[2]。还有的学者将刑法规范做了拓展,并且认为对"适用"也要作出说明,认为刑法解释"就是对刑事法律的意义、内容及其适用所作的说明"[3]。有的学者在前述的基础上,进一步指出了解释的主体,并认为解释包括活动和结论两种,即认为刑法解释"是指国家权力机关、司法机关或者其他机关、社会组织、人民团体、法律专家、学者、司法工作者或者其他公民个人,对刑法规定的含义进行阐明的活动,或者这些主体对刑法规定含义进行阐明的结论"[4]。

对上述定义进行分析可以发现,它们的相同之处是将刑法解释限定为"阐明""说明","追求的是解释和说明的'确定性'和'客观性'",并且认为"刑法解释要达到'含义的阐明''规范的使用'的标准,而这样的标准一定要达到确定的程度"。这种定义形式,折射出来的思维"是典型的传统解释学追求法律解释客观性和确定性的立场"[5]。而这种客观性和确定性的自然科学式的思维,显然是排斥动态性的,因为动态性的属性就是变动性和相对性。

二是对解释对象进行静态性指称。上述四种定义还将刑法解释的对象限定为刑法规范文本,将案件事实排除出解释的视野,而规范的文本是静态

---

[1] 高铭暄主编:《中国刑法学》,中国人民大学出版社1989年版,第41页。
[2] 胡新:《新编刑法学》,中国政法大学出版社1990年版,第20页。
[3] 杨春洗等:《刑法总论》,北京大学出版社1981年版,第47页。
[4] 李希慧:《刑法解释论》,中国人民大学1993年博士学位论文,第49页。
[5] 付玉明:《刑法解释的诠释学论说——刑法解释的构成解读》,载《河南财经政法大学学报》2012年第1期。

的,只要不进行修订就不会发生形式上的改变,具有明显的静态性特征。这种将解释对象进行静态性限定的定义方式,使得刑法解释只能就刑法文本解释,而不能对刑法规范文本之外的案件事实、价值观念、解释者个人感观、社会公众的法感情等众多的"法外"因素进行考量。这种定义方式必然导致的结果就是解释观念的静态性。正如学者所言,这种"定义通过对解释对象的限定实质上是实现了对解释方法和解释结论的限定,……实际上也就是限定了解释方式上的创造性"[1]。

三是对解释主体进行静态性限定。在前述四种观点中,前三种观点直接将解释的主体隐去,没有给解释主体在刑法解释中以应有的位置,从某种意义上来说,直接抹杀了解释主体在刑法解释中的能动性,限制了解释主体将个人的认识因素和情感因素带入刑法解释当中。第四种观点虽然提及了解释主体,并且将解释主体在传统的范围进行了拓展,为刑法解释过程中主体之间的商谈博弈提供了"平台",但是遗憾的是,该论者却对解释主体在解释中主体作用的发挥作出了限定,认为在解释过程中要排除解释者个人的是非善恶观念。[2] 这使得在刑法解释领域呼之欲出的主体性"胎死腹中",并没有进一步成长壮大。

四是对解释过程进行静态性规制。对解释概念进行静态性的定义,对解释对象和解释主体均进行静态性的限定,导致的必然结果就是对解释过程的静态性的规制。从前述定义中可以看到,对刑法解释进行定义时,没有对过程进行描述,只有对"阐明""说明""结论"等进行的刻画,虽然提及了"适用""活动"等字眼,但是在对解释主体和解释对象进行静态性限定的前提下,"适用""活动"也注定是静态的。

综上可见,在当下的理论研究中,还存在大量的刑法解释静态观的理论

---

[1] 付玉明:《刑法解释的诠释学论说——刑法解释的构成解读》,载《河南财经政法大学学报》2012年第1期。
[2] 参见李希慧:《刑法解释论》,中国人民大学1993年博士学位论文,第49页。

和观点。这些理论观点,以对刑法规范文本进行客观性、确定性解释为标准,以"科学"的路向为指引,"过于重视纯粹的概念分析和逻辑推演,忽视了法律价值在构成要件判断以及刑法解释中的指引和定位作用","过于拘泥文字概念,忽视了解释者的主体作用"[1]。

二、刑法解释静态观的理论问题

通过前述对刑法解释静态观进行梳理,从理论研究的层面来看,我们会发现刑法解释静态观存在一些缺陷和问题。[2]

问题一:基本观念上,将刑法注释和立法性解释等同于刑法解释。刑法解释静态观在刑法解释这一基本概念上,认为刑法解释是指对刑法规定意义的阐释或说明,主要表现方式是立法解释和司法解释,将对刑法规定的注释和立法性解释(包括立法解释和司法解释)等同于刑法解释。由此造成了对刑法解释概念的偏误,既增加了理论研究国际化的难度,也增加了司法实践中对疑难案件进行解决的困难。

问题二:解释主体上,将有权机关作为刑法解释的单一主体。与上述基本观念上将刑法解释的主要方式视为立法解释和司法解释相勾连,不承认一般司法人员所进行的法律适用活动为法律解释,认为只有有权机关才能进行刑法解释,没有经过国家授权的机关、团体、社会组织、学术机构、专家学者以及普通公众不能进行刑法解释,即不承认这些主体对刑法规定含义的理解、阐释和具体适用为刑法解释。

问题三:解释对象上,将刑法规定作为刑法解释的唯一对象。关于刑法解释对象问题,即刑法解释的标的,主要有刑法规范说[3]、刑法规定说[4]、

---

[1] 付玉明:《诠释学视野下的刑法解释学》,载《法律科学(西北政法大学学报)》2011年第3期。
[2] 关于刑法解释五大误区的论述,参见王东海:《刑法解释研究应避免五大误区》,载《人民检察》2019年第21期。
[3] 参见高铭暄、马克昌主编:《刑法学》,北京大学出版社、高等教育出版社2011年版,第21页。
[4] 参见张明楷:《刑法学》,法律出版社2016年版,第28页。

刑法条文说[1]、刑法文本与案件事实说[2]、法律事实与法律规范说[3]、事实与规范说[4]、人本主义说[5]、罪责刑关系说[6]等学说观点。但是，多数甚至可以说通行和权威的观点认为，刑法解释的对象是刑法规定或者刑法规范文本，包括刑法典、单行刑法等刑法条文，以及立法解释、司法解释和相关的规范性文件等。所谓的刑法解释，就是对这些规定文字含义的阐释和说明；具体的或者待解决的案件事实，不是刑法解释的对象。刑法解释只关涉对文字含义的解读，而不关涉具体的案件事实。这是一种重大误解，也不符合司法实践的真实状况。

问题四：解释方向上，过度注重对刚性规范的遵从，而忽视其内含的社会情理价值。受西方法哲学中注释法学、概念法学和实证主义法学观念的影响，我国刑法学者在研究刑法解释的过程中，过度强调刑法规定的规范法学属性，将刑法规定的文字视为刑法解释的唯一依据，并且将刑法规定科学化。由此导致了在研究刑法解释时，遵循"客观—科学"的逻辑路向，将刑法条文的表面含义作为刚性的规范加以遵从，完全受表面文字含义的差遣，而忽视或无视法律条文本身所内含的社会情理价值。

问题五：解释范式上，将静态诠释作为刑法解释的主要方法，缺乏对解释过程动态性关注。在刑法解释范式上，不少的刑法学者想当然地认为，刑法解释就是对刑法规定的解读，对刑法规范文本的注疏。这样的刑法解释观点，实质上是对刑法规范文本文字含义的进一步细化解读，其中包括语词

---

[1] 参见张小虎：《对刑法解释的反思》，载《北京师范大学学报（社会科学版）》2003年第3期。

[2] 参见张苏：《以法益保护为目的的刑法解释论》，载《政治与法律》2011年第4期。需要进一步说明的是，对于刑法解释的对象为何物，学界并未达成一致。主要有刑法规范、刑法规定、刑法条文、刑法文本与案件事实、法律事实与法律规范、事实与规范、人本主义说、罪责刑关系说等。参见孙道萃：《论罪责刑关系作为刑法解释对象》，载《中国刑事法杂志》2013年第4期。当然，孙道萃博士在该文提出了刑法解释的对象应当是罪责刑关系。

[3] 参见许发民：《论前见、法律事实与刑法解释》，载《甘肃政法学院学报》2011年第1期。

[4] 参见吴丙新：《刑法解释的对象——在事实与规范之间》，载《文史哲》2009年第1期。

[5] 参见袁林：《以人为本与刑法解释范式的创新研究》，法律出版社2010年版，第22~23、157页。

[6] 参见孙道萃：《论罪责刑关系作为刑法解释对象》，载《中国刑事法杂志》2013年第4期。

逻辑意义上的解读——"文义解释",形式规范逻辑体系性的解读——"体系解释",探索立法原意的解读——"历史解释",以及实质价值层面上的解读——"实质解释",等等。在这些解释观点中,基本是将解释的对象限定在刑法规范文本,强调所谓的刑法解释就是对文字含义的说明,是一种静态的阐释和解读。但无论如何细化的解读,其皆为注疏(criminal law annotation 或 explanatory note),而非刑法解释(criminal law interpretation)。虽然在对文字含义进行说明的过程之中刑法解释静态观提出了要考虑文义的变化,考虑社会价值观念的变动,但是并没有将"往返于规范与事实之间"的司法三段论过程和不同主体之间协商博弈的动态过程考虑其中。

三、刑法解释静态观的实践问题

一是机械地执行规范文本的字面含义,无视社会生活事实和价值观念的发展。对罪刑法定原则进行误读,机械地遵照规范文本的字面含义,采取形式逻辑上的三段论对案件进行处理,忽视甚至是无视刑法规范条文背后的情理价值。如在王某某收购玉米案中,一审法院依据2004年5月发布的《粮食流通管理条例》,对王某某进行了有罪判决,体现的是刑法解释静态观。许某案、天价葡萄案、鹦鹉案等众多报道出来引起全民讨论的案件,都多多少少存在类似的机械地理解和适用规范文本的现象,而从本质上来说,判决的背后折射出的是刑法解释静态观在刑事司法实践中的适用。

二是固执地坚守解释者一方的意见,不充分听取或不采纳不同解释主体的声音。有的解释者在进行刑法解释过程中,存在类似偏执的己见,不听取或不充分听取或听取却不采纳不同解释主体的意见,在解释结论上不能实现"视域融合",不能达成最大的"共识",因而引起公众对判决合法合理性的质疑。如在于某故意伤害案中,一审审判过程中,于某的辩护人便提出了于某的行为属于正当防卫,存在防卫过当,应当依法减轻处罚。但是一审法院却认为,不存在防卫的紧迫性,所以于某持尖刀捅刺被害人不存在正当防卫意义的不法侵害前提，辩护人认为于某系防卫过当以此要求减轻处罚的意见本院不予采纳，最终以故意伤害罪判处于某无期徒刑。[1] 该案判决后，《南方周末》以《刺死辱母者》为题对该案进行了报道。[2] 次日，凤凰网、东方头条等媒体相继转发，该案迅速引起媒体和社会公众的关注。而在二审判决中，山东省高级人民法院充分听取了检察人员意见、辩护人意见、被告人意见、被害人及其代理人意见等[3]，在事实证据并没有发生改变的情况下，认定于某的行为具有防卫性质，系防卫过当，以故意伤害罪判处于某有期徒刑5年。[4] 一审诉讼过程中，检察人员和审判人员均未充分听取辩护律师意见，认定于某的行为不能认定为正当防卫，从某种意义上来说，与其他解释主体的互动博弈不充分，在刑法解释观念上有静态观念的表现。媒体报道的和在司法实践中，一方解释主体不听取其他解释主体意见的现象还不是少数，刑法解释动态观有待进一步落实。

以上仅是典型的事例。此外，司法实践中还存在一些刑法解释静态观的表现：在个人层次上，如有的解释者在进行刑法解释时不注重刑法规范文本形式逻辑和社会情理价值的统一；有的解释者不注重刑法规范文本和案件事实之间的互动，不能有效地将规范文本和案件事实进行对应，使二者达到最大契合；有的解释者对规范文本和案件事实做一次性对应便下结论；等等。在个人场域，解释者没有充分关注和有效运用刑法解释动态观。在司法层次上，侦查机关内部侦查人员和法制审核人员之间，纪检监察的调查人员和审理部门审理人员之间，往往存在争议，各自不听取对方的解释意见；侦查、调查人员和检察人员之间相互矛盾，固执地站在各自的立场，有时甚

---

[1] 参见山东省聊城市中级人民法院刑事附带民事判决书，(2016)鲁15刑初33号。
[2] 参见王瑞锋：《刺死辱母者》，载《南方周末》2017年3月23日，法治版。
[3] 其实该案的判决，也充分考虑了媒体和社会公众的意见，形成了媒体和司法的互动。2017年3月26日，《新华每日电讯》等媒体对该案进行报道，并发表评论文章，正是在舆论的影响下，最高人民检察院派员直接指导该案的办理。
[4] 参见山东省高级人民法院刑事附带民事判决书，(2017)鲁刑终151号。

至是"吹毛求疵"地进行刑法解释,不听取相对方的解释意见和论证逻辑;侦查人员、调查人员、检察人员、审判人员、辩护律师等解释主体之间也存在类似的情况,不能实现商谈沟通和平等博弈。在社会层次上,司法判决不考虑社会公众的感受和认可度、接受度的现象也时有发生。

第三节 刑法解释动态观之提倡

前已述及,刑法解释动态观是一种新的刑法解释观念,它既是一种理念立场,也是一种具体方法。这种新的解释观念,是在对鲜活的刑事司法实践运行样态进行总结提炼,对现有的刑法解释观念进行理性反思的基础上提出的,体现了对现实的尊重,对人的主体地位的尊重,更是对刑事司法规律的尊重。

一、刑法解释动态观的梳理

(一)理论研究中的表现

一是在定义中明确指出刑法解释动态性的特征。在对刑法解释进行定义或者进行阐释时,直接指出刑法解释是一个动态的过程,而不是所谓的静态的结果。例如,从认知、理解、表达等阶段性的角度指出,"刑法解释是一个动态的过程,涉及认知、理解、表达等不同阶段"[1]。有观点则直接提出法律解释的动态性概念,并将动态性划分为适用动态性、解释学动态性、体制上的动态性等不同的类型。[2] 还有观点指出,"刑法解释并不是一个孤立的活动,它同样也是一个动态的过程……"[3]

---

[1] 黄波:《论刑法解释的技术》,载《南通大学学报(社会科学版)》2017年第5期。
[2] 参见管金伦:《法官的法解释》,载陈金钊、谢晖主编:《法律方法》第2卷,山东人民出版社2003年版。
[3] 林维:《刑法解释中的行政解释因素研究》,载《中国法学》2006年第5期。

二是从事实与规范之间互动,解释者反复对事实和规范进行考量的角度,对刑法解释动态观进行细致的描述,揭示刑法解释需要秉持动态的观念。如张明楷教授在《刑法分则的解释原理》一书中,将刑法解释描述为:"刑法的解释就是在心中充满正义的前提下,目光不断地往返于刑法规范与生活事实的过程",即强调是事实、规范和解释者之间的动态过程。[1] 其后,张明楷教授又进一步指出,"刑法的解释,就是正义理念、刑法规范与事实生活的互相对应"[2]。这种描述虽然没有使用"动态"一词,但已经细致地说明了刑法解释需要秉持动态观念,深刻指出刑法解释是一个动态的过程。

三是从对诉讼过程进行归纳的角度指出,在司法场域的诉讼过程中刑法解释的动态性。例如,有观点指出,在司法实践中,"对刑法规范进行解释并非法官的单独作业,检察官提起公诉、辩护人进行辩护以及控辩双方进行辩论都包含对刑法规范含义的理解和解释,……控、辩、审三方通过参与、博弈,不断消除前见,实现'视域融合',并最终达成一种经由法官统合的共识性理解"[3]。

四是从解释主体之间的互动说明刑法解释的动态性观念特征。刑法解释动态观将解释主体多元化,并论证了刑法解释是一个多个解释主体博弈互动的动态过程。如魏东教授提出了刑法解释具有双向性与主体间性、两面性与主客观性特征等,其中的双向性就是解释者与法律文本的双向互动性,主体间性就是不同的解释主体之间的互动性,两面性即用法律解释事实和用事实解释法律。[4]

五是从整个刑法就是一个动态的过程这一宏观的角度说明刑法解释的

---

[1] 现在越来越多的学者开始持与此相同或类似的观点,如吴丙新:《刑法解释的对象——在事实与规范之间》,载《文史哲》2009年第1期;余双彪:《事实与规范:刑法的"静"与"动"》,载《中国刑事法杂志》2012年第9期。

[2] 张明楷:《刑法分则的解释原理》(上),中国人民大学出版社2011年版,序言第10页。

[3] 张建军:《互动解释:一种新的刑法适用解释观》,载《法商研究》2016年第6期。

[4] 参见魏东:《刑法解释学基石范畴的法理阐释——关于"刑法解释"的若干重要命题》,载《法治现代化研究》2018年第3期。

动态性。如有学者指出,整个刑法就"是一种社会过程、一种行动关系、一种动态的社会现象"[1],并论述了刑法在整体上是动态的社会现象和关系。还有学者指出,"刑法学所要处理的是一种法律沟通过程"[2]。法律沟通的过程显然是动态的,体现了主体间的沟通商谈和交流互动。

通过上述关于刑法解释动态观理论的梳理,可以看出,目前我国关于刑法解释观念的学术研究,分别从不同的角度和层面对刑法解释动态观进行了论述,并且越来越多的学者,甚至是司法实务者也参与其中,提出了刑法解释动态观的思想理念。其中的集大成者当属张明楷教授。张明楷教授将刑法解释看作一种"目光的往返过程"和"对应关系",说明刑法解释是解释者不断探求刑法规范文本所内含的法的正义,并将法的正义通过实际案件的处理现实化的动态过程;通过将刑法解释的对象界定为"刑法规范"、"生活事实"以及"正义观念",在文本世界、客观世界、价值观念世界三个维度不断对应互动,将刑法解释界定为一个"有血有肉"的动态的反复过程。该观点受到极高评价。如有学者认为,张明楷教授的这一定义,"已经完全超出了传统解释定义对于文本的固守,而在解释结论的推导或确认过程上也完全不同于传统定义中的单向过程,而是多向的互动过程,解释结论的得出也不仅仅得益于文本对象,生活事实和正义观念也对解释结论作出了贡献"[3]。

但是不得不说,上述关于刑法解释动态观的阐释,均存在一定不足——没有形成一个统一的体系化的概念,没有形成一个完整系统的体系架构,没有对该命题的合理性以及与实践中的先进性进行体系化论述等。

(二)司法实践中的表现

相对于刑法解释静态观而言,我国的刑事司法实践也有很好地运用刑

---

[1] 刘远:《何谓刑法:基于司法逻辑的重述》,载《法治研究》2016年第2期。
[2] [德]尼克拉斯·卢曼:《法社会学》,宾凯、赵春燕译,世纪出版集团、上海人民出版社2013年版,第12~14页。
[3] 付玉明:《刑法解释的诠释学论说——刑法解释的构成解读》,载《河南财经政法大学学报》2012年第1期。

法解释动态观的案例,尽管运用者本人或者理论研究者并没有发现,或者已经发现但没有足够重视。但是,这种喜人的客观存在,并不以它没有被感知、被发现或没有受到重视而受到影响。从近年来引起关注的典型案例来看,刑法解释动态观在实践中主要呈现以下几种类型:

一是拒绝机械地固守刑法规范文本传统的字面意义,根据变化了的社会生活事实对刑法规范文本进行与时俱进的动态解释。比如,随着互联网的日益发展,人们已经被深深地镶嵌在互联网的世界之中,衣食住行都与互联网紧紧连接在一起,不可触摸的网络空间与可感触的现实物理空间正逐步地走向交叉融合,网络社会和物理空间社会这一并行的双层社会正逐步形成;同时,犯罪行为也逐渐走进互联网领域,司法者面临传统犯罪网络化的新挑战。[1] 在此背景下,对犯罪的认定就不能顽固地停留在"互联网+"之前的农耕时代和机器工业时代思维状态之下。在南京反向炒信案中,一审和二审法院均认为,被告人谢某某、董某某的行为属于通过损害被害单位商业信誉的方式破坏被害单位生产经营的行为,两人的行为已构成破坏生产经营罪。在该案的判决中,司法者顺应社会发展趋势,直面互联网时代的社会事实,对该罪破坏的财产类型、生产资料的样态等进行符合变化了的社会事实的解释。正如有学者所指出,"在考察破坏生产经营罪中所要求具备的财产损害时,不能局限于静态意义上的生产资料,而应着眼于动态意义上的生产经营活动所产生的经济价值"[2]。"生产经营"应当被理解为"生产+经营",在互联网时代,"经营"的核心含义是组织、管理和运营,而不是生产、营利。[3] 我们应当根据不断变化的社会生活能动地解释刑法的相关规定,这并不违反罪刑法定原则。毕竟,"罪刑法定并不排斥明智的司法者

---

[1] 参见梁根林:《传统犯罪网络化:归责障碍、刑法应对与教义限缩》,载《法学》2017年第2期。
[2] 李世阳:《互联网时代破坏生产经营罪的新解释——以南京"反向炒信案"为素材》,载《华东政法大学学报》2018年第1期。
[3] 参见高艳东:《破坏生产经营罪包括妨害业务行为——批量恶意注册账号的处理》,载《预防青少年犯罪研究》2016年第2期。

为适应社会的变动,在刑法条文可能的语义范围内'榨干法条含义'"[1]。又如,网络空间是否为"公共场所",虚拟的游戏装备等是否为刑法意义上的"财物"等,对这些问题的争论,以及相关的案例,都不同程度彰显了刑法解释动态观的运用。

二是在诉讼过程中充分听取不同解释主体的意见,充分进行商谈博弈,通过动态的博弈达成最大"共识",获得社会公众认可。如河北涞源反杀案[2],在前期,王某元、赵某芝被批准逮捕。2018年10月17日公安机关侦查终结后移送涞源县人民检察院审查起诉。两次退回补充侦查后,2019年2月24日涞源县公安局以王某元、赵某芝涉嫌犯故意杀人罪重新移送审查起诉。2019年3月3日上午保定市人民检察院发布河北涞源反杀案最新通报称,认定王某元、赵某芝属正当防卫,决定不予起诉。该案的诉讼过程表明,首先是检察机关与侦查机关进行了动态的博弈互动,因为从司法实践来看,退回补充侦查本身便是检察机关与侦查机关的一次商谈博弈,而本案经历了两次退回补充侦查,并且在退回补充侦查期间,检察机关还向公安机关发送了"对犯罪嫌疑人、被告人变更强制措施建议书",但公安机关并未采纳。由此可见,这一过程经历了公安机关和检察机关的博弈。同时,上级检察机关和下级检察机关也有商谈互动,如保定市人民检察院的介入指导。最终,

---

[1] 刘仁文:《网络时代破坏生产经营的刑法理解》,载《法学杂志》2019年第5期。
[2] 案件基本情况为:2018年1月寒假期间,河北保定涞源县王晓(化名)到北京某餐厅打工,与26岁的黑龙江籍男子王某相识。王某多次要求与王晓发展恋爱关系,均被王晓拒绝。2018年5月至6月,王某先后6次携带甩棍、刀具,到王晓涞源县邓庄村家中、王晓所在学校等进行滋扰,并向王晓发送威胁性质的短信,扬言杀害王晓家人。王晓所在学校制订了专门针对王某滋事的应急预案,王晓也先后多次到县城宾馆、亲戚家进行躲避,并多次向涞源县、张家口市、北京市等地公安机关报警。公安民警多次对王某进行训诫。2018年7月11日深夜11时许,王某携带甩棍、刀具等翻墙闯入涞源县邓庄村王晓家中,与王晓父母王某元、赵某芝等发生打斗。王某先后用水果刀、甩棍打伤王晓父母,并打击王晓。之后王某被王晓、王晓父母三人打倒在地,经鉴定为颅脑损伤合并失血性休克死亡。公安机关以王晓及其父母涉嫌故意杀人罪立案侦查,并向检察机关移送审查起诉。经两次退回补充侦查后,公安机关于2019年2月24日以王晓系正当防卫为由,解除取保候审;以王某元、赵某芝涉嫌犯故意杀人罪重新移送审查起诉。2019年3月3日,保定市人民检察院发布河北涞源反杀案最新通报,认为王某元、赵某芝属正当防卫,决定不予起诉。

检察机关以王某元、赵某芝构成正当防卫做出不起诉处理,公安机关并未复议,也得到辩护律师、案件当事人,以及社会公众的认可。

此外,在刑事司法实践中,还存在着立案监督和撤案监督、不批捕不起诉的复议复核、批捕之后的不起诉、起诉后撤回起诉、法院判决后抗诉上诉等情况。这些基本上都反映了在诉讼场域,不同解释主体之间通过博弈对刑法进行动态的解释。

二、刑法解释动态观的依据

(一)理论依据

1. 传统文化

在中华民族的传统文化中,处处暗含着动态的平衡观念。动态,可以说是我国传统文化的一个重要特征。作为中华民族文化"源头活水"的《周易》,是一部古老而又灿烂的文化瑰宝,是中华文化之根,是最能体现中国文化的经典,自汉代以后便被誉为"六经之首""大道之源"[1]。《周易》这部经典之作,由象、数、辞三部分组成,象指卦象符号系统,数是筮法,辞是指解释性的卦爻辞。其中,"象"是《周易》的核心,《易传》说:"《易》者,象也;象也者,像也。"[2]而"象"的主要特征之一便是动态性,象到"形"本身便预示着动态的变化,象内的六爻在周而复始的运动,六十四卦按照顺序排列,也是一种动态的呈现,整个宇宙都处在一种生生不息的动态之中[3]。同时,《周易·系辞上》有云:"易有太极,是生两仪,两仪生四象,四象生八卦。""两仪"是指"阴阳"。"阴阳"指代事物的两面,如日月、天地、男女等,一阴一阳,既相互对立斗争又相互依存,在斗争与依存中不断发展,世间万物都处在动态的发展变化之中。"五行"的金、木、水、火、土之间也是相生相克,生

---

[1] 参见(汉)班固:《汉书·艺文志》,中华书局2014年版,第1723页。
[2] 黄寿祺、张善文撰:《周易译注》(修订本),上海古籍出版社2001年版,第579页。
[3] 参见杨合林、张绍时:《论〈周易〉之"象"》,载《安徽大学学报(哲学社会科学版)》2015年第2期。

生不息而井然有序,天地万物之间存在互动的关系。这种朴素哲学观念认为万物处于动态平衡的运行状态。"五行说"还被运用到兵法当中,成为《孙子兵法》的哲学思想基础之一[1],如《孙子兵法·虚实篇》提出,"兵无常势,水无常形"。可见,动态的观念,已经体现在我国传统文化当中,并影响到社会生活的方方面面。

我国古代关于正义观的思想理念,也是动态的。正义,是我国传统法律文化的灵魂,其基本内涵是适当、正当、合理等,与情理、礼法、道德等相通,其中包含着等与不等、等者同等、不等者不等、等与不等是辩证统一的。也就是说,"这种合理本身亦要合理地或者说辩证地来理解,即它是动态的,其等与不等不是绝对的、固定的,而是相对的、变动的,所以又可以称之为动态的合理正义观。这种动态的合理正义观正是中国人固有的法律正义观"[2]。这种动态正义观,源于阴阳、刚柔、天地以及仁义、礼法、道德等相互依存生生不息的天理和天道,其原则是等者同等、不等者不等、等与不等的差序格局和辩证统一。它被广泛地运用在制度构建、法律制定当中。其本身的求真、求善、求和的内在价值,体现在立法司法中是天理、国法、人情的统一,"这种动态的合理正义观对我们今天的法律特别是司法实践亦是有实际意义的"[3]。

可见,我国传统文化之中有着丰富的动态理念的资源,特别是具有动态的法律正义观,这些宝贵的资源和由此而形塑的思维方式,为我们提出刑法解释动态观提供了传统文化上的坚实依据。

2. 哲学社会学

马克思主义哲学是一种科学的世界观和方法论,是科学的理论、实践的理论、不断发展的理论。马克思主义与中国国情相结合,产生了中国化的马

---

[1] 参见蓝永蔚:《〈孙子兵法〉时代特征考辨》,载《中国社会科学》1987年第3期。
[2] 张中秋:《中国传统法律正义观研究》,载《清华法学》2018年第3期。
[3] 张中秋:《中国传统法律正义观研究》,载《清华法学》2018年第3期。

克思主义理论——毛泽东思想、邓小平理论、"三个代表"重要思想、科学发展观、习近平新时代中国特色社会主义思想。马克思主义及其中国化的思想，科学地指引了中国的革命、建设和改革，指导中国从站起来、富起来到强起来。中国的革命史、建设史、改革史，中国从积贫积弱到解决全世界1/4人口的温饱再到世界第二大经济体，鲜活的实践证明了马克思主义是一种能够有效指导中国实践的伟大理论。可以说，马克思主义深刻地改变了我们所处的世界，更是随着俄国十月革命的一声炮响传到中国后深刻地改变了中国，在人类思想史上，马克思主义对人类产生了广泛而深刻的影响。

马克思主义哲学即辩证唯物主义和历史唯物主义。辩证唯物主义是伟大的人类导师马克思，在批判地继承了黑格尔的辩证法和费尔巴哈的唯物主义等人类文化的优秀成果基础上提出的，克服了古代朴素唯物主义、近代机械唯物主义的不彻底性，"实现哲学史上的伟大变革"[1]。辩证唯物主义指出，事物是对立统一的，任何事物都是在对立统一中发展的。世间万物都处在运动中，静止是相对的，运动是绝对的，世界万物都处于绝对运动和相对静止的统一当中。"用运动、变化和发展的观点去认识和改造世界，是唯物辩证法的基本观点。"[2]我们的开国领袖毛泽东主席也曾指出，"实践、认识、再实践、再认识，这种形式，循环往复以至无穷，而实践和认识之每一循环的内容，都比较地进到了高一级的程度"[3]。

可见，辩证唯物主义关于世界是运动的观点，与我国传统文化所体现的动态的思想理念是一致的。这也是我们常说的，世界上唯一永恒不变的就是变化。

---

[1] 郑镇:《新时代唯物辩证法"合理形态"的生成及其意义——中国社会主义现代化建设思想方法论的反思》，载《东南学术》2019年第5期。

[2] 田克勤、张泽强:《深化马克思主义中国化主体研究的认识和思考》，载《马克思主义理论学科研究》2015年第1期。

[3] 《毛泽东选集》（第1卷），人民出版社1951年版，第273页。

3. 正义观的范式转向

正义是最高的善,任何社会科学的研究都不能背离正义,法学更是以正义为起点和归宿。西方关于正义观的研究范式也在经历着"静态"正义观向"动态"正义观的转向。如阿格妮丝·赫勒对"二战"后西方社会现状进行了反思,指出了静态的正义在内容和程序上均存在不足,提出了正义在现在社会与政治生活中的三个向度,其中一个向度便是:"在现代性的语境中,正义的表现形式发生了从静态向动态的转变。"[1]其认为,"动态正义本身被看作一个相对于历史的迟到者。动态正义的普遍化归因于现代性。同样地,自由与生命('高阶共识'的价值)价值的普遍化被理解为一个历史的产物"[2]。又如,当代美国著名政治哲学家沃尔泽在批判罗尔斯的基础上,紧密结合后现代语境,提出了多元、开放、相对、对话的动态正义观,这是一种从规范化的静态正义向商谈的动态正义的转向。沃尔泽指出,"正义要求社会忠实于这些歧义,为它们的表达、宣判机制和替代性分配提供制度渠道"[3]。"正义原则本身在形式上就是多元的……所有这些不同都来自对社会诸善本身的不同理解——历史和文化特殊主义的必然产物。"[4]英国学者莫里森也指出,"我们处在一个历史纪元之中,它知道变化而不是稳定性的不可避免。不管晚现代的正义理论是什么,它都注定要承认与静态正义相对立的动态正义"[5]。对于正义观念由静态向动态的转变,我国有学者指出,"动态正义的瑰丽图景在中国正朝着开放、共享的态势呈现"[6]。

---

[1] 温权:《超越正义何以可能?——赫勒政治哲学的三重向度与良善生活的道德愿景》,载《苏州大学学报(哲学社会科学版)》2015年第6期。
[2] [匈牙利]阿格妮丝·赫勒:《超越正义》,文长春译,黑龙江大学出版社2011年版,第263页。
[3] [美]迈克尔·沃尔泽:《正义诸领域:为多元主义与平等一辩》,褚松燕译,译林出版社2002年版,第418页。
[4] [美]迈克尔·沃尔泽:《正义诸领域:为多元主义与平等一辩》,褚松燕译,译林出版社2002年版,第4页。
[5] [英]韦恩·莫里森:《法理学:从古希腊到后现代》,李桂林、李清伟等译,武汉大学出版社2003年版,第406页。
[6] 刘钊:《论沃尔泽动态正义观》,载《湖南社会科学》2016年第6期。

4. 法学研究的范式转向

随着概念法学向利益法学或者说自由法学演进,学者在反思概念法学僵硬机械的基础上,逐渐倾向于自由法学的主张。但是,自由法学存在飘忽不定的弊端,极有可能破坏法的可预测性。为了克服概念法学的机械僵硬,同时又为了避免自由法学的不确定弊端,20 世纪 50 年代,奥地利学者维尔伯格(Walter Wilburg)提出了"动态系统"的思想,指出:"法律科学必须通过对法律进行更为动态的构造以及弹性规范的发展来克服这一难题。"[1]其基本构想是,判决的最终形成,是受到多种因素制约的结果,是"多种动态作用力"的"协同作用"。动态系统论提出后,受到不同程度的肯定和发扬,如弗兰茨·比德林斯基将其运用到合同法领域,海尔穆特·库齐奥指出,"动态系统论不仅对一国法律的发展具有特殊的价值,而且对于法律的统协也具有特殊的价值"[2],卡纳里斯指出"动态体系具备体系的'秩序'和'统一性'两大特征"[3],并被广泛运用到宪法、行政法、程序法等领域[4]。威廉·埃斯克里奇(William N. Eskridge)于 1994 年在哈佛大学出版社出版了《制定法的动态解释》(Dynamic Statutory Interpretation)一书,对原旨主义等刑法解释观念提出批判,系统阐释了根据社会生活事实和价值观念的变化而对制定法进行动态性解释[5],从实用主义的动态主义、诠释学的动态主义和制度的动态主义三个层面,对法律解释认识论困境进行超越[6]。美国著名法学家罗纳德·德沃金在其名著《法律帝国》一书中,也阐明了对法律进行动

---

[1] [奥地利]瓦尔特·维尔伯格:《私法领域内动态体系的发展》,李昊译,载《苏州大学学报(法学版)》2015 年第 4 期。

[2] [奥地利]海尔穆特·库齐奥:《动态系统论导论》,张玉东译,载《甘肃政法学院学报》2013 年第 4 期。

[3] 尚连杰:《缔约过程中说明义务的动态体系论》,载《法学研究》2016 年第 3 期。

[4] Vgl. Bydlinski/krejci/Schilcher/Steininger(Hrsg.), Das Bewegliche System im geltenden und künftigen Recht, Wien · New York: Springer~Verlag, 1986.

[5] See William N. Eskridge, *Dynamic Statutory Interpretation*, Harvard University Press, 1994.

[6] 参见王彬:《法律解释的本体与方法》,人民出版社 2011 年版,第 156~160 页。

态解释的理论,认为法律处在动态地解释过程中,人们特别是法官通过分阶段动态地对法律进行解释,以作出最佳选择。[1] 美国大法官卡多佐在《司法过程的性质》一书中,通过流变的规则、针对法律空白的创造性立法、适当变通的遵循先例等论断,阐释了其"动态法""活法"的理念。[2] 其他学者也相继对制定法的动态解释进行了探讨,如阿德里安·沃缪勒(Adrian Vermeule)的《动态的法律解释与制度转向》[3]从制度转向的角度对制定法的动态解释进行分析和探讨;亚历克斯·约翰逊(Alex M. Jr. Johnson)和罗斯·泰勒(Ross D. Taylor)合作撰写的《慈善信托司法解释的革命——关系合同与动态解释在容普雷斯和美洲杯诉讼中的应用》[4]一文,将动态解释的观念应用到具体的案件当中进行阐释,论证动态解释法律的合理性;安娜·卢梅尔斯基(Anna Lumelsky)的《戴蒙德诉查克拉巴蒂案:国会对最高法院动态法律解释的反应和衡量》[5]也是将法律动态解释的观念运用到具体案件当中,并考察国会和最高法院的态度;贝尔伯·纳德(Bernard Bell)从多数主义和少数主义之争的角度,以《历史意象的催眠:动态解释与成文法的瑕疵多数主义》[6]为题,对制定法应当动态解释给予支持;爱德华·鲁宾(Edward Rubin)进一步指出,不但法院应当对制定法进行动态解释,行政机关更应当对相关法律进行动态解释。[7] 当然,也有学者对动态解释法律提出了反

---

[1] 参见[美]R.德沃金:《法律帝国》,李常青译,中国大百科全书出版社1996年版,第201~203页。
[2] 参见[美]本杰明·卡多佐:《司法过程的性质》,苏力译,商务印书馆2000年版。
[3] See Adrian Vermeule, *Dynamic Statutory Interpretation and the Institutional Turn*, Issues in Legal Scholarship, 2002.
[4] See Alex M. Jr. Johnson & Ross D. Taylor, *Revolutionizing Judicial Interpretation of Charitable Trusts: Applying Relational Contracts and Dynamic Interpretation to Cy Pres and America's Cup Litigation*, Iowa Law Review, 1989.
[5] See Anna Lumelsky, *Diamond v. Chakrabarty: Gauging Congress's Response to Dynamic Statutory Interpretation by the Supreme Court*, University of San Francisco Law Review, 2005.
[6] See Bernard Bell, *Hypnotized by Images of the Past: Dynamic Interpretation and the Flawed Majoritarianism of Statutory Law*, Issues in Legal Scholarship, 2002.
[7] See Edward Rubin, *Dynamic Statutory Interpretation in the Administrative State*, Issues in Legal Scholarship, 2002.

驳,安东尼·达马托(Anthony D'Amato)直接以《动态法律解释的不公正性》[1]为题,认为对制定法的动态解释是不公正的,使人们缺乏对行为的预测性。

在我国,动态体系论也逐渐被运用到具体法律问题的解决和一些制度的构建当中[2],并且,动态系统论"正在为国内越来越多的学者所接受,并越来越频繁地出现在民法学各个领域的解释论和立法论当中"[3]。特别是,我国刑法学者也提出了应当坚持动态的观念、采用动态的方法来研究刑法,即"刑法学的研究不应是平面的、静止的、一元的,而应是立体的、动态的、多元的"[4]。而刑法解释学作为刑法学研究的一个方面、一个分支,当然也适用"动态的"研究方法,也就是说对刑法解释的研究应当是动态的。同时,宪法学研究中,也出现了由静态范式向动态范式的转变。[5] 有学者从认知方法的角度,将宪法学划分为静态宪法学和动态宪法学,认为我国目前的宪法学研究可以归属于"静态宪法学"。而从宪法学本身来说,它的产生和发展是一个动态的过程,宪法本身也是运动变化的,是与周围的环境及诸多因素相互关联的存在;宪法学的研究应当在研究"是什么"的同时,也要研究"为什么"和"怎么样"。进而指出,宪法学研究应当从静态宪法学向动态宪法学转向,这既是由宪法学本身的属性决定的,也是学术规律的必然要求。

可见,如果说司法领域中动态系统论的提出并广泛应用还不足以支撑刑法解释观念的转向的话,这是可以理解的,毕竟,刑法是公法,刑法的理念和制度体系不同于民法等私法。但是,研究范式或者说理念观念从静态转向动态,并不是仅仅发生在私法领域,宪法这一根本法领域的研究范式

---

[1] See Anthony D'Amato, *The Injustice of Dynamic Statutory Interpretation*, University of Cincinnati Law Review, 1996.

[2] 参见叶金强:《信赖原理的私法结构》,北京大学出版社 2014 年版;叶金强:《论侵权损害赔偿范围的确定》,载《中外法学》2012 年第 1 期。

[3] 解亘、班天可:《被误解和被高估的动态体系论》,载《法学研究》2017 年第 2 期。

[4] 刘仁文:《再论强化中国刑法学研究的主体性》,载《现代法学》2023 年第 4 期。

[5] 参见江国华:《中国宪法学的研究范式与向度》,载《中国法学》2011 年第 1 期。

也发生了由静向动的转变,整个的正义观的研究也经历了静态观向动态观的转变,甚至整个人类学的文化变迁也经历了从静态观到动态观的转变。[1] 刑法解释作为一种以实现法的正义为己任,以实现人权保障和社会保护为目标的解释方法,必须在动态正义观、动态文化观、动态法学研究观的指导下,实现由静止向动态的转变。诚如林东茂教授所言:"一阴一阳之谓道。……事物的本质即是阴阳相济,是动态的平衡。法律的本质亦复如是,正所谓'大道至简'。"[2] 况且,我国刑法学界,关于刑法解释动态性的研究也早已有之。李希慧教授于1993年在《法学家》上发表了《论刑法的立法解释》一文,在对刑法立法解释进行论述时便提及,刑法立法解释具有"动静态两面性"[3]。1994年,李希慧教授又将刑法立法解释的动态性特征扩展到整个刑法解释概念当中,指出"从动态方面言,刑法解释是指一定的主体阐明刑法规定的含义的活动"[4]。之后,李希慧教授又在其学术专著《刑法解释论》[5]一书中进一步阐明了上述观点,将刑法解释分为静态解释和动态解释。[6] 在李希慧教授明确提出这一概念之后,刑法学研究中也不时闪现出刑法解释动态观的身影。如1997年,陈兴良、周光权发表了《刑法司法解释的限度——兼论司法法之存在及其合理性》一文,隐含了动态解释刑法规范的思想。[7] 郑军男则在其文章中明确提出,"可以把刑法解释方法理解为法官面对个案在适用刑法过程中的刑法解释方法",这个过程是"动态过

---

[1] 参见桂慕梅:《从静态观到动态论:百年来人类学的文化变迁研究》,载《内蒙古大学艺术学院学报》2016年第3期。
[2] 林东茂:《客观归责理论》,载《北方法学》2009年第5期。
[3] 李希慧:《论刑法的立法解释》,载《法学家》1993年第Z1期。
[4] 李希慧:《刑法解释定义新论》,载《河北法学》1994年第6期。
[5] 该书系李希慧教授博士学位论文《刑法解释论》的出版物。
[6] 参见李希慧:《刑法解释论》,中国人民公安大学出版社1995年版,第49~54页。
[7] 文中指出,司法者在进行刑法解释时,应当受到罪刑法定原则的严格限制,在不超出普通公民预测可能性的前提下,可以根据文义的变动、社会主流价值、利益需要、正义观念等,对刑法规范条文进行创造性的动态的解释。参见陈兴良、周光权:《刑法司法解释的限度——兼论司法法之存在及其合理性》,载《法学》1997年第3期。

程",法官在进行刑法解释时,要对案件事实和规范本身作出解释,要把自己设想为共同体的成员,解释结论要得到共同体的认可,刑法解释正当性的达成需要多主体参与博弈,需要合理的商谈和沟通对话。[1] 可见,该文章在刑法解释主体上进行了拓展,将解释过程界定为动态过程,将商谈交往理论运用于刑法解释当中,具有理论上的突破性。

随着人们认识的深化及理论研究与刑事司法实践的结合日趋紧密,关于刑法解释动态性的研究成果在数量上不断增加,在深度和广度上也不断发展。如管金伦在《法官的法解释》一文中,在对原始论解释方法进行批判的基础上提出了动态解释的观念,并分析论证了实用动态性、解释学动态性、体制上的动态性等具体的动态性特征。[2] 王钧在《论刑法适用中法律解释的确定性——由一起刑事案件引发的对法律解释的思考》一文中提出,法律解释主体是具体的多元的动态的,辩护律师、公诉人、专家学者以及法官等,对法律解释存在一定的博弈。[3] 姜涛在《我国刑法司法解释体制的审视与重构》一文中指出,法治意义上的司法解释是法官运用法律裁判案件的一项司法技术,与审判权密切相连。其功能在于实现由"静态法"向"动态法"的转化,以确保法律实施的效果。[4] 李佳欣的《刑法解释的正义性追问》[5],郭莉的《刑法解释的思想理念和方法运用》[6],袁林教授的《公众认

---

[1] 参见郑军男:《刑法司法解释方法论——寻求刑法司法解释的客观性》,载《吉林大学社会科学学报》2003年第6期。
[2] 参见管金伦:《法官的法解释》,载陈金钊、谢晖主编:《法律方法》第2卷,山东人民出版社2003年版。
[3] 参见王钧:《论刑法适用中法律解释的确定性——由一起刑事案件引发的对法律解释的思考》,载《法律方法》第3卷,山东人民出版社2004年版。
[4] 参见姜涛:《我国刑法司法解释体制的审视与重构》,载《内蒙古社会科学(汉文版)》2005年第6期。
[5] 参见李佳欣:《刑法解释的正义性追问》,载《法制与社会发展》2006年第4期。
[6] 参见郭莉:《刑法解释的思想理念和方法运用》,载《青海师范大学学报(哲学社会科学版)》2008年第6期。

同与刑法解释范式的择向》[1]《超越主客观解释论:刑法解释标准研究》[2],张明楷教授的《立法解释的疑问——以刑法立法解释为中心》[3]等论著,都或多或少地论述了刑法解释是动态的过程。这些研究,都可以而且应当成为提倡刑法解释动态观的依据。

(二)实践依据

刑法解释动态观存在的依据不但表现在理论研究领域,更体现在鲜活的实践中。这种实践,不单单是指刑事司法实践,而是我们可以感知的整个社会的实践。

1. 解释主体的动态认知

首先,解释主体对刑法规范文本的认知是动态的。一个不容否认的事实是,每一个具有正常认知能力的人,对任何一个文本进行阅读时,会随着阅读次数的增加、社会阅历的不断丰富、年龄的不断增长、知识的不断丰富完善、所处环境的变化等因素而对文本具有不同的理解。我们对刑法文本的理解也是如此。如我们对公共场所的理解,在没有网络的时代,我们会想当然地认为公共场所是人员比较密集且公众可以随意进出的场所,像车站、码头、商场等就是典型的公共场所。但是,随着互联网的发展,我们对公共场所的认知也会发生变化。又如,我们对淫秽物品的理解,对于同一件物品,现在对其是否为淫秽物品的认定标准和10年前的认定标准肯定会存在很大的区别。也许,正因为我们的认知是动态的,是发展的,所以我们才需要不断地对刑法规范文本进行研读,对文字的含义进行揣摩,对其背后的理念、价值进行探究,这或许正是我们需要不断学习的意义所在。

其次,解释主体对案件事实的认知是动态的。案件事实会随着时间的推移发生变化,即使物证书证等客观性证据不会变化,我们对案件的认知也

---

[1] 参见袁林:《公众认同与刑法解释范式的择向》,载《法学》2011年第5期。
[2] 参见袁林:《超越主客观解释论:刑法解释标准研究》,载《现代法学》2011年第1期。
[3] 参见张明楷:《立法解释的疑问——以刑法立法解释为中心》,载《清华法学》2007年第1期。

是变化的。这不仅是因为案件的证据很多是言词证据,还因为除物证之外的证据基本都是以文字的形式表达的,我们对文字认知的动态性也就注定了对案件事实认识的动态性。同时,即使是物证,也会随着我们对其观看次数的多少、考虑的多少,以及我们阅历的增加等因素而发生变化。我们会随着变动的时间、知识、阅历、心情等而对其作出不同的解读和认知。

最后,解释者将具体的刑法规范文本运用到实际的案件当中时,也是动态的。这种动态,一方面表现为,解释者对规范文本解读的动态和对案件事实认知的动态而使得整个认知处于动态当中。另一方面表现为,将刑法规范文本作为大前提,将案件事实作为小前提,采用三段论的推理对其进行契合性的验证。推理本身是动态的。况且,多数案件并不是一次推理就能够完成的,特别是对于争议较大的案件,往往需要不断地寻找刑法规范文本来对应案件事实,也需要依据不同的规范文本对案件事实进行不断的归纳总结,以使得规范文本能够与案件事实相对应。这个过程,显然是动态的,这对任何一个处理案件或者对具体案件进行分析的人来说,都是不言而喻的,也是不可辩驳的、不证自明的事实存在。

刑法解释者作为独立的个体进行刑法动态解释,这在实践中是不可否认的事实。尽管有些案件简单,不需要经过过多的思考,直接将刑法规范文本与案件事实相对应便可得出结论,不必反复地寻找刑法规范文本,不必反复地对案件进行归纳,也不必反复地考量刑法规范文本和案件事实之间的契合关系。但是,没有人能够否认这样一个事实,即简单的案件也需要将刑法规范文本和案件事实之间对应,这本身便是一个动态的过程。

2. 司法场域的动态博弈

一个完整的刑事案件的完结,[1]是一个侦查(或调查)、审查逮捕、审查

---

[1] 当然也存在公安机关刑事立案后,经过侦查会作出不提请逮捕或移送起诉处理;有些案件检察机关会作出证据不足不批准逮捕、不构成犯罪不批准逮捕等处理。这样的案件,便不会有后续的审判程序。

起诉、审判(甚至是二审、再审)的过程。在这个过程中,侦查(调查)人员、检察人员、审判人员进行刑法解释,会经历一个博弈的动态过程,不构成犯罪不逮捕、证据不足不逮捕、绝对不起诉、存疑不起诉、无罪判决或变更罪名的判决,都是直观的鲜明的体现。公安机关对检察机关决定的复议复核、检察机关对审判机关决定的抗诉等,更是体现了不同的解释主体对刑法解释不同立场、不同认识之间的博弈。即使在一些没有经过不批捕、不起诉、判决无罪或诉判不一的案件中,不同诉讼阶段的博弈也是常见现象。在这些观点不一致的案件中,不同的机关需要通过商谈博弈对刑法解释达成"共识",虽然有时候不一定能达成共识,即使作出了最终的决定,也还是存在争议,但是毕竟在博弈的过程中,双方都会考虑对方关于刑法解释的立场、观点、解释结论,进而得出最终的决定。当然,有些案件,虽然走到了复议复核、抗诉等环节,但是实际对其中一方来说心里是认同另一方的意见的,只是需要通过这种方式、经过这种程序来表明自己的态度,或者通过这种方式来对对方进行一定的制约。但不管内心真实的想法如何,它所证明的事实——在诉讼场域存在对刑法动态解释——是客观存在的。实践表明,刑事诉讼法规定的三机关之间的相互制约的关系,在刑法解释过程中有着鲜明体现。

不但在不同的诉讼阶段不同机关之间对刑法解释存在动态博弈,即使同一机关不同部门之间也存在关于刑法解释的动态博弈。例如,公安机关的侦查部门经常和法制审核部门对同一起案件存在不同的看法,也就是存在不同的刑法解释结论,它们之间也需要通过相互的说服博弈来达成共识。类似的情形,也发生在纪委监委的调查部门和审理部门之间、检察机关不同部门之间、各机关的上下级之间等。

可见,在诉讼场域,刑法解释动态观是客观存在的。也可以说,不进行动态解释的诉讼过程是不存在的。即使是简单的案件,各方也会存在不同的认识,只是这些案件经过商谈博弈之后达成了共识,没有进入不逮捕、不起诉、复议复核、判决无罪或诉判不一、抗诉、发回重审等白热化的阶段。对这一事实,任何一个从事刑法解释研究或者说从事刑法学研究的人,都是需要正视的;对于刑事司法实务者而言,更是需要高度关注和认真分析对待的。正如有学者所言:"各级司法机关和参与案件的法律职业者在司法活动中都会存在着对法律的诠释和理解问题,因此不管我们是否承认与尊重其所具有的这种法律解释权,这种现象都会存在。这样,我们研究刑法的解释问题,就必须尊重这一现实,考察法律运行的方式和存在轨迹。"[1]

3. 社会场域的动态互动

刑法解释会发生在社会场域,每个人都有权利进行刑法解释,刑法解释主体的多元性注定了意见的多元性。特别是,"随着网络媒体和手机媒体的先后出现,我们已经进入一个崭新的全媒体时代"[2],人人都有麦克风,人人都是记者。这样的背景下,社会公众不分时间和地域广泛参与案件讨论。一些典型案件会引起全社会的关注,如许某案、于某故意伤害案、赵某某非法持有枪支案、王某某收购玉米案、陆某销售假药案等一系列案件,均引起了社会的广泛关注。

在这些公众关注的案件中,会形成多个层面的互动,也促成刑法解释的动态化。其中较为重要的层面为司法机关和公众之间的动态博弈:司法机关会将案件事实和适用的法律向社会公众发布,向公众阐明刑法解释的法律依据和事实依据,甚至是价值考量的内容;社会公众会通过司法机关发布的信息、媒体报道的信息,以及通过其他渠道掌握的信息,站在各自的立场,利用各自的知识、经验、价值判断等,进行刑法解释,并将解释结果反馈给司法机关。两者之间通过不断的互动,相互影响对方不断地对自我的解释方法、解释立场、解释观念、解释结论等进行调适。另外,在社会场域这种互动中,党委部门、立法机关、政府机关等也会或多或少地参与其中,形成与司法机关或社会公众的互动。同时,即使在社会公众之间,也会形成对刑法解释

---

[1] 付玉明:《诠释学视野下的刑法解释学》,载《法律科学(西北政法大学学报)》2011年第3期。
[2] 袁振龙、左袖阳:《全媒体时代突发事件舆论引导的策略选择》,载《社会主义研究》2013年第2期。

的互动。在热点案件的讨论中,我们经常会看到参与的社会公众也会出现"百家争鸣"的观点和意见,相互之间通过发表各自对刑法的解释结论而无形中影响对方,形成社会公众内部关于刑法解释的动态博弈。

上述分析表明,在刑事司法实践领域,对刑法解释的动态互动也是广泛存在的,只是有的解释者没有意识到或者意识到但不够重视这种动态解释刑法客观事实的存在,抑或不懂得合理运用刑法解释动态观。但不得不说,在实践中,动态地对刑法进行解释,是客观的司法规律。这成为提出刑法解释动态观的实践依据,也是刑法解释动态观的实践话语。

三、刑法解释动态观的功能作用

刑法解释动态观是一种实践性极强的方法观念,其源于对实践经验的总结,源于对理论研究的反思和重构,是鲜活的刑事司法实践和理性的理论研究深度融合的产物。因此,刑法解释动态观对刑事司法实践和理论研究,具有重要的作用,值得理论界的深入研究和司法实践的广泛运用。

(一)提供思维方法和新的观念

刑法解释动态观,既是一种观念立场,也是一种具体方法。称其为观念立场,是因为刑法解释动态观这一概念的提出,代表的是一种观念,是由静态观念向动态观念转变,或者说是将自发的动态上升到自觉,并转化为解释者的自律,使得解释者在解释刑法时自觉自律地将动态观念贯彻始终,并将其作为一种统领性的观念指导文义解释、体系解释、目的解释、合宪性解释等具体解释方法和技巧的适用。称其为具体方法,是因为解释者在解释刑法时,要自觉运用动态的方法,在解释者个体场域自觉反复多次地对规范文本进行诠释,对案件事实进行归纳,对规范文本和案件事实之间的契合性进行衡量,以不断使案件事实成为符合规范的,使规范文本成为符合案件事实的。解释者主动与其他解释者进行充分有效的沟通,不断考量吸收其他解释者的合理观点,以修正自我的"前见";同时,也向其他解释者阐明自己的观点立场和论证逻辑,以及价值判断等,与其他解释者进行商谈博弈。当然,这里的其他解释者不仅仅包括法律职业共同体成员,也包括其他社会公众。

这一立场观念和具体方法,不同于以确定性为标准的刑法解释静态观,它要求解释者始终站在一种动态的立场思考刑法解释问题,放弃一劳永逸的思维,放弃机械式、"唯我独尊"式解释,并改变解释具有唯一正确或确定结论的思维,采取一种动态的、非教条化的、关联的、相对的思维,指导具体的刑法解释。

(二)有效防范冤假错案

冤假错案的产生既有客观性因素,也有主观性因素。虽然从一定意义上来说冤假错案不可避免,但是通过先进的理念、完善的制度、科学的方法,可以有效减少冤假错案。其中,刑法解释动态观就是一种重要的方法,科学的刑法解释方法,能够为减少冤假错案做出贡献。在前几年曝出的冤假错案中,不少的案件是因为刑法解释观念不当造成的。对于有的案件,在审查起诉或审判时,有的辩护人已经针对在案证据提出异议,认为刑法解释对象之一的案件事实是不成立的,不能将刑法规范文本的大前提应用到案件当中。但是,个别司法人员却并未高度重视,并没有在平等的平台上与辩护人形成良性的商谈博弈,没有尊重不同解释者的主体性。同时,也并没有充分地运用动态性的理论,对规范文本进行反复理解,对案件事实进行多次归纳,对两者之间的契合性进行权衡。

在刑法解释动态观的指导下,解释者应当反复对刑法规范文本、案件事实,以及两者之间的契合性进行考量,充分发挥不同阶段不同解释者关于刑法解释不同观点的制约作用,尊重其他解释者的意见,尤其是辩护律师关于刑法解释的意见,通过自身不断反思衡量和与其他解释者之间的商谈博弈,有效防范冤错案件的发生。

(三)提升司法公信力

提升司法公信力是司法活动的主要目标之一,也是全面依法治国的重要任务之一。提升司法公信力需要司法者秉持科学的理念,采取有效的方式方法,把案件办准办好。办准办好案件的主要标准之一,就是案件的处理充分尊重了司法规律,充分尊重了民意,得出的处理结果能够被社会公众认可。刑法解释动态观,以传统文化、哲学社会学、正义观范式转向和法学研究范式转向等为理论基础,符合客观规律,也符合司法规律,能够有效减少冤假错案。同时,将司法与社会公众的互动或者说动态博弈作为刑法解释动态观的重要方面,可以让社会公众广泛深度参与到司法活动当中,增强对司法处理结果的认同感。刑法解释动态观,通过减少冤假错案和让社会公众深度参与司法活动的方式,不断增强社会公众对司法的认同。此外,刑法解释动态观充分运用主体间性理论和重叠共识理论,可以有效减少各方面的冲突,增强人民群众对刑事司法的认可度,即"为了消除解释者之间的分歧,解释者与解释的接受者之间必须形成有效互动"[1]。以此,切实实现让人民群众在每一个执法决定、每一宗司法案件中都感受到公平正义"[2],树立司法机关权威形象,树立党和政府良好形象,让司法在阳光下运行,不断增强司法的公信力和透明度。

　　通过本章的梳理,我们可以发现,刑法解释动态观在理论研究中和司法实践中都是客观存在的,其存在具有理论方面传统文化、哲学社会学、正义观范式转向和法学研究范式转向等方面的依据,也具有原生态的刑事司法实践所客观反映出来的依据。与刑法解释静态观相比,其所强调的解释主体通过反复衡量动态解释刑法、不同解释主体之间相互博弈动态解释刑法的方式,遵循了刑事司法规律,体现了解释本身所具有的过程的动态性、博弈性,结论的相对确定性等特征。这些特征使得刑法解释动态观具有比刑法解释静态观更大的优势。

---

[1] 袁林:《人本主义刑法解释范式研究》,西南政法大学2010年博士学位论文,第141页。
[2] 参见中共中央宣传部、中央全面依法治国委员会办公室编:《习近平法治思想学习纲要》,人民出版社、学习出版社2021年版,第31页。

第二章　个人场域：刑法解释
　　　　动态观之主体研判

　　刑法解释,首先是单个的个体所进行的刑法解释,也可称为个人场域的刑法解释。个人场域的刑法解释,是整个刑法解释不可逾越的阶段。因为,刑法解释首先是由个人进行或由个人发起,再经由动态的自我修正,以及与其他主体的讨论和博弈,形成刑法解释结论,最终通过司法机关的有效判决形成对案件的处理。没有单个主体对刑法进行解释,刑法解释将不复存在。刑法解释动态观贯穿于刑法解释全过程,其首先表现在个人场域单个主体对刑法的动态解释,即单个主体对刑法进行解释是动态性的,其有意或无意秉持了动态的理念,采取了动态的思维。当然,前文已述及,还有相当一部分解释者秉持的是静态思维,机械解释刑法,但是并不能否认个人场域刑法解释动态观的存在。并且,也正是部分解释者秉持了不符合刑法解释客观规律的静态解释理念和方法,符合认知规律和实践逻辑的动态解释之提出更成为必要。

第一节 起点：大前提与小前提的初步研判过程

前文已述及，刑法解释的对象应当且事实上包含刑法规范和案件事实。因此，刑法解释的起点，首先是对大前提和小前提的研判。这一方面是由刑法解释对象的二元性决定的，另一方面是由刑法解释和法律逻辑三段论之间的关系决定的。并且，对大前提和小前提的研判，需要以动态理念为指引，秉持动态的思维，采取动态的方法路径，即该过程是一个动态的过程。

一、刑法解释与三段论推理的关联

众所周知，刑法适用的过程就是刑法解释的过程，[1]而刑法适用或者说法律适用的逻辑模式表现为：确定法效果的三段论法；取得小前提；借结论导出法效果。[2]刑法解释与法律逻辑三段论之间存在极为密切的关联。一方面，从外在结构来看，二者皆遵循三段论的逻辑形式；另一方面，就内在机理而言，二者皆具有二元共生的法律推理的实质内容。正如德国学者所指出，"形式逻辑提出了法学的一般规则，还需要一个从被保护的法益角度提出论据的实体上的逻辑，……实体逻辑包含了从价值体系中引导出来的实体裁判的理由，此等裁决从司法公正的角度和刑事政策的目的性方面看，内容是正确的，或者至少是可以证明是正确的"。[3]可以说，刑法解释的过程就是法律逻辑三段论推理演绎的过程，而这一过程显然是一种动态演进的过程，其既是司法实践过程的真实体现，也是科学的逻辑推演的呈现。

---

[1] 参见储槐植、江溯：《美国刑法》，北京大学出版社2012年版，第24~25页；张明楷：《罪刑法定与刑法解释》，北京大学出版社2009年版，第74页；[日]前田雅英：《刑法总论讲义》，曾文科译，北京大学出版社2017年版，第4页。

[2] 参见[德]卡尔·拉伦茨：《法学方法论》，陈爱娥译，商务印书馆2003年版，第149~156页。

[3] [德]汉斯·海因里希·耶赛克、[德]托马斯·魏根特：《德国刑法教科书》，徐久生译，中国法制出版社2001年版，第54页。

(一)三段论:法律逻辑与刑法解释共通的外在结构

法律逻辑的基本结构形式即三段论,其基本形态及与刑法解释之关系如图2.1所示。

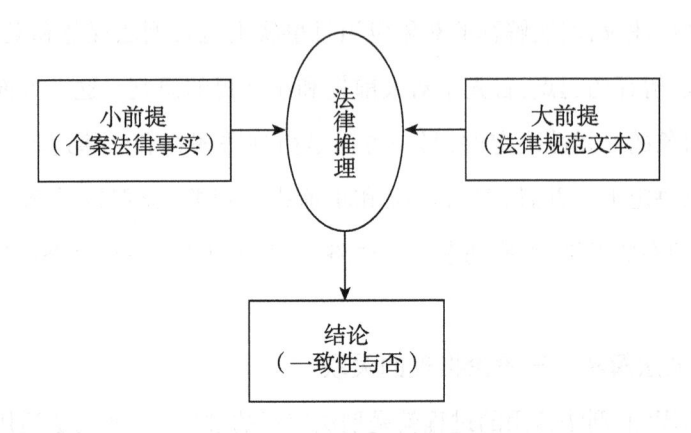

```
        ┌─────────┐      ┌─────┐      ┌─────────┐
        │  小前提  │─────▶│ 法律 │◀─────│  大前提  │
        │(个案法律 │      │ 推理 │      │(法律规范 │
        │  事实)  │      │     │      │  文本)  │
        └─────────┘      └─────┘      └─────────┘
                            │
                            ▼
                        ┌─────────┐
                        │   结论   │
                        │(一致性与否)│
                        └─────────┘
```

图2.1 法律推理三段论基本形态及与刑法解释之关系

"法律推理应该仅仅依据客观事实、明确的规则以及逻辑去决定一切为法律所要求的具体行为。"[1]虽然说对于法律适用而言,不能过度地高估逻辑的意义,因为经验和情理也是法律适用的重要考量因素,且近年来,三段论的推理论证模式受到了理论界的否定和质疑[2],但是,法律适用离不开逻辑的指引,毕竟,"只有采用逻辑解释的抽象方法才有可能完成特别的制度化任务,即通过逻辑手段来进行汇集和理性化,使具有法律效力的一些规则成为内在一致的抽象法律命题"[3]。刑事司法形式推理包括演绎推理和

---

[1] [美]史蒂文·J.伯顿:《法律和法律推理导论》,张志铭、解兴权译,中国政法大学出版社1998年版,第75页。

[2] 有学者质疑司法三段论推理,认为三段论的论证模式利用简单的形式逻辑推理掩盖了司法适用过程中的实质价值判断。参见焦宝乾:《当代法律方法论的转型——从司法三段论到法律论证》,载《法制与社会发展》2004年第1期;孙海波:《告别司法三段论?——对法律推理中形式逻辑的批判与拯救》,载《法制与社会发展》2013年第4期。

[3] [德]马克斯·韦伯:《论经济与社会中的法律》,张乃根译,中国大百科全书出版社1998年版,第62页。

归纳推理。[1] 刑法适用过程中的刑法解释亦无时无刻不遵循着此逻辑结构形式。

首先,刑法适用起始于个案法律事实得以全面查清之时,即只有在个案法律事实得以全面查清之时,[2]刑法适用才具备"以事实为依据"的具体依托。此亦为法律逻辑三段论之小前提的具备。

其次,刑法适用者需要在刑法规范的形式逻辑指引下,"依理寻法",即找寻和框定与该案法律事实相关联的刑法规范条文,从而具备"以法律为准绳"的具体依托。此亦为法律逻辑三段论之大前提的具备。

再次,刑法解释全面开展于与特定个案法律事实相关联的刑法规范条文得以基本框定之时。此时,刑法适用以及刑法解释所应遵循的"以事实为依据,以法律为准绳"的基本规则的实现才具备其前提。刑法解释并非一种单纯的对刑法规范条文进行的注释或注疏,而是"以事实为依据,以法律为准绳",往返于个案法律事实(小前提)与关联刑法规范条文(大前提)之间的旨在考察二者之间的法律逻辑一致性和社会价值契合性的法律推理活动。而刑法解释(criminal law interpretation)之"interpretation"中的"inter",即有往返于二者之间,在二者之间达成沟通或建立法律逻辑内在关联的意思。因此,刑法解释的基本要义在于:在刑法适用过程当中,本着"依理循法"[3]的法律推理(或法律思维)方法,沿着法律逻辑三段论的路径,往返于个案法律事实(小前提)与关联刑法规范条文(大前提)之间,探寻并确证二

---

[1] 参见葛洪义:《法理学》,中国政法大学出版社2010年版,第317页。
[2] 需要说明的是,这里的全面查清不等于案件事实的确定。这里的查清是侦查意义上的概念,并不是经过想象→确认→评断后所形成的案件事实,因为案件事实的确定需要考虑事实本身在法律上的重要性,即事实与法律规定的构成要件之间的关系。参见[德]卡尔·拉伦茨:《法学方法论》,陈爱娥译,商务印书馆2003年版,第160~161页。
[3] 关于"依理循法"的法律思维方法,简言之,即以作为法律内在价值的社会情理为导航,找寻并遵循作为法律形式逻辑的规范文本,并在二者之间反复对应和调适,从而获取既合理(合乎社会情理之内在价值)又合规(合乎规范文本之形式逻辑)的法律结论。上述所谓的"依理寻法"是"依理循法"的初步阶段。进一步的详尽论说,参见高维俭:《罪刑辩证及其知识拓展》,法律出版社2010年版,第23~26页。

者之间法律逻辑一致性和社会价值契合性与否及其尺度的问题。

最后,刑法解释完成于大前提(刑法规范条文)与小前提(个案法律事实)之间的法律逻辑内在一致性和社会价值契合性及其程度的甄别结论,即个案法律事实是否符合刑法规范条文,以及特定的刑法规范条文是否可以且在多大程度上可以适用于特定个案的结论。其中,"是否可以适用"的问题为定性解释的问题;"在多大程度上可以适用"的问题为裁量解释的问题。

可见,刑法解释与三段论的法律推理外形相似,精神相同,刑法解释的过程始终遵循着三段论的法律逻辑过程。缺乏法律逻辑三段论支撑的刑法解释,将导致刑事司法如脱缰的野马"随意驰骋",刑法解释也将成为没有章法的"拍脑袋"式的随意解释。三段论是刑法解释和法律逻辑共通的外在结构形式。

(二)二元共生:法律逻辑与刑法解释共通的内在机理

"法律逻辑关注的核心问题是法律推理"[1],法律推理是法律逻辑与刑法解释共通的核心问题。而法律推理不是一种纯粹的形式逻辑推演,如数理逻辑的推演,而是包含着社会价值判断的内容,即包含着一种对法律正义(社会合理性)的实质价值追求。法律的应用并不仅限于三段论的演绎,它在更大范围内也需要法律应用者的价值评判。[2] 并且,其终极目标也是经由价值评判,实现法所蕴含的公平正义。法律逻辑推演的形式与其价值追求的实质之间呈现一种二元共生的内在协调一致关系。法律推理不同于一般的科学性推理或者数理推理,其必然带有很大程度的价值判断色彩,证据对事实的建构作用远大于单纯的科学方法,"审判的过程不是以科学研究为模式的……众多法律原则都过于固定,不可能按照科学理解的变化很快调整;社会不能等到或至少不愿等到耐心的科学研究结果出现之后再来司法

---

[1] 雍琦:《法律逻辑学》,法律出版社2004年版,第20页。
[2] 参见[德]卡尔·拉伦茨:《法学方法论》,陈爱娥译,商务印书馆2003年版,第150页。

判决,也不愿意法律原则在科学上一过时就马上改变先前的司法判决"[1]。申言之,在哲学层面上,法律逻辑和刑法解释具有一种共通的内在机理,即外在逻辑形式与内在价值实质的二元共生性。

在这种二元共生关系中,法律逻辑、刑法解释以及法律推理的逻辑形式是外在的表象,而对法律正义的价值追求是内在的实质。"形式逻辑的判断侧重于对法条的形式特征的界定,尤其是涉及对法条之间逻辑关系的确定。而实体逻辑的判断则偏向于对法条的实质内容的界定,尤其是对法条的内容进行价值考量。"[2]实质决定表象,表象是发掘实质的进路。价值追求是其目的;逻辑形式是其目的的实现的过程保障。二者不可偏废。但价值追求的目的导向是恒常的,不可放弃的,而立法是以价值追求为目的导向所建构起来的规范系统,其中往往有多条可供根据情况选择的路径。故个案司法适用中的法律逻辑、刑法解释以及法律推理的逻辑形式往往可以本着不可放弃的价值目的导向(社会正义或社会情理),进行相应的规范形式逻辑的路径选择。申言之,价值目的追求是一定的,形式逻辑路径是可供选择的。这也刚好应和了一个基本的哲学命题,即实质是一定的,而表象是多样的。

二、作为小前提之法律事实的构建

虽然从法律推理的逻辑结构看,是因循着"大前提→小前提→结论"这样三段论式的思维路径进行,但是,在现实的刑法解释过程中,或者说在现实的三段论推理过程中,却是与此不同的思维路径。因为在现实的案件中,我们首先面对的是事实,即"在进行法律判断中,人们首先面对的是事实"[3]。然后,针对实际发生的具体案件,运用刑法规范条文对其进行解决,是具体案件事实的发生和存在,引发了对其进行法律判断的必要。例如,行

---

〔1〕 [美]理查德·A.波斯纳:《法理学问题》,苏力译,中国政法大学出版社2002年版,第79页。
〔2〕 陈兴良:《刑法教义学的逻辑方法:形式逻辑与实体逻辑》,载《政法论坛》2017年第5期。
〔3〕 郑永流:《法律判断大小前提的建构及其方法》,载《法学研究》2006年第4期。

为人携带硫酸或藏獒进行抢劫,这一事实引发了对硫酸或藏獒是否为抢劫罪中"凶器"的解释和判断;行为人在串通招投标过程中,游说多家公司接受其建议的投标报价、技术参数等信息去投标,而这些公司相互之间没有意思联络,引发了对行为人的行为能否认定为串通招投标罪的解释和判定;等等。在现实的刑事司法过程中,或者说在现实生活中,往往是事实的发生引起了对法律规范适用的考量;缺乏具体的案件事实,法律规范则往往处于"沉睡"的状态。案件事实这一小前提是三段论的神经,也是刑法解释的诱因,正如德国学者卡尔·恩吉施(Karl Engisch)所指出,"小前提是神经,它能使在制定法及在法律大前提中包含的一般法律思想引向具体的小前提,并因此使合乎制定法的判断成为可能"[1]。

然而,作为刑法解释小前提的法律事实并不是现成摆放在解释者眼前的,那是如何形成的?这需要一个反复取舍、整理、归纳的过程,需要引起刑法解释者的高度重视。这不仅仅是因为对于案件事实来说,其并不是原始的生活事实,而是经过裁剪之后的事实;更因为"法律人的才能主要不在认识制定法,而正是在于有能力能够在法律的——规范的观点之下分析生活事实"[2]。人类对事物的认知,是一个动态的过程。"无论是人类的或个人的认识,都始终处在变化发展之中,都是作为过程存在的,而不是静止的。"[3]人类或个人的认知虽然属于主观领域,但是因为人的生理结构和生理规律具有客观性、认识对象(物质世界)具有客观性、认识以实践为基础等因素,[4]决定了认识过程是一个具有客观规律的动态过程,这是不证自明的客观事实,也能够被我们每个人深切地感受到。正如伟大的无产阶级革命

---

[1] [德]卡尔·恩吉施:《法律思维导论》,郑永流译,法律出版社2014年版,第70页。
[2] [德]亚图·考夫曼:《类推与"事物本质"——兼论类型理论》,吴从周译,台北,学林文化事业有限公司1999年版,第87页。
[3] 田心铭:《认识发展规律的客观性与主体认识活动的自觉性》,载《北京大学学报(哲学社会科学版)》2000年第1期。
[4] 参见田心铭:《认识发展规律的客观性与主体认识活动的自觉性》,载《北京大学学报(哲学社会科学版)》2000年第1期。

导师马克思所言:"思维过程本身是在一定的条件中生长起来的,它本身是一个自然过程"[1],对案件事实的认知或者说人们对案件事实的建构也概莫能外,需要不断的取舍、整理、归纳。

从静态的角度来看,事实可以划分为生活事实、证明事实、法律事实。生活事实是未经加工的"裸"的事实,证明事实是具有证据证明的事实,而法律事实则是我们通常意义上所说的案件事实。从逻辑上看,先有生活事实,再有证明事实,最后才是需要法律评价的案件事实。但是,从刑法解释和法律推理三段论的角度来看,法律判断和法律解释所要解决的问题是,生活事实能否与法律评价相勾连,是否符合法律规范所规定的构成要件?只有确定了生活事实属于法律评价的范畴后,才会考虑去证明生活事实是否存在,进而形成符合构成要件的证明事实,即在动态上,建构小前提的过程是"生活事实→法律事实→证明事实"。[2]

从由生活事实到案件事实的形成过程来看,在建构刑法解释小前提时,首先是对生活事实的认知,也就是对客观发生的、未经加工的裸的事实的认知。在这一认知过程中,通常是以感知为基础,且在感知中往往还夹杂了人们对未经加工的事实的注解。同时,对事实的认知,还会借助生活的经验、价值判断、无可辩驳的客观规律等。当然,需要说明的是,在具体的刑法解释过程中,多数解释者并不是事实的亲历者,所以对事实的认知往往不是通过感知,而是通过事后的证据审查、新闻报道等间接的"道听途说"的方式感知的。因此,解释者就要对未经加工的"裸"的事实进行陈述,特别是法律工作者要对裸的事实进行符合构成要件的陈述,去掉与构成要件无关的细枝

---

[1] 中共中央马克思恩格斯列宁斯大林著作编译局编译:《马克思恩格斯选集》(第4卷),人民出版社1995年版,第581页。
[2] 参见郑永流:《法律判断大小前提的建构及其方法》,载《法学研究》2006年第4期。有的学者将事实划分为案件事实、法律事实和要件事实,参见黄泽敏:《案件事实的归属论证》,载《法学研究》2017年第5期。

末节,在其中夹杂当事人的主观好恶评价等,并追问与法律判断有关的情事。[1] 在形成了"裸"的事实需要进行法律评价的基础上,再依据法律规定的构成要件,寻找相关的证据去证明裸的事实是符合法律构成要件的事实,即将陈述事实转化为案件事实。在案件事实的形成过程中,解释者个体对案件证据进行反复审查、判断、组合,对依据证据建立起来的案件事实进行反复斟酌,即使在没有新的证据出现的情况下,也不可避免地会因对证据的认识和证据排列组合的变化而引起对归纳的案件事实的不同认定。[2]

此处需要特别说明的是,虽然法学理论上一直有种强大声音,强调事实问题和法律问题的分离[3],但是这一区分是困扰了法学界多年的难题,理论研究和司法实践证明,几乎是不可能完成两者之间的切割的,因为将案件事实归属于法律规定的构成要件之下,"仅有极少部分是真正的逻辑学上的涵射。很多情况实际上涉及的是:依经验法则所为之判断,对于人类行为及表示的注解、类型化的归属,或者,在须填补的准则之界限内所作的评价"[4]。因此,在"生活事实→法律事实→证明事实"这一转化过程中,将现实发生的事件转化为案件事实,需要对其进行法律的判断。刑法解释中小前提的形成也不例外,不可能脱离刑法规范条文而独自形成案件事实。正如张明楷教授所指出,"对案件事实的认定,就必须以构成要件为指导,围绕着可能适用的构成要件认定案件事实"[5]。当然,在小前提也就是案件事实的形成过程中,认定者还应当考量刑法和其他部门法的关系,避免将构成犯罪的事实认定为其他法律调整的事实——将故意杀人、故意伤害解释为民法上的侵权,将生产有毒有害食品认定为违反食品安全法而不作为刑事犯

---

[1] 参见[德]卡尔·拉伦茨:《法学方法论》,陈爱娥译,商务印书馆2003年版,第160~161页。
[2] 即使没有新的证据和事实加入,对证据或事实排列组合的变化也会影响对案件事实的认定,正如化学元素一样,不同的组合会使物质本身发生质的变化。
[3] 参见[德]卡尔·拉伦茨:《法学方法论》,陈爱娥译,商务印书馆2003年版,第186页。
[4] [德]卡尔·拉伦茨:《法学方法论》,陈爱娥译,商务印书馆2003年版,第186页。
[5] 张明楷:《案件事实的认定方法》,载《法学杂志》2006年第2期。

罪处理等;应当将目光不断往返可能适用的刑法规范条文和案件事实之间,反复对认定的案件事实进行归纳和重新整理,不能期望一次性完成事实认定——将购买不足以非法持有毒品罪数量的行为认定为一般购毒行为而不追问其是否具有贩卖目的,从而构成贩卖毒品罪;应当抓住案件的核心事实,而不是过度关注边缘事实导致定性错误——如盗窃罪与诈骗罪区分的关键点、抢劫罪与敲诈勒索罪区别的本质等。此外,还应当抓住事物的本质,不得对事实进行重复评价,要坚持从客观到主观的认定逻辑等。[1] 如此,才能够科学合理地认定案件事实,形成刑法解释和法律推理所需要的小前提。

三、作为大前提之法律规范的寻找

前文已述及,在对法律事实这一小前提进行构建时,离不开法律构成要件的指引。同时,对作为三段论之大前提的法律规范的寻找,也离不开案件事实[2],需要以案件为出发点寻找相应的作为大前提的法律规范[3]。在如何寻找作为大前提的法律规范方面,[4]许多学者进行了富有成效的研究和探讨。

德国学者卡尔·拉伦茨(Karl Larenz)指出,在选择形成案件事实之基础的法条时,"判断者以'未经加工的案件事实'为出发点,将可能可以选用的法条一一检试,排除详细审视之后认为不可能适用者,添加经过此过程认

---

[1] 参见张明楷:《案件事实的认定方法》,载《法学杂志》2006年第2期。
[2] 需要说明的是,这里的案件事实是广义上的案件事实,并不是经由证据证明和法律判断的案件事实,其含义包括了生活事实、法律事实、证明事实,是一种广义上的事实。
[3] 参见[德]N.霍恩:《法律科学与法哲学导论》,罗莉译,法律出版社2005年版,第126~127页。
[4] 基于行文需要,这里的法律规范的寻找主要是指在我国刑法的背景下对刑法规范的寻找,不涉及英美法系和大陆法系的判例等。也即,本节的法律规范的寻找是放在我国的背景下展开的。因为大陆法系与英美法系的推理方式存在不同,大陆法系的法官重在"找法""遵照法律",而英美法系的法官重在寻找"判例""遵循先例"。英美法系的法律推理方式可以称为类比推理,而大陆法系则是三段论的推理。参见杨高峰:《刑法解释过程论纲》,光明日报出版社2013年版,第95页。

为可能适用的其他条文"[1]。拉伦茨给出的寻找法律规范的方法,是依据现实发生的待决案件事实,将可能适用的法条与之一一对应进行检试。但是,这里的一一检试,并不是在浩繁的法条中毫无目的地进行寻找和实验,而是应当借助法学的外部的体系——依靠和借助这种依形式的归类所形成的外部体系,依据一定的方法,寻找可能适用的法条。[2] 我国学者也对大前提的形成进行了探讨。郑永流教授认为,这一过程首先涉及法源,其次是寻找不同类别的规范,最后是规范之间的竞争。此外还涉及生活事实或者说待决案件事实与法律规范之间是否适应,以及适应程度如何等问题。其根据生活事实与法律规范的适应程度,划分为5种情形,在此基础上,进一步将事实与规范不对称的情况类型化为有法律规定的情形和无法律规定的情形,分别论述如何寻找大前提之法律规范。[3] 此外,于辉提出了通过三步法来寻找法律规范——初步限定"找法"之场域→凭借溯因推理缩限"找法"范围→经由涵摄推理初步形成裁判规范。[4] 陈金钊教授指出,法律规范的寻找就是法律发现,对于发现具体明确的法律的情况,可以直接运用法律推理得出结论;对于发现的模糊、矛盾的法律,应当运用法律解释的方法解决;对于出现多种解释结论时,应当运用法律论证、法律论辩、法律修辞等方法进行处理;对于出现法律空白时,应当运用价值、法理学说、善良风俗等进行空白的填充。[5] 这些有益的论证和探索,为我们如何寻找作为大前提的法律规范提供了指引。

但是,刑法具有不同于其他部门法的特性,面对生活事实寻找刑法规范时,也具有不同于其他部门法的思维和路径。比如,民事法律中,我们可以

---

〔1〕 [德]卡尔·拉伦茨:《法学方法论》,陈爱娥译,商务印书馆2003年版,第163页。
〔2〕 参见[德]卡尔·拉伦茨:《法学方法论》,陈爱娥译,商务印书馆2003年版,第316~336页。
〔3〕 参见郑永流:《法律判断大小前提的建构及其方法》,载《法学研究》2006年第4期。
〔4〕 参见于辉:《法律推论中大前提建构的逻辑机制》,载《社会科学家》2016年第8期。
〔5〕 参见陈金钊:《决策行为"于法有据"的法之塑造》,载《东南大学学报(哲学社会科学版)》2015年第2期。

而且应当在法律条文之外依据公序良俗、情势变更等对案件事实进行归纳和认定,可以依据优势证据构建案件事实。但是刑事法律则不同,罪刑法定原则是其根本原则,认定行为人有罪、对其判处刑罚,必须具有明确的法律规定,在没有法律明文规定的情况下,不得对行为人进行处罚,不得援用习惯、惯例等作为定罪量刑的依据;并且,提起公诉和进行判决,都必须要达到"事实清楚,证据确实、充分,能够排除合理怀疑"的标准。因此,在刑法解释过程中,对于如何寻找适格的法律规范,需要进行具体分析。

首先,将寻找的思维和眼光放置于刑法体系当中。在刑法解释过程中,寻找作为大前提的刑法规范,毫无疑问应当将眼光放置于整个刑法体系当中,以此来对寻找法律规范的场域进行初步限定,使我们寻找的思维和眼光具有方向性、范围性。这里的刑法体系,并不仅仅指刑法典,而是包括与之相关的法律规范,是一个整体性、系统性的法律规范集成,并且具有层次性划分。[1] 此外,在犯罪类型和犯罪本身以及社会生活的发展过程中,自然犯的比例在不断降低,法定犯的绝对数量和比例在不断攀升;而对法定犯的认定,需要借助相应的前置性的行政法规等进行判断,这就要求突破刑法典体系而关注相应的法律和行政法规等前置法的规定。例如,对生产、销售有毒有害食品罪的认定,需要参照《食品安全法》等相关法律法规的规定;对"公转私"型非法经营罪的认定,需要依照《人民币银行结算账户管理办法》的规定对"公账户""私账户"进行认定;对证券类犯罪的认定,需要根据《证券法》等加以认定;对环境类犯罪案件,应当援引《环境保护法》的相关规定;等等。即使就自然犯而言,也有很多案件的事实与刑法规范之间并不是明确无争议的对应关系,也需要在整个法律体系中去寻找相应的刑法规范。又如,被害人在网吧上网时从1号包间到了3号包间,走的时候忘记带钱包,行为

---

[1] 刑法体系,并不限于刑法典、立法解释、司法解释等,也包含了法定犯中所需要援引的行政法规等。刑法体系,从刑法体系解释的角度来说,可以分为五个层次。参见高维俭、王东海:《刑法体系解释层次论——兼以"赵春华案"为实践检验样本》,载《现代法学》2019年第3期。

人到 1 号包间上网时将钱包拿走,出网吧后将钱包中的 1 万多元拿出存入银行卡,将钱包和包内的身份证、医保卡等丢在网吧门口的垃圾桶,被害人 2 个小时后发现钱包丢失遂报警,警方将行为人抓获后行为人将钱归还。该案涉及的刑法规范有刑事责任年龄、故意犯罪的问题,特别是涉及侵占罪与盗窃罪的区分问题等。可见,对于自然犯和看似简单的案件而言,也存在到整个法律规范体系中寻找法律规范的问题。"为解决一'法律事件',必须彻底审查所有可能适用于该事件之规范的构成要件。"[1] 也就是说,在大前提的寻找过程中,"应该从整部制定法,另外,的确也应该借助其他制定法来建构大前提"[2]。

其次,将寻找的范围进行预设性限缩。将眼光和思维放置于整个刑法规范体系,并不等于将所有的法律条文与待处理的案件事实进行对应,或者说去查阅所有的刑法规范条文。因为,刑法体系是分层次的,在对案件事实进行初步的民事还是刑事的判定后,我们寻找的目标就应当进行限缩。这里就需要借助我们的"知识前见"和"前理解",[3] 在对案件事实进行归纳整理的基础上,根据初步的对刑法体系条文的理解,以及办案经验、生活常识、知识背景、法律素养、专业技能、价值判断等,[4] 对可能适用到的法律进行预设、试探、猜测。特别是我们的前理解,或者说我们原有的经验或知识,会对我们在刑法体系范围内进一步限缩找寻的法律规范产生影响,毕竟"即便言必称'客观公正'的法律适用者也逃脱不了自己的'知识前见'束缚"[5]。这就是所谓的"观察负荷理论"[6]。我们凭借前见和前理解,可以较为快速地

---

[1] [德]卡尔·拉伦茨:《法学方法论》,陈爱娥译,商务印书馆 2003 年版,第 151 页。
[2] [德]卡尔·恩吉施:《法律思维导论》,郑永流译,法律出版社 2014 年版,第 74 页。
[3] 关于前理解和知识前见在刑法解释中的理论诠释与应用研究,参见周维明:《刑法解释学中的前理解与方法选择——刑事裁判的实践理性保障》,知识产权出版社 2018 年版,第 67~155 页。
[4] 参见[德]阿图尔·考夫曼、[德]温弗里德·哈斯默尔主编:《当代法哲学和法律理论导论》,郑永流译,法律出版社 2002 年版,第 495~503 页。
[5] 杨高峰:《刑法解释过程论纲》,光明日报出版社 2013 年版,第 94 页。
[6] 观察负荷理论,是科学哲学上的一种理论,即我们在评断或观察一个事件或事物时,总是受到原有的经验或知识的影响。

寻找到与事实相关的刑法规范条文。在寻找到关联法条之后,需要再借助类比推理,将眼光不断往返于案件事实和找寻到的法律规范之间,对选择何种法律规范进行契合度对比和考量。例如,面对 A 将 B 打死的事实,我们不必将所有的刑法规范条文与案件事实进行比对,我们需要考虑的是:A 的行为是构成故意杀人罪还是故意伤害罪(故意伤害致死),抑或过失致人死亡?是否属于正当防卫?是否具有辨认控制能力?是否达到刑事责任年龄?等等。这种预设性的限缩能帮我们,进一步实现寻找到的法律规范与案件事实的初步对应。

最后,经过进一步对比形成裁判规范。找寻法律规范的目的,是形成大前提,即形成刑法解释中的裁判规范,进而对待决案件事实进行处理。在对法律规范进行预设性限缩后,就需要将预设性的法律规范转化为具体的裁判规范,即将法律规范适用于具体案件事实,对其进行具体化。"每一个具体案件的判决都是抽象的法律规则在具体事实中的'适用'"[1],也就是说,刑法解释者"在大前提的构建过程中有必要将预设规范转化为裁判规范,即将法律规范归入到具体的案件事实中理解,以实现抽象的规范具体化、模糊的规范明确化"[2]。在将预设的法律规范形成裁判规范时,并不是直接将刑法条文机械地应用到具体的案件,因为刑法条文与所有的法律条文一样,具有不完全性和明确的对应性,明确的规范标准在整个刑法体系中只是少数,多数刑法规范都是不明确的,需要采取法律阐释[3]、法律论证、法律修辞、价值衡量、法律推理等法律方法将其具体化。[4] 如刑法规范中关于"情节严重"的规定,关于"公共安全"的界定,关于"淫秽物品"的判断,关于"明知"

---

[1] [德]马克斯·韦伯:《论经济与社会中的法律》,张乃根译,中国大百科全书出版社1998年版,第25页。
[2] 于辉:《法律推论中大前提建构的逻辑机制》,载《社会科学家》2016年第8期。
[3] 这里的法律阐释相当于法律注释,是对刑法规范文本含义的阐释,而不是法律解释。因为本书所称的法律解释和刑法解释是从广义的角度进行界定的,为加以区分,将狭义上的法律解释和刑法解释称为法律阐释、注释。
[4] 参见郑永流:《法律判断大小前提的建构及其方法》,载《法学研究》2006年第4期。

的认定,关于"危险方法"的界定,等等。这些刑法规范的具体化,都需要借助法律解释、法律漏洞的填补、法益衡量等方法加以具体判断和含义明晰。即使面对习以为常、看似明确的概念,也存在着需要借助阐释将刑法规范条文应用到具体案件事实的情况,如破坏大型拖拉机刹车装置,导致发生交通事故造成人员死亡的案件,拖拉机能否认定为《刑法》第116条中规定的"汽车",进而认定行为人的行为构成破坏交通工具罪,存在相当大的争议——否定者认为将拖拉机解释为"汽车"是不严肃的,会破坏"汽车"的固有概念的内涵;[1]肯定的观点则认为,从国民预测可能性和现实的社会危害性角度来说,将破坏拖拉机的行为等同于破坏汽车并不存在不妥[2]。此外,对签名是否属于刑法规范条文中"印鉴","猥亵"是否包括狭义的性交行为,"同居"与"通奸"的界限何在,"财产性利益"是否属于刑法上的"财物",破坏物体效用而没有破坏其形体是否属于刑法上的"毁坏",我国刑法中十几个条文中的"伪造"如何解释,是否包括"变造",如何解释"卖淫",同性之间是否存在卖淫行为,"淫秽物品"的标准如何把握等[3],这些看似容易理解、没有争议的刑法规范用语,在遭遇了千奇百怪的实际案件时,也会发生所选取的刑法规范条文是否能够作为大前提而适用于待决案件事实的问题。此时,便需要将选取的具体的刑法规范条文与案件事实进行比对,以能够使其由预设的法律规范转变为裁判规范。

经历刑法规范体系的锚定,在刑法规范体系中凭借知识前见对找寻对象的限缩,进而利用法律方法将预设的刑法规范具体化。[4] 至此,完成对刑

---

[1] 参见高铭暄主编:《新编中国刑法学》(上册),中国人民大学出版社1998年版,第521~522页;林亚刚:《危害公共安全罪新论》,武汉大学出版社2001年版,第151页。

[2] 参见王作富主编:《刑法分则实务研究》(上),中国方正出版社2007年版,第96页;行江:《试论刑法学中类推解释与扩大解释的区别》,载《甘肃政法学院学报》2007年第1期。

[3] 参见张明楷:《罪刑法定与刑法解释》,北京大学出版社2009年版,第180~229页。

[4] 对此,有学者将规范寻找的过程界定为:第一步是列出问题清单;第二步是对案件进行法律教义性的基础理解;第三步是法律的系统性整合。参见[德]N.霍恩:《法律科学与法哲学导论》,罗莉译,法律出版社2005年版,第128~129页。

法推理或者说刑法解释中大前提的判定。

可见,在大前提与小前提的初步研判过程中,无论是对作为案件事实的小前提的构建,还是对作为大前提的法律规范的找寻,都是一个动态的过程。从现象的角度来看,在人类认识事物过程中,随着纵向的时间的流逝,人们对事物的认知会发生变化,比如当下对盗窃罪规范文本或盗窃行为事实的认知肯定会不同于10年前;随着横向的主体之间的交流沟通,我们对事物的认知也往往会发生变化,比如通过和其他解释主体关于抢劫罪中"暴力"的争论往往会潜移默化地影响我们最初的认知。从理论的角度来说,辩证唯物认识论认为,人们对事物的认识是由实践到认识,再由认识到实践的循环往复的过程,通过实践→认识→实践,使得对事物的认知不断深化,实现由现象到本质、由浅入深、由形式到内容、由表面到内里的动态过程,即认识具有反复性和渐进性。同时,认识具有无限性,作为人类认知对象的事物是处于无限变动之中的物质实践,认识主体本身也是不断成长、前进的,主体和对象的无限性和动态性,必然注定认识过程的无限性和动态性。此外,认知具有前进性和螺旋式上升性质,这一特性是由认识的反复性和无限性所决定的,它既是呈波浪式前进的,也是呈螺旋式上升的。

第二节 过程:以刑法价值目的为导航的逻辑推理过程

虽然在对小前提进行构建和在对大前提进行寻找的过程中,刑法解释者不得不往返顾盼于事实与规范之间,在构建小前提时需要考量事实的刑法构成要件问题,在寻找大前提时需要以案件事实为依托,但是在大前提和小前提的初步研判过程中,刑法解释的任务只是粗略地完成了刑法解释的两极——案件事实的认定和刑法规范条文的寻找。而对于能否依据初步框定的事实与规范形成有效的裁判,则需要依据刑法的价值目的对事实与规范进行逻辑推理。可以说,不管是在大前提的寻找、锚定,还是在小前提的归纳、总结和建构中,以及在将大前提的法律规范运用到小前提的案件事实进行三段论推理和检验的过程中,价值判断一直都伴随其中。价值判断是法学的永恒课题,"一个没有决定和价值判断的法学……既不是实践的,也不是现实的"[1]。法律和刑法解释的过程,包含着对纷繁复杂的基本法律价值的分析和判断。

一、刑法的价值目的考量

刑法的价值目的是什么,我国刑法学者对此进行了研究。陈兴良教授认为,刑法的价值目标主要有三个方面:一是刑法的公正性,即正当性、公平性与平等性;二是刑法的谦抑性,即紧缩性、补充性与经济性;三是刑法的人道性,即轻缓性、宽容性与道义性[2]。张明楷教授认为,刑法的价值包括相辅相成、辩证统一的六个方面,即"正义与平等""自由与安全""秩序与效益"[3]。马荣春教授等认为,刑法的终极价值是正义,保障自由和维护秩序是正义价值之下的两个维度,"保障自由和维护秩序都在刑法正义价值的统摄之下,但刑法的正义价值以保障自由为主,以维护秩序为辅作为自己的应有结构"[4]。蔡军教授认为,刑法解释的价值基准是"基本情理的公众认同",即社会公众对作为刑法解释结论表现形式的刑事司法裁判的结局合理及程序妥当的认可和接受。公众的常理性认识,是检验刑法解释正确与否的重要标准[5]。

刑法价值既体现在刑事立法中,也体现在刑事司法中。刑事司法通过将刑事立法应用于现实发生的具体案件,使得内含于刑事立法中的刑法价

---

[1] [德]罗伯特·阿列克西:《法律论证理论——作为法律证立理论的理性论辩理论》,舒国滢译,中国法制出版社2002年版,第8页。
[2] 参见陈兴良:《刑法的价值构造》,中国人民大学出版社2006年版,第226~423页。
[3] 参见张明楷:《刑法的基础观念》,中国检察出版社1995年版,第79~88页。
[4] 马荣春、谷倩:《论刑法价值及其结构》,载《金陵法律评论》2014年第2期。
[5] 参见蔡军:《刑法解释的价值基准及其形成路径分析——基于公众参与理念下公众认同的思考》,载《河南社会科学》2012年第3期。

值具体化。因此,刑法价值包含了刑法立法价值和刑法司法价值,两者是表里关系。而在关于刑法价值的论述中,不同学者基于不同的立场和观点,给出了不尽相同的答案。张明楷教授从辩证统一的视角出发,指出了刑法的价值表现为三对相辅相成的关系,其中包含了正义、自由与秩序。陈兴良教授指出刑法的价值是公正性、谦抑性和人道性。公正,也就是正义,两者的差异表现在文字上,并没有实质性的区别。自由与秩序是相辅相成的,自由是秩序下的自由,秩序也不能牺牲基本的自由,刑法的谦抑性要求刑法在保护社会的同时要保障人权,即保障人的自由,可以说,刑法谦抑主义的主要目的在于保障自由,保障人们的权利不受刑罚权的侵犯。刑法的人道价值强调,作为一种处罚严厉的法律制裁方法,应当是人道的,不能为了处罚而处罚,不能把人作为手段而是应当把人作为终极的目的。然而,人道主义和刑法谦抑主义具有很大程度上的重合,刑法入罪的谦抑和刑罚适用的谦抑也是刑法人道主义的要求。可以说,将刑法价值界定为正义、自由和秩序是比较恰当的。

刑法的价值贯穿于整个刑事法治过程,从立法、司法到执行,都应当体现刑法的价值。因此,不管是刑事立法,还是刑事司法,都应当将正义、自由、秩序作为价值追求。刑法解释也不例外,也应当将实现刑法的正义、自由、秩序作为价值导航,对"以事实为根据"的案件事实和"以法律为准绳"的刑法规范,以及两者经由三段论推理所得出的解释结论的合法性和妥当性进行检验。

二、价值目的对逻辑推理的指引

人们对刑法学的认知,以及人们对刑法解释对象之刑法规范文本和案件事实的认知,也应遵循一般的认知规律,即具有反复性、无限性和前进性,是呈阶梯式发展的。因为,"客观事物的发展也好,人们的认识也好,都是遵循一个台阶、一个台阶似的逐步上升与发展"[1]。认知的三性——反复性、无限性、前进性——决定了认知的动态性,这是不可置疑的。因此,从本体论的角度来说,刑法解释主体对事物的认知是一个动态的过程;从存在论的角度来说,解释主体认知的动态性不仅仅取决于解释主体本身,同时也取决于认知对象、解释过程本身和解释结论的动态性。[2] 且在这动态性的推理过程中,价值起着领航定向的作用。"法解释论中对形式推理的强调,并不是要与实质的价值判断切断关联。"[3]相反,在形式推理或者说在刑法解释过程中,必须要以价值判断为指引,要正视刑法解释过程中价值判断和解释技术两大支柱的功能作用,特别是价值判断的定向导航作用。

刑法的正义价值,要求将大前提适用于小前提时,应当考量刑法解释结论的公正性。正义是法律所孜孜以求的目标,也是刑法的价值。刑法解释过程应当受到刑法价值目的的指引,刑法解释结论应当接受正义标尺的检验。在大前提基本框定和小前提构建完成的情况下,将大前提适用于小前提得出结论时,必须衡量结论的合理性,衡量其是否符合共性的社会价值标准,使得解释结论能够实现内含于刑法规范条文之中的公正性要求。当解释结论有悖正义理念、不能公平地处理现实案件时,必须放弃这种解释结论,重新对大前提进行寻找、对小前提进行建构,对所得出结论的正当性进行判断。如在许某案中,二审中,刑法解释者考量了社会情理和刑法的正义价值,在将我国《刑法》第 264 条关于盗窃罪的规定与相关的司法解释运用到许某的盗窃事实时,以刑法的公正性为指导,利用《刑法》第 5 条罪刑相适应原则对解释结论进行调剂,全面贯彻了罪刑法定原则和罪刑相适应原则,将一审的无期徒刑改为 5 年有期徒刑,获得了民众的认同。又如,在于某案

---

[1] 朱训:《阶梯式发展是物质世界运动和人类认识运动的重要形式》,载《自然辩证法研究》2012 年第 12 期。

[2] 参见王东海:《以动态维度解释运用刑法规定》,载《检察日报》2018 年 9 月 13 日,第 3 版。

[3] 劳东燕:《价值判断与刑法解释:对陆勇案的刑法困境与出路的思考》,载《清华法律评论》2016 年第 1 期。

中,二审法院在刑法解释时以正义理念为指导,在将寻找到的故意伤害罪大前提适用于于某的捅刺行为致人死伤的事实时,充分考量了正当防卫之"法不能向不法让步"的价值导向和民众关于辱母是因、杀人为果的朴素正义观,以及设身处地站在行为人行为时所处的环境和所持的心态的立场上进行分析,进而将于某由无期徒刑改为有期徒刑5年。该案二审法院的解释过程和解释结论获得了广泛的认可。可见,法之公平正义需要立法者和司法者共同缔造,刑事立法中的公平正义理念,需要通过司法实现其现实化、具体化、个别化。

刑法的自由价值,要求将大前提适用于小前提时,应当在保护社会与保障人权之间进行平衡,要保持刑法的谦抑性,保障人们的自由不受国家刑罚权的侵犯。但基于一定价值的考量,存在刑法规制范围的情形——既体现在犯罪圈的扩张上,也体现在刑罚的制定和适用上。在犯罪圈扩张方面,1997年《刑法》施行后,我国已经通过了12个刑法修正案,不断扩大犯罪圈,特别是法定犯的数量和比例不断攀升,将违反行政法律法规的行为动用刑法进行惩处,利用刑事法律以增强社会治理,意图通过"入刑"打击来维护社会秩序。当然,犯罪圈的划定并不是越小越好,而是应当与保护法益相适应。在刑罚的制定和适用方面,我国刑法中关于死刑的规定数量较多,在各个罪名的刑罚配备上基本都有自由刑的存在,罚金刑并没有上升到主刑的地位;立法的限制或者说立法的重刑主义价值,也传导到了司法,司法裁量中也必然体现了重刑主义的思想。所以,总体来看,我国刑法是重刑主义的。[1] 而"现代法治社会的法律大多致力于限制公权力,保护私权利,促进权力的社会化,以最大程度地实现社会公平"[2]。因此,对刑罚权进行限制,刑法保持其谦抑性,便是应有之义。这体现在刑法解释中,一是入罪上的谦抑,即将大前提适用于小前提时,必须严格遵守罪刑法定原则,并将罪刑法

---

[1] 参见储槐植:《刑事"三化"述要》,载《中国检察官》2018年第1期。
[2] 周少华:《法律中的语言游戏与权力分配》,载《法制与社会发展》2006年第5期。

定原则的精神渗入司法者的骨髓和灵魂深处,对刑法的适用要慎之又慎,在依法打击犯罪时更要充分保障人们的自由权利不受侵犯。特别是在法定犯的处理上,在法律适用存在争议的情况下,不可突破刑法的底线,动辄动用刑法对行为人进行定罪处罚进而剥夺行为人的财产、自由甚至是生命。如在王某某收购玉米一案中,有学者主张,"王某某从粮农处收购玉米卖予粮库,在粮农与粮库之间起了桥梁纽带作用,没有破坏粮食流通的主渠道,没有严重扰乱市场秩序,且不具有与刑法第二百二十五条规定的非法经营罪前三项行为相当的社会危害性,不具有刑事处罚的必要性"[1]。二是在刑罚适用上的谦抑,即在得出有罪结论后进行刑罚的裁量和执行时,应当充分考量刑罚适用的效果,严格遵循罪刑相适应原则,不可一味地追求从重,不可侵犯人们合法的自由权利,必须要贯彻落实好宽严相济的刑事政策。历史和现实均证明,严刑峻法并不能完全消灭犯罪,并不能完全达到刑法的预期目标。刑罚的功能应当强调杀心——通过刑罚使行为人不敢、不愿再犯罪,而不是杀人——通过刑罚加重行为人的痛苦甚至是处以死刑从肉体上消灭行为人。落实到刑事司法实践中,应当对较轻的犯罪和不会造成侵害公民人身权利的犯罪增大罚金刑的比例,减少审前羁押,减少自由刑的适用比例,加大缓刑的适用力度,使得我国刑法立法和刑法司法向着刑罚轻缓化的方向不断迈进。

　　刑法的秩序价值,要求将大前提适用于小前提时,应当体现刑法的秩序关怀,通过营造活泼有序的秩序保障自由的实现,在保障自由的同时更要加强对国家经济运行和人们生活秩序的维护。安全、人道等价值在刑法中居于优先地位。[2]刑法适用即刑法解释必须体现刑法的秩序价值,体现刑法对"人"这一终极目的的关照——只有在秩序的保障下,人才有自由可言,人才

---

[1] 罗书臻:《最高法院指令巴彦淖尔中院再审》,载《人民法院报》2016年12月31日,第1版。
[2] 参见周少华:《法律中的语言游戏与权力分配》,载《法制与社会发展》2006年第5期。

能实现自身的价值。例如,在陆某销售假药案中,[1]陆某本人是一个白血病患者,他在服用了从印度购买的药品发现有效后,向病友介绍和提供了购买相关药品的信息,在一些病友要求其帮忙购买后陆某提供了并不收取任何费用的无偿帮助。况且陆某行为的结果是有利于延缓患者的病情而并没有危及他人的身体健康,并且减轻了病友的经济负担。陆某起初被追诉的原因在于,司法机关对国家药品管理秩序这一法益的维护。司法机关动用刑法手段维护国家药品管理秩序无可厚非,但是却不能忽视对自由特别是生命的保障。在舆论和民众的影响下,沅江市人民检察院在刑法解释过程中,依据认定的事实和寻找的法律并对两者的契合性进行了充分考量,对秩序价值和自由价值进行了全面评估,最终对陆某作出了不起诉的决定。[2] 又如,我国刑法对煽动型犯罪的规制,在保障言论自由的同时,又对具有严重社会危害性的煽动性行为进行刑罚处罚,系为了保障国家安定有序的秩序,

---

[1] 该案案情为:2002 年,陆某被查出患有慢粒性白血病,需要长期服用抗癌药品。我国国内对症治疗白血病的正规抗癌药品"格列卫"系瑞士进口,每盒需要人民币 2 万余元,陆某曾服用该药品。为交流需要,陆某建立了病友QQ群。2004 年 9 月,陆某通过他人从日本购买由印度赛诺公司生产的同类药品,每盒价格为人民币 4 千元左右,服用效果与瑞士进口的"格列卫"相同。之后,陆某通过药品说明书中的联系方式,与印度经销商印度赛诺公司取得联系,直接从该公司进行购买药品。因服用后疗效好、价格便宜,其便通过 QQ 群向病友推荐,病友们也开始向该公司购买该种药物。随着病友间的传播,从该公司购买该抗癌药品的白血病患者逐渐增多,药品价格逐渐降低为每盒人民币 200 余元。但是在支付购药款过程中,要先把人民币换成美元,又要使用英文,操作难度大。患者向印度赛诺公司提出在中国开设账号便于付款的要求。2013 年 3 月,该公司与陆某商谈,由陆某在国内设立银行账户接收购药款,并定期将购药款转账到该公司指定的户名为张某霞的国内银行账户,陆某统计好病友具体购药数量后告知印度赛诺公司,该公司直接将药品邮寄给购药人。印度赛诺公司承诺对提供账号的病友免费供应药品。陆某在病友QQ群发布该消息后,罗某春表示愿提供本人及其妻子杨某英的银行账户,以换取免费药品。陆某通过网银U盾使用管理罗某春提供的账号,帮助病友支付款项,并省去病友翻译等烦琐事项。后因银行卡交易额太大,罗某春担心有可能导致被怀疑为洗钱,不愿再提供使用。2013 年 8 月,陆某通过淘宝网从郭某彪处以 500 元每套的价格购买了 3 张用他人身份信息开设的银行借记卡(仅一张能够正常使用),仅使用了 1 张户名为夏某雨的借记卡。经查证,共有 21 名白血病等癌症患者通过陆某先后提供并管理的罗某春、杨某英、夏某雨 3 个银行账户,向印度赛诺公司购买了价值约 12 万元的 10 余种抗癌药品。陆某为病友们提供的帮助是无偿的。
[2] 参见湖南省沅江市人民检察院不起诉决定书,沅检公刑不诉〔2015〕1 号。

从而为人们免受犯罪危害而自由生活提供保障。

三、刑法价值目的对逻辑推理指引的展开

首先,刑法价值目的在大前提寻找中的指引作用。刑法解释者在寻找大前提的过程中,应当以刑法的正义、自由、秩序价值为导航,在刑法体系中选择合适的刑法规范适用于待决的案件事实。这里的正义、自由、秩序,从广义上理解,可以称为"社会情理",它是一个整体性的抽象的集合概念,其个体的表现形式即社会共同体成员的正常的"良知"。社会良知和社会情理的基本内容和核心要义是一致的,都体现了刑法的正义、自由和秩序价值。之所以要以集合了正义、自由、秩序价值的社会情理价值为指导寻找大前提,是因为法律规范源于生活,是在社会情理驱动下产生的,是社会发展到一定阶段,面对纷繁复杂的纠纷,人们理性地选择了法律规范来解决纠纷。可以说社会情理是法律的实质内容,法律规范是社会情理的表达形式。正如贝卡里亚所说,"道德的政治如果不以不可磨灭的人类感情为基础的话,就别想建立起任何持久的优势"[1]。并且,在法律的发展过程中,法律的每一次发展变化,均或大或小地体现着社会情理的变迁。特别是刑法规范条文,作为对生活事实和犯罪类型化的形式表达,"其从一开始就包含立法者否定的价值判断"[2]。封建刑法向现代刑法的转变,显然体现了社会情理的变革,这是不言而喻的。1997年《刑法》对1979年《刑法》"流氓罪""投机倒把罪"等罪名的取消,对"类推解释"的废除等,同样体现着社会情理价值的变革。司法实践——许某案、于某故意伤害案、赵某某非法持有枪支案、王某某收购玉米案等更是以鲜活的事实诠释了社会情理的重要意义,二审法院在进行刑法解释时充分考量了社会情理,依据社会情理寻找应当适用的刑法规范,最终取得了良好的法律效果和社会效果。可见,刑事立法和刑事

---

[1] [意]切萨雷·贝卡里亚:《论犯罪与刑罚》,黄风译,中国法制出版社2002年版,第9页。
[2] 李翔:《刑法解释的利益平衡问题研究》,北京大学出版社2015年版,第229页。

司法,都离不开社会情理的指引。并且,对于刑法解释本身来说,"刑法的真实含义从来不会自动浮现,也从来不是一个客观存在,而是解释者价值判断的结果"[1]。因此,在对大前提进行寻找的过程中,应当以社会情理价值为指引。

刑法解释者在以社会情理价值为指引寻找法律规范大前提时,应当心存正义理念,以社会良知为指引,"设身处地、推己及人",以"如我在诉"的情怀将自己设想为涉案的当事人以及利益相关者,来推想自己身处其境将会作出何种选择,自己的情感体验将是怎样的。刑法解释者应通过不断的角色互换,进行置换思维,不断对自我关于刑法解释过程和结果进行良知的考量,不断权衡自己所寻找到的刑法规范是否符合罪刑法定和罪刑均衡的要求,是否符合刑法规范和整个社会的价值导向。也就是说,刑法解释者要不断衡量所寻找到的刑法规范的适用能否达到惩恶扬善的目的,能否体现刑法所蕴含的正义、自由、秩序的价值目的,能否与民众的朴素法感情和社会良知相吻合。这就需要刑法解释者从全局对刑法规范的选择和适用进行把控,不能只见"树木不见森林",只选取某一个或某几个刑法规范而不顾整个刑法体系,更不能只理解、领会刑法规范条文的字面含义,机械地适用刑法规范,或者只考量形式规范逻辑层面的问题而忽视刑法规范条文背后的社会情理价值。也就是说,"法律发现的过程,必须被包括在对判决的正确性和合法性的评价中"[2],即对刑法适用的正确性和合法性的评价中。

其次,刑法价值目的在小前提构建中的指引作用。刑法解释中的小前提案件事实不是纯粹客观的事实,前已述及,其是对客观事实的提炼升华和规范化、证据化,并不同于实际发生的、没有经过主观评价的、价值无涉的客观事实。刑法解释中作为小前提的案件事实,是经过主观评价的事实,是经

---

[1] 林维:《刑法解释的权力分析》,中国人民公安大学出版社2006年版,第94页。
[2] [德]阿图尔·考夫曼、[德]温弗里德·哈斯默尔主编:《当代法哲学和法律理论导论》,郑永流译,法律出版社2002年版,第499页。

过"以感知为基础的判断"、"以对人类行为的解释为基础之判断"、"其他借社会经验而取得之判断"、"价值判断"等而得到的事实,[1]是经过刑法规范规定的构成要件指导、对实际发生的事实的全面评价、对事件本身的实质性考量等而得到的事实。[2] 并且,案件事实的构建是刑法解释者对事实的构建,而不是监控设备、录音录像设备等对案件事实的记录。解释者在构建案件事实时,不可避免地要掺入个人的主观意志和价值评判,以及个人的感情色彩,甚至个人的经历、当时的心情、个人的好恶等也将或多或少地影响其对案件事实的建构。可见,从案件事实的形成和构建过程来看,其离不开价值判断,需要刑法价值目的的指引。

刑法解释者在构建案件事实过程中,必须秉持正义、自由、秩序的刑法价值,对当事人的言词证据进行衡量和评判,特别是刑事司法者,应当对各方当事人、证人等的言词证据进行全面审查,尽可能去除言词证据提供者的不符合刑法正义、自由、秩序价值的个人评价因素,使得对言词证据的采纳以及依据言词证据所构建的案件事实符合刑法的价值。如对被害人和犯罪嫌疑人、被告人的言词证据的审查,要基于正义的理念审查其客观性和真实性,去除当事人的感情因素和价值评价因素,避免当事人的价值评价影响案件事实的认定。同时,对证人的言词证据的审查也是如此。又如,对在案客观性证据的评价,刑法解释者特别是刑事司法者应当以刑法价值为导航对其进行解读,结合在案其他证据对其进行研判,在刑法价值目的导航下,形成案件事实的认定和构建。

最后,刑法价值目的在大前提与小前提妥当性研判中的指引作用。大前提的寻找和小前提的构建离不开刑法价值的导航,大前提和小前提妥当性的研判更需要刑法价值的指引。因为,将大前提适用于小前提进而得出解释结论,将影响对行为人罪与非罪、此罪与彼罪、刑罚的轻重等直接关涉

---

[1] 参见[德]卡尔·拉伦茨:《法学方法论》,陈爱娥译,商务印书馆2003年版,第165~174页。
[2] 参见张明楷:《案件事实的认定方法》,载《法学杂志》2006年第2期。

其切身利益的评价,也影响利益相关人的权益,以及刑法的人权保障和社会保护机能的发挥。刑法的正义、自由、秩序的价值指引,无时无刻不在影响着大前提和小前提妥当性的研判,促使刑法解释者不断对两者之间是否相适应进行审视、衡量。追求个案正当的解答,"它向来是促使大家对法律解释重新彻底思考,并寻求新观点的动力所在"[1]。对于在刑法价值目的导航下,对大前提和小前提契合度的价值研判,下一节将进行具体展开,此处不再赘述。

第三节 结论:最大契合度之研判结论

在个人场域,刑法解释的主体认知是动态性的,这一结论既有理论研究和逻辑推理上的证明,也有刑事司法实践的印证。但是,这种动态性的存在,是否意味着解释者可以随心所欲地对刑法规范文本和案件事实以及两者之间的契合与否进行解释,使司法裁判始终处在变动之中而得不出具有可期待性的结论?是否可以随意地"出入人罪",让人处在没有安全感和可预测性的恐慌之中?是否会导致刑法解释陷入缥缈不定的状态,从而使得人们生活在一个不确定的社会,随时都可能被罚没财产甚至是剥夺人身自由而被投入牢狱之中?答案显然并且必须是否定的!

主体认知的动态性,不等于不受约束性,更不等于随意性。毕竟,刑法解释不是随心所欲地对刑法规范条文进行阐释和解读,更不能将阐释的结论恣意地运用到具体的案件当中,进而得出违背良知、伤害人们法感情的判决。对刑法规范条文进行解读,既不能不顾文字含义的变动和社会生活事实的发展而机械地解读,也不能不顾文辞与语言的逻辑而随心所欲地填充甚至是歪曲刑法的含义,更不可只关注刑法规范条文的外在形态而不顾及

---

[1] [德]卡尔·拉伦茨:《法学方法论》,陈爱娥译,商务印书馆2003年版,第224页。

文辞背后的正义理念和社会情理价值。虽然由于价值的多元化,不同解释者对同一解释结论是否符合正义理念会存在不同的认识,有人认为是符合正义的,有人可能认为是不符合正义的,但是并不意味着解释结论是缥缈不定的。刑法解释需要维护刑法规范的稳定性与灵活性的统一,刑法解释结论要受正义理念的检验,人们对于基本的正义原则不会产生明显分歧,一致的价值经验会发挥规制的作用,追求真理的良心会提供价值导航。[1] 刑法解释结论是否妥当,应当进行规范逻辑和社会情理价值层面的检验。

一、规范逻辑角度的契合度研判

"'规范逻辑'是指刑法规范文本(成文法制定法意义上)的语言逻辑层面的法的内容,侧重法的形式意义和经验逻辑层面的论证,与我们通常所说的罪刑法定原则的'形式的侧面'颇为相似。规范逻辑角度的研判意在纠正仅仅依据社会危害性(法益侵害性)判断标准所带来的过罪化倾向,或者断章取义地对某一法条进行解释适用而恣意出入人罪,防止'规范虚无主义',维护罪刑法定原则的帝王条款地位,确保国民的法律安全,并使解释结果经得起形式逻辑的推敲和检验。"[2] 毕竟,刑法是用文字表述的,并且通过文字表达来规范和指引人们的行为,人们也通过对文字表述本身的理解和文字字里行间的逻辑关系来把握刑法文本的含义及指向。对于刑法解释的规范逻辑角度的制约和研判主要有四个方面。

一是刑法条文本身文义的遵循,即条文自身的规范逻辑体系的研判。对规范逻辑契合度的研判,首先应当从条文的规范逻辑层面入手。"单字组成词语,词语组成句子"[3],句子组成刑法条文,刑法规范条文是刑法典的基

---

[1] 参见张明楷:《刑法分则的解释原理》(上),中国人民大学出版社2011年版,序说第10页。
[2] 王东海:《刑法解释要受规范逻辑与情理价值双轨制约》,载《检察日报》2018年5月21日,第3版。
[3] 王政勋:《刑法解释的语言论研究》,商务印书馆2016年版,第222页。

本单位。"条文体系",是指刑法条文自身存在的逻辑体系。刑法解释所应遵循的"条文体系",即对刑法某一用语或者某一款项进行解读适用时,要将其置于条文中进行整体性的解读,使得解释结论与条文的其他款项形成体系性的协调。"条文体系"这一层面,是最最基本的要求。因为,对基本法条进行体系协调性的解释是进行下一逻辑层次"章节体系"解释的基础,也是规范逻辑体系解释的逻辑起点所在。在条文体系规范逻辑研判层面,解释者至少需要重视两个问题:第一,不同款项之间的协调统一性问题;第二,兜底性条款的解释适用问题。这里需要高度重视的是对兜底性条款的解释和适用,不可不顾同一条文其他款项的规定而漫无边际地进行解释,而是要严格遵守刑法解释的同类解释规则,充分考虑行为的危险性质同类性、行为手段强制性的同类性、行为类型的同类性,以及行为的法益侵害性质的同类性。[1]

二是刑法条文章节逻辑规范的关照,即刑法解释必须遵循章节体系角度的规范逻辑。"章节体系",是指刑法规范的章节所拥有的体系性。刑法解释所应关照的"章节体系",即对刑法条文进行解释适用,在经过了"条文体系"的规范逻辑研判之后,进而要将其置于所在的章节中进行考量和研判,条文解释不能违背章节的整体性规制功能,要与同一章节中其他条文保持协调。因为,刑法条文组成了章节,每个章节都有其特定的编排顺序和具体内容,有其内在的逻辑意义和含义指向。例如,总则是依照刑法基础论、犯罪论、刑罚论的逻辑顺序进行规定的,分则大体上是依照同类法益对犯罪进行分类,依据危害程度对类罪进行排列,依据罪行轻重对具体犯罪进行编排的,即"章节"具有自身特有的逻辑体系。对刑法条文进行解释适用时,需要考虑其所处的章节体系,解释结论要受其所处章节的逻辑体系和规范意旨的制约。也就是说,一方面,刑法规范条文的解释要与所处章节的整体意旨保持体系上的一致性;另一方面,刑法规范条文的解释需要与所在章节的

---

[1] 参见王东海:《刑法体系解释分为四个层次》,载《检察日报》2017年9月25日,第3版。

其他条文保持体系上的协调。否则,对具体条文的解释适用就很容易违背刑法规范逻辑层面协调性的要求。如《刑法修正案(八)》将扒窃、携带凶器盗窃、入户盗窃入刑时,一些理论观点认为这三种盗窃形态是行为犯[1],只要行为人实施了该行为便构成犯罪,不需要实际窃取到一定价值的财物;司法实践中也出现了零扒窃也构成犯罪[2]一张纸巾入罪[3]等案例。

三是刑法典体系框架的考量,即刑法解释必须遵循刑法典层面规范逻辑的制约,刑法解释结论妥当与否,要接受刑法典层面规范逻辑的检验。"刑法典体系",是指整个刑法典作为一个整体所形成的文字和逻辑的体系。刑法解释需要对整个"刑法典体系"进行考量,即对刑法用语或条文进行解释时,在保证了所在条文和所在章节的体系协调后,还要将被解释的刑法条文放在整个刑法典体系中进行斟酌和研判,不能执其一端不顾其余,不可人为割断整个刑法体系的系统性和整体性。刑法典是由编、章、节、条、款、项、但书组成的,其本身是一个逻辑严密、排列有序的有机统一体,具有自身特定的"体系"。"法律条文只有当它处于与它有关的所有条文的整体之中才显出其真正的含义,或它所出现的项目会明确该条文的真正含义。有时,把它与其他条文——同一法令或同一法典的其他条款——加以比较,其含义也就明确了。"[4]从逻辑上来看,刑法总则和分则之间是抽象与具体、一般与个别、普遍与特殊的关系。刑法总则离不开刑法分则,总则以分则为依托;同时,刑法总则对刑法分则具有补充、指导作用,刑法分则的运用离不开总则的指导和规制。这在理论上是理所当然的,在对具体条文的解释适用中也是十分重要的。同时,总则条文之间、分则条文之间,都存在着或密或疏

---

[1] 参见武良军:《论入户盗窃、扒窃等新型盗窃罪的既遂与未遂——〈刑法修正案(八)〉实施中的问题与省思》,载《政治与法律》2013年第9期。

[2] 参见杜金存、洪江华:《"扒窃入刑":"零扒窃"也构成犯罪》,载《江西日报》2011年6月28日,第C02版。

[3] 参见鄢德良:《扒窃一张白纸条被判拘役六个月》,载《成都商报》2012年11月22日,第28版。

[4] [法]亨利·莱维·布律尔:《法律社会学》,许钧译,上海人民出版社1987年版,第70页。

的关联,对某一条文进行解释,必须要将其放在整个刑法典中进行统揽把握,要避免漏洞、防止重叠、排除矛盾。

四是法规范整体的体系协调,即对法秩序统一体体系的遵循,对解释结论进行法规范整体层面规范逻辑的研判。单个刑法条文可以说是一个个孤立的"树木",整个刑法典则是一片具有自身严密逻辑体系的"森林",整个刑法典以及其他法律是一个维护社会公平正义的有机统一整体。"法秩序统一体体系",是指整个国家的法律体系所组成的一个有机完整的体系。刑法解释对"法秩序统一体体系"的遵循,即对刑法条文的解释和适用,不能仅仅将思维和目光局限在刑法典体系上,而是要突破刑法典这一界限,将被解释的刑法条文放在整个国家的法律体系这张"大网"中进行把控,既要关注"刑法"也要重视"法律体系"整体。因为,刑法具有对其他法律的补充性及保障性等特有属性,补充性和保障性的属性本身决定了刑法不可能不关注其他法律而独自适用;况且,刑法是整个法秩序体系中的一个门类,对其适用必然要在整个法秩序的框架内进行,对其进行解释亦应当将其置于整个法秩序体系当中予以验证,要与其他法律法规形成体系的协调。毕竟,"'体系'解释要将个别的法律观念放在整个法律秩序的框架当中,或者如萨维尼所说,在'将所有法律制度和法律规范连接成为一个大统一体的内在关联'当中来考察"[1]。例如,空白罪状的适用,需要以其所指引的法律法令的前置性判断为基础;又如,法定犯的认定,需要考察相关的行政法规等。

总之,在对于刑法解释的规范逻辑契合度研判层面,不能断章取义,不能"释其一点,不及其余"。如对"其他""等"兜底性条款的解释要遵循"同类解释规则"[2],对某一罪名的解释要将其放在整个章节当中进行研判,对分则条文的解释要接受总则规范的制约,对"空白罪状"的解释要与相应的法律和行政法规相协调。在相对稳定的语法规制下,由基本语词所组成的

---

[1] [德]齐佩利乌斯:《法学方法论》,金振豹译,法律出版社2009年版,第61页。
[2] 储槐植、江溯:《美国刑法》,北京大学出版社2012年版,第33页。

句子和篇章结构的逻辑是相对稳定的,也是有章可循的;对某一用语或者某一条文的解释,必须要考虑整体的逻辑,需要考虑刑法之前的犯罪学、刑法之后的刑事执行、刑法之上的社会制度、刑法之下的经济等。[1] 当然也需要考虑民法、环境法、治安管理处罚法等内容,不能使对某一条文的解释与其他条文产生矛盾,危害法秩序有机统一的逻辑关系,损害法的公平正义。

二、情理价值角度的契合度研判

"'情理价值'是指社会情理(自然法意义上)价值尺度层面的法的内容,侧重法的实质意义,是在文法逻辑的基础之上对内涵于刑法文本之中的价值的考量。对刑法文本进行解读和阐释,既要遵循文法,又要考量文法背后的情理价值,要自始至终贯彻和遵循罪刑均衡原则、法益保护原则以及人们对公平正义和是非善恶的基本判断,将社会的情理价值注入到对刑法文本含义的阐释当中,拒绝'淡漠的客观主义'解释范式。情理价值角度的研判,旨在纠正刑法解释的'法律文本主义'和机械的思维方法,使其超越刑法文本的形式藩篱而向生活事实和经验逻辑开放,避免出现因机械执法所造成的形式上合法却实质上不合理、违背人们的法感情、损害法的公平正义、影响社会稳定的刑事判决。"[2] 因为,刑法条文不仅是符号意义上的语言,更是人们对法律经验的科学总结,可以说内含于其中的社会情理价值才是刑法条文的灵魂。如果心中没有正义的理念,解释时不揭示刑法条文的情理价值,那么这样的解释只称得上是"文字法学",而不是真正意义上的刑法解释。对于刑法解释的情理价值制约应注意以下四个方面。

一是刑法规范条文本身的价值。刑法解释,从来不是而且也不应该是

---

[1] 关于刑事一体化的论述,参见储槐植:《刑事一体化论要》,北京大学出版社2007年版,第5~34页。
[2] 王东海:《刑法解释要受规范逻辑与情理价值双轨制约》,载《检察日报》2018年5月21日,第3版。

单纯的文义诠释,而是既有事实层面的描摹又有价值层面的追问,既有形式逻辑方面的推理论证又有实质善恶方面的审查判断。解释者对刑法规范文本进行解读、对案件事实进行归纳、对两者之间的契合度进行研判,必须考量刑法规范文字背后所蕴含的情理价值,给刑法规范条文注入情理价值的因素,彰显刑法的人文关怀。并且,前已述及,对刑法进行解释,也不单单是对单个刑法典条文的解释适用,而是需要将刑法条文放在整个法秩序中加以诠释,以法秩序的统一性也即整体的法的公平正义理念来判定解释的合理性、合法性。主要有依理循法和尚法尊礼两个方面,即心存公平正义理念寻求合适的刑法规范条文来解决司法实践中的案件,依据刑法规范条文对行为人进行定罪量刑的同时也应当充分考量裁判结果是否符合公平正义和自由秩序的刑法价值。需要说明的是,所谓"依理循法",即以作为法律内在价值的社会情理为导航,找寻并遵循作为法律形式逻辑的规范文本,并在二者之间反复对应和调适,从而获取既合理(合乎社会情理之内在价值)又合规(合乎规范文本之形式逻辑)的法律结论。[1]

二是传统文化的价值。随着社会的不断发展,刑法规范文本和用于表达文本的文字含义也在经历着不断的变化。每个法律及其解释都有其时代性,生活事实的不断变化带动着法律及其解释不断变动,但"这倒不是说,解释者必须立即屈从每种时代潮流或时尚",因为这些变化具有持续性,况且这种变化并没有也无法阻断和抛弃传统意义上优秀的价值指引,"只有当一般价值确信彻底变更时,特别是当这种变更已经表现在新法,或者已经获得广泛的同意时,解释者才不能回避"[2]。这些传统文化的价值,是我们解释刑法的平台,构成了海德格尔所称谓的进行解释所无法超越的"前有"。这就要求,对刑法进行解释和对解释结论进行研判时,必须关注传统文化中的优秀价值,充分发挥优秀传统文化中价值的导向作用,引领社会文明风尚。

---

[1] 参见高维俭:《罪刑辩证及其知识拓展》,法律出版社2010年版,第23~26页。
[2] [德]卡尔·拉伦茨:《法学方法论》,陈爱娥译,商务印书馆2003年版,第196页。

如对组织卖淫、容留卖淫等行为的处罚,对盗窃者、故意杀人者、遗弃者的处罚等,都体现了对优秀传统文化价值的传承和维护。刑法解释结论,不得违背优秀传统文化中的价值,不得损害文明风尚,不能将贩卖持有毒品、组织容留卖淫、遗弃老人儿童等行为向着合法化的方向进行解释和演绎。

三是当下社会的新兴价值。社会情理价值具有延续性,但并不是一成不变的,这一"地方性的知识"也会随着时代的发展而呈现变动的态势,它总是与特定的时空相勾连,被烙上了深深的时代烙印,镶嵌在其所处的时代之中,呈现"传承+变动"的双重属性。近年来,人工智能、"互联网+"、DNA技术、基因编辑等科技的突飞猛进,对人们的价值观念也产生了较大影响,甚至对一些传统的价值观念造成了一定的冲击。这些新技术的发展和新的社会现象和事实的出现,带来新兴社会价值的同时,也带来了无人驾驶、智能机器人、利用网络实施聚众赌博、双层社会下的公共场所和经营行为、窃取游戏装备、窃取微信中的钱款等一系列新的刑法问题,对这些问题的解决以及现实案件的处理,就必须考虑当下的社会价值,探求刑法规范文本在今日社会所应具有的价值意义,衡量刑法解释结论是否契合当下的社会情理价值。

四是社会共同体的价值。"社会共同体价值体系",即刑法解释要遵循"常识、常情和常理",要将刑法解释结论融入社会共同体价值之中,使解释结论符合所处时代的社会共同体的共通价值观念,不可只关注刑法条文的外在形态而不顾及文辞背后的社会正义价值观念。任何解释者都不能随心所欲地对刑法条文进行阐释和解读,特别是法官更不能将解释结论恣意地运用到具体的案件当中,进而作出违背良知、伤害民众法感情的判决。刑法解释必须要受到刑法规范文本逻辑体系和社会共同体价值体系的双轨制约,不可成为脱缰的野马任其"出入人罪"。"任何规范都包含了立法者的利益评价,也就是价值判断",刑法规范自然不应例外,"所以,刑法解释也就意味着在具体的案件中实现法定的价值判断"[1],而价值判断的通俗表述就是"天理和人情"。之所以将刑法解释结论放在社会共同体价值体系之中进行考量,是因为等同于社会情理价值的"天理和人情"是深深扎根人们心中的正义观念,蕴含法治与德治的千古话题。[2] 也就是说,刑法解释要放在规范逻辑和社会情理价值之中进行,"不应存在规范矛盾和价值判断矛盾"[3]。对刑法规范条文进行理论上的解读和实践中的运用,不能仅仅形式性地理解运用冰冷的"刑法规范",而是要充分考虑民情民意、传统文化、前因后果等重要的边际因素,更要考量解释和运用的结果是否符合社会的公平正义观念。要将温暖的道德力量浸润在刑法解释者以及所有的刑法工作者的血脉之中,发掘刑法条文背后所蕴含的道德和情理因素,以情理价值浇筑刑法大厦的"根基"。"法理离不开情理,情理也不能脱离法理,情、理、法,应当是内在统一的关系。"[4]只有既合乎规范逻辑又契合情理价值的解释才是对刑法规范的科学合理的解释,依此作出的裁判才是真正"合法"的裁判,才能够得到当事人的认可和社会公众的认同,才是正当的解释结论。

三、规范逻辑和情理价值契合度研判的过程

"法律的思维应当是逻辑思维、经验判断和价值判断等各种思维方式的全面结合。"[5]毋庸置疑,刑法解释的基本目标是获取既合理又合法的刑法解释结论,而这注定了刑法解释只能以"依理循法"的法律思维方法为导航。所谓"依理循法",就是依情理、循规范,即以社会情理为内在实质的价值导向,以法律文本为外在形式的规范路径,反复推敲,获取二者的和谐统一。

---

[1] [德]伯恩·魏德士:《法理学》,丁小春、吴越译,法律出版社2003年版,第64页。
[2] 参见何能高:《坚守公平正义底线,提升司法审判能力,让热点案件成为全民共享的法治公开课》,载《人民法院报》2017年4月6日,第1版。
[3] 王海桥:《刑法解释的基本原理——理念、方法及其运作规则》,法律出版社2012年版,第176页。
[4] 陈惊天:《合乎情理的裁判是树立司法权威的重要因素》,载《人民法院报》2017年4月12日,第5版。
[5] 王利明:《论法律思维》,载《中国法学教育研究》2012年第2期。

其中,社会情理是法律的内在精神,法律文本是法律的外在躯体,二者须臾不可割裂。刑法解释受规范逻辑的制约,展示的是法规范之内的司法正义的实现路径;刑法解释受情理价值的制约,描摹的是法规范之外的司法正义的实现路径。两者在实现司法正义的道路上发生交汇,共同作用于刑法解释,确保解释结果符合司法良知,能够实现"天理、国法、人情"的有机统一。需要说明的是,规范逻辑和情理价值二者可以从思维角度予以界分,但无法从实际运行中予以分离。在对刑法进行规范逻辑角度的解释时,需要考虑情理价值;反之亦然。两者是一个相辅相成、相济互补的过程,不可偏废其一;亦不可在逻辑上不加区分,造成思维上的混乱,进而导致解释结论违背法律和情理。

在这一研判过程中,解释者个体在波浪式前进和螺旋式上升的认知规律支配下,对刑法文本进行字→词→句→篇→章等由浅到深、由表及里的认知和解读,与刑法规范文本进行"对话",不断深化对文本含义的认知,不断修订甚至是反复对文本含义的界定,使得对刑法规范文本含义的界定不断接近正义的理念,不断符合社会情理价值。同时,解释者个体也在对案件证据进行反复审查,对证据事实进行不断审视。对刑法文本认知的不断升华,对案件事实归纳的不断变动,以及将规范和事实进行对比以寻找二者之间最大契合度,注定了司法三段论推理是一个动态性的递进过程。虽然可能会出现反复甚至是偶尔的倒退,即会出现一定的曲折性,但从辩证唯物主义认识论关于认知规律的论证,以及刑事司法实践所固有且已经反映出来的样态来说,人们的认知或者说刑法解释过程总体上是不断趋向公平正义的目标的。当然,刑法解释过程或者说司法判断过程也存在无意识的"直觉","直觉"与"论证"在具体的刑法解释过程中是并存的,单纯依靠直觉或者单纯依靠深思熟虑的论证而得出结论的刑法解释或者说司法裁判是不存在的[1];并且,"直

---

[1] See Plessner, Henning, Cornelia Betsch & Tilmann Betsch, eds., *Intuion in Judgment and Decision Making*, Pwychology Press, 2011, p. 7.

觉"通过"锚定效应、代表性启发式偏差和后见之明"[1]，在刑法解释和司法裁判过程中还具有相当重要的作用，它"可以很好地应对或解决'合理性'问题"[2]。但是，"直觉"得出的结论必须要经过与"直觉"相对应的"慎思"的检验，因为，刑法解释或者说司法裁判"是一种需要有规范支持的判断，任何基于直觉所做出的判断，都需要能够接受慎思思维，也就是形式逻辑的检验，脱离了规范，直觉容易'神游天外'而不受约束，连基本的合法律性都无法保障"[3]。

"公平合理的案件判决，是案件事实与刑法规范相契合的具体体现。然而，两者的契合，需要一个不断反复的过程，司法实践中，几乎不存在不需要反复验证具体个案事实与刑法规范条文的契合度的案件。因为，从法律规定的角度来看，将具体的案件事实归结于刑法规范的刑法解释或者适用过程，需要考量定性中的行为、行为主体、行为对象、因果关系、违法阻却事由、故意过失、责任能力、犯罪形态、罪数形态等因素，以及定量中的量刑基准、量刑根据、量刑情节、数罪并罚等因素，定性和定量中多因素的存在，注定了定罪和量刑的过程都是需要全盘考虑相关因素并反复推敲的过程；从司法实践的角度来看，案件事实和刑法规范的变动不居，要求解释者不能谋求一锤定音、一劳永逸地采取一次往返对照便宣告解释过程的完结，而是必须不断地将目光和思维往返顾盼于具体案件事实与刑法规范条文之间，寻找两者间最大的契合点。特别是对于在事实认定、证据采信、法律适用方面存在争议的案件，罪与非罪、此罪与彼罪难以区分的案件，更需要解释者不厌其烦地反复找寻事实与规范之间的契合点与一致性。在具体操作上，解释者首先要根据犯罪构成要件和量刑相关规定全面归纳具体个案的事实，结合

---

[1] See Guthie, Chris, Jeffrey J. Rachlinski & Andrew J. Wistrich, *Blinking on the Bench: How Judges Decide Cases*, Cornell L. Rev. Vol. 93, 2007.
[2] 郭春镇：《法律直觉与社科法教义学》，载《人大法律评论》2015年第2期。
[3] 郭春镇：《法律直觉与社科法教义学》，载《人大法律评论》2015年第2期。

案件事实和社会生活科学解读刑法规范条文,寻找到定罪量刑所需要的'以事实为根据、以法律为准绳'的基本支撑点。在此基础之上,将归纳的案件事实与找寻的刑法规范相对照,依据刑法规范考量对案件事实的归纳是否客观、全面,依据案件事实考察找寻的刑法规范是否能够公平公正地对具体个案进行处理,如此往复,最终达致处理结论的合规范性与合价值性,即形成'法理情'高度一致的判决。"[1]

对大前提和小前提的契合度进行规范逻辑和情理价值双重维度的研判的最终目的在于实现法所蕴含的公平正义。成文的法律是正义的文字表达,与人的生命、自由、财产等基本的人权密切相关的刑法规范更是而且应当是正义的表达,正义蕴含在刑法规范条文的字里行间。刑法解释的目标,是将作为正义表达的刑法规范运用于具体的个案当中,对具体案件进行处理,形成合乎规范逻辑和社会情理价值的判决,达到定分止争的效果,将纸面上的正义现实化。纸面正义现实化的过程,就是实现"努力让人民群众在每一个司法案件中都能感受到公平正义"的过程。"在刑事司法实践中,实现法所蕴含的公平正义,要求解释者在解释刑法时,应当在正义理念的指导和制约下,对关涉刑法规范适用的所有定罪量刑事实进行归纳梳理,对刑法规范条文进行科学解读,并以'正义'为中心将案件事实和刑法规范不断向着这一中心拉近,用正义这一标尺来衡量案件事实认定和刑法规范解读以及所得出的定罪量刑结论是否合乎正义理念。正义,是刑法最基本的品格,是刑法解释的终极目标,其存活于具体案件事实和刑法规范条文相互影响、相互作用的动态关系中。刑法解释的结果和最终目标,是惩恶扬善,是实现打击犯罪与保障人权的有机统一,实现人们孜孜以求的公平正义。"[2]同时,也实现刑法规范的行为指引功能,规范人们的行为方式,引导人们的价值观念积极向善。

---

[1] 王东海:《刑法解释应关注事实与规范动态关系》,载《检察日报》2018年1月17日,第3版。
[2] 王东海:《刑法解释应关注事实与规范动态关系》,载《检察日报》2018年1月17日,第3版。

当然,个人场域的刑法解释,只是解释者个体的自我认知,虽然解释者在解释刑法时要受到规范逻辑和情理价值的双重制约,但不争的事实是这一自我认知不可避免地要受到偏见、有限理性、个人阅历、法制意识等方方面面的影响,从而导致对刑法解释的不全面性、不周延性,也使得不同的解释者得出不同的解释结论;同时,刑法的适用过程也即解释刑法的过程是一个经由侦查、起诉(有的案件还要经过审查逮捕)、再到审判的过程,是在司法场域进行博弈最终达致"重叠共识"的过程。因此,个人场域的解释结论必须进行进一步的修缮,即要将个人场域的解释放到司法场域中进行裁剪和考量。

第三章　司法场域：刑法解释动态观之诉讼博弈

刑法解释在个人场域的完成，只是整个刑法解释过程的一个序章。对于经历了一个完整的司法过程的案件来说，个人场域的刑法解释完结后，[1]刑法解释将进入司法场域。在司法场域，刑法解释同样是动态的。这种动态，不仅仅体现在个体对刑法解释的动态上(个体解释是司法场域解释的基础，个体解释是动态的，司法场域的解释也不可能是静止的)，更体现在具有不同立场、代表不同利益的诉讼主体之间的动态博弈上。刑法解释动态观在司法场域既表现在侦查或调查、起诉、审判不同阶段依次进行的动态上，又表现在不同主体之间的动态博弈上。侦查、调查与审查逮捕和审查起诉之间均存在动态的交融关系。解释主体不同，所处立场的差

---

[1] 当然，这里所说的完结，是按照场域划分来说的。其实，对于个体对刑法的解释而言，个人场域刑法解释的完成并不等于个体解释的完成，因为个体对刑法解释的认知会随着在司法场域和社会场域与其他主体的博弈而调整，甚至是改变。

异,知识结构的差别,致使侦查与审查逮捕、审查起诉之间存在动态的博弈关系。

第一节　侦查、调查阶段之博弈

一、侦查机关、调查机关的内部博弈

侦查机关、调查机关的侦查、调查人员,[1]在接到举报、控告、扭送等线索,或者自己发现涉嫌犯罪的线索时,会依据三段论推理的模式对大前提进行寻找,对小前提进行构建,并进行目光不断往返于刑法规范文本和案件事实之间的涵射,形成初步的是否涉嫌犯罪以及涉嫌何种犯罪的见解。抛开检察机关对调查和侦查的提前介入来说,侦查、调查人员在依据三段论推理形成初步的结论之后,依据法律和规范性文件的规定,将案件移交给具有审核权的部门进行审查。[2] 在审核过程中,调查部门和审理部门、侦查部门和法制部门之间常常会发生关于罪与非罪、此罪与彼罪、事实是否清楚、证据是否确实、充分等关于刑法解释的博弈。

(一)侦查机关内部审查博弈

侦查部门在对涉嫌犯罪的案件进行刑事立案时,将相应的材料提交给法制部门进行审核。法制部门认为侦查部门所提交的材料能够证明符合刑事立案标准,认为有相关的犯罪事实发生需要立案侦查的,通过相关的审批

---

[1] 这里需要说明的是,随着检察机关职务犯罪侦查权和人员的转隶,职务犯罪划归纪委监委管辖。而根据《监察法》的规定,纪委监委对涉嫌职务犯罪的案件进行的是调查,而不是侦查。因此,这里的侦查如无特别说明,一般是指公安机关、海关和国家安全机关对案件的刑事侦查,而调查则是指纪委监委对涉嫌职务犯罪案件的调查。
[2] 当然,即使检察机关提前介入调查、侦查的案件,按照纪委监委和公安机关等内部规定,调查、侦查之后依然应当将案件交予审理部门和法制部门审核。只是检察机关提前介入后,审理部门和法制部门的审核会不再像平时一样严格。

程序同意立案。[1] 侦查人员在刑事拘留犯罪嫌疑人时，刑事拘留强制措施的适用需要经过相应的审批。侦查人员在收集证据后，认为涉嫌犯罪需要交予检察机关审查逮捕或直接移送给检察机关审查起诉时，必须将收集到的在案证据移交给法制部门进行审查，由其作出是否提请检察机关批准逮捕、是否移送检察机关提起公诉的决定。法制部门负责审批的人员在审查过程中，基于不同的知识结构、观念立场、社会经验和人生阅历等诸多因素的差异，会根据侦查人员提供的材料对案件进行罪与非罪、此罪与彼罪、一罪与数罪等实体方面的判断，对办案程序的合法性进行审查，以及对是否需要提请检察机关批准逮捕或移送起诉进行分析。在这一过程中，法制部门审查人员不同程度地会与侦查人员进行沟通，双方之间会因对刑法解释的不同而进行罪与非罪、此罪与彼罪、一罪与数罪、是否需要逮捕或起诉等方面博弈。特别是在对法制部门有批捕率、起诉率进行考核的情况下，两者之间的关于大前提的理解、小前提的认定、大前提和小前提之间的契合度是否符合法律规定等的博弈会更加明显。

当然，对于侦查权的内部制约问题，多数观点认为侦查机关的内部制约并不具有实质性作用，只是形式而已，侦查机关是作为一个整体而开展侦查活动的，整个侦查机关与案件侦查活动以及侦查的结果存在直接的利害关系，内部控制根本起不到真正的制约作用。[2] 虽然多数观点否认的是侦查权内部制约，但是从刑法解释的角度来说，对侦查机关内部制约的否定，就是对刑法解释在侦查机关内部存在博弈的否定。对此，有学者通过实证调

---

[1] 需要说明的是，关于刑事立案的审批权限，有的地方是法制部门负责审批；有的地方是具体的警种负责审批，比如禁毒部门负责审批毒品类案件、经济犯罪侦查部门负责审批经济犯罪案件、治安部门审批治安类案件等；有的地方部分罪名由法制部门负责，部分罪名由具体的警种负责。但是，无论哪种模式，都存在侦查人员与审批人员之间博弈的问题。

[2] 参见陈瑞华：《刑事诉讼的前沿问题》，中国人民大学出版社 2000 年版，第 336 页；陈卫东、李奋飞：《论侦查权的司法控制》，载《政法论坛》2000 年第 6 期；高一飞：《程序超越体制》，中国法制出版社 2007 年版，第 177～178 页；周欣：《侦查权配置问题研究》，中国人民公安大学出版社 2010 年版，第 247～248 页。

查,以鲜活的案例和司法实践事实,有力地推翻了多数观点对侦查机关内部不存在制约的指责。如马静华教授通过对四川省三个地区公安机关的实证调查,以刑事拘留审批为切入点,发现三个地区均存在三级审批或四级审批的内部制约(法制部门的审批制约最为关键),其中N县在法制部门层面不批准刑拘案件约占整体的15%、Y区到了副局长层面不批准审批的案件占整体的5%;并且指出,立案、破案、撤案、侦查终结的审批,强制措施、强制性调查措施,以及某些任意性侦查措施的审批,均有制约和控权的功能。[1] 无独有偶,也有学者以S省的四个县市公安机关为分析样本,进行了实证研究,证明了侦查机关法制部门对案件审核把关起到很好的效果。[2] 还有学者通过对刑事拘留和提请逮捕审核的实证调研指出,虽然在各个审核环节把关宽严存在不同,但是法制部门的审核相当严格,对是否构成犯罪、此罪与彼罪的实体问题和取证规范性的程序问题,均进行严格把关,特别是着重对实体条件进行把控,并进一步通过刑拘转捕率和批准逮捕率两个指标证明了内部审核的有效性。[3]

以上实证研究尽管是对否认侦查机关内部存在制约关系观点的批判和否定,但是也证明了在侦查机关内部存在对刑法解释的动态博弈。因为,法制部门人员对侦查人员提请审核案件意见的否定,并不是简单地对案件不予审核通过,而是在考察在案证据及案件事实、刑法规范条文的基础上,运用三段论推理来判定案件事实能否与刑法规范条文相契合,证据证明的案件事实是否符合刑法有关罪名的构成要件的规定,实质上是对罪与非罪、是否符合强制措施的条件等刑法适用的判断。法制部门人员认为侦查人员所进行的三段论推理得出的结论,能够达到定罪量刑所需的证据标准和刑法

---

[1] 参见马静华:《侦查权力的控制如何实现——以刑事拘留审批制度为例的分析》,载《政法论坛》2009年第5期。
[2] 参见陈涛、李森、闫永黎:《侦查权内部控制实证研究》,载《中国刑事法杂志》2011年第6期。
[3] 参见唐雪莲:《过程与效果:刑事案件审核机制之实证研究——以侦查程序为中心》,载《社会科学》2011年第7期。

规定的构成要件的,则按照侦查人员的意见进行审核通过;如果认为现有证据不足以证明所描述的事实、相关事实不能与刑法规定的罪名进行契合,即法制部门审批人员的刑法解释结论与侦查人员的刑法解释结论不一致而影响罪与非罪等方面认定,则驳回侦查人员的提请审核。当然,实践中经常发生侦查人员与法制审核人员的交流沟通,补充证据,反复提交审核、退回等过程。经过对C市J区、B区、S区、F区、Y区、Z县六个区县的法制部门和派出所、刑警队等52名干警进行访谈,笔者发现退回、重新提起、再退回的案件并不是少数,有不少的侦查人员与法制部门审核人员发生争论。[1]

在这一过程中,一方面体现的是司法制度的设计,即侦查部门内部权力控制的体制机制问题;另一方面则体现的是在侦查机关内部,不同部门不同人员之间关于刑法解释的博弈问题。甚至可以说,前者是表面的现象,而后者才是问题的实质。因为对于前者来说,权力的控制制约并不能导致法制部门等具有审批权限和职责的部门的不批准。法制部门不批准侦查人员提请的刑事拘留、逮捕、移送审查起诉等意见的根本原因在于,法制部门工作人员对具体案件进行的三段论式判定,也就是对刑法的解释,与侦查人员的解释结论不同。侦查人员通过法制部门反馈的意见,对案件证据进行补充侦查,使得在案证据能够充分证明刑法规定的犯罪构成要件,或者因不能补证而不被审核通过,这个过程始终充满了不同解释主体对刑法解释的博弈,充满了侦查人员和法制部门审核人员之间关于刑法解释的互动。

(二)监察机关内部审查博弈

纪委监委在内部机构的设置上,也有调查部门和案件审理部门之划分。在实践运行中,监察调查部门的相关人员将案件调查完毕后,认为所调查的案件符合相关职务犯罪的构成要件,调查的事实能够归属于刑法规范规定的构成要件之下,则会将案件材料移交案件审理部门进行审查,以便通过案件审理

---

[1] 本调查采取电话访谈、当面聊天访谈的形式进行。

部门的审查后,将案件移交检察机关进行刑事拘留、审查逮捕、审查起诉。

案件审理部门在对案件进行审查时,也会对案件涉及的大前提法律规定进行解读,对小前提案件事实进行裁剪,将大前提和小前提进行涵射,通过目光不断往返于规范和事实之间而完成刑法解释动态过程,形成对案件罪与非罪、此罪与彼罪、一罪与数罪等刑法解释的判断。之后,审理部门人员将这一判断和调查人员提交的罪与非罪、此罪与彼罪、一罪与数罪等的意见进行对比权衡,对于缺乏相应证据或者证据所证明的案件事实与刑法规定的构成要件不相符合的,通过要求调查人员补证或者退回的方式,与调查人员进行刑法解释的博弈。调查人员基于对案件事实和刑法规范条文的理解把握进行着刑法解释,与审理部门的人员就大前提的理解、小前提的裁剪以及两者之间的归属关系进行博弈。经对C市5个区县的监察机关审理部门的15名工作人员、B市3个区县级监察机关审理部门的8名工作人员进行电话访谈,笔者发现有20%左右的案件,审理部门案件审查人员与调查部门调查人员关于刑法解释的大前提、小前提以及两者之间是否契合,存在不同看法。在研究案件时,审理部门和调查部门的工作人员进行相互争论的事情屡见不鲜。在争论过程中,也许双方谁也说服不了对方,但是不得不说,双方都会或多或少地考虑对方关于刑法解释的过程、方法、结论等,在不断的争论中重新审视自己关于刑法解释的结论是否科学合理。这种对事实认定、法律理解不同的争议,是对刑法解释结论的争议,体现了审理部门与调查部门关于刑法解释博弈的存在。

侦查、调查机关内设机构之间的博弈过程,外界也许难以发现,并且前已述及,有的观点甚至否认内部博弈的存在。因为,对于没有从事过或者不熟悉相关工作的人员来说,其难以真实地感受到同一机关不同部门之间的制约博弈的现实运行状态。而对该项工作有所了解,特别是从事过该项工作的人来说,会深切地感受到侦查、调查人员和法制审核、审理审核人员之间的博弈过程。

二、侦查机关、调查机关与检察机关之博弈

在刑法解释过程中,侦查、调查部门内部博弈完成或者说暂时达成一致之后,[1]会将需要刑事拘留、提请逮捕、移送起诉的案件,移交给检察机关进行审查处理。检察机关在接收到相关的案卷材料后,检察人员会对接收的案件进行审查判断,通过三段论式的推理过程进行刑法解释,并将解释结论与侦查、调查人员进行沟通、商谈,展开动态的博弈。在检警一体化的国家,检察指挥侦查,这种动态的博弈表现得不是特别明显。但是在检警分立的国家,这种表现便较为突出,即侦查思维、侦查方向要受到检察的制约;同时,侦查也对检察机关的审查逮捕和审查起诉起到制约作用,两者形成双向制约的关系,即在刑法解释运行过程中,侦查和检察两个机关之间是相互配合相互制约的动态关系——侦查机关对刑法解释的立场观点要考虑审查逮捕和审查起诉的意见,后两者也要考虑到侦查机关对刑法解释的观点立场。

(一)侦查机关与检察机关之博弈

侦查机关在对案件进行侦查时,有的甚至会在立案之前,商请检察机关对相关案件事实和法律适用进行研判,提前介入引导侦查。检察机关提前介入引导侦查制度,自20世纪80年代在司法实践中出现以来,已经经历多年的发展,取得了一定成效。尽管在理论界有关检察机关提前介入这一话题一直以来都存在争议,甚至是受到部分学者的诘难,[2]但是其所发挥的作

---

[1] 当然,这是针对多数案件而言,对于一些重大疑难复杂案件,或者是敏感案件来说,侦查、调查部门会商请法制或审理部门、检察机关进行会商,有时还会商请法院人员参加,各部门对事实性质的认定、法律法规的适用、侦查取证的方向等,进行会商。个别地方的案件或者某一类型的案件,甚至会商请检察机关全部提前介入。

[2] 有学者对此表示担忧,认为检察机关提前介入,"极易发生公、检二机关在侦查中职责混淆不清,不仅破坏了分工负责的原则,而且会大大削弱甚至取消相互制约的作用",参见张仲麟、傅宽芝:《关于"提前介入"的思考》,载《法学研究》1991年第3期;还有学者认为,"检察有时为了侦查形成合力不得不在某些侦查监督方面受协让步",参见董邦俊、操宏均、秦新承:《检察引导侦查之应然方向》,载《法学》2010年第4期。

用却是有目共睹的。特别是2018年以来,检察机关积极主动提前介入吉林长春长生疫苗事件、昆山反杀案、浙江乐清滴滴顺风车司机奸杀案等一系列重大敏感案件,社会公众对检察机关提前介入的做法和效果给予高度肯定。[1] 检察机关在提前介入引导侦查过程中,检察人员会开展文书审查、现场勘验取证监督、案件讨论、发表意见等工作。在这一系列既有程序又有实体、既有监督又有协作的工作当中,最为重要的是案件讨论和发表意见。因为,侦查机关商请检察机关提前介入的主要目的是对案件定性(包括但不限于罪与非罪、此罪与彼罪、一罪与数罪、犯罪形态等问题)、取证方向等进行商讨。而在案件讨论和发表意见过程中,侦查人员会根据掌握的案件事实证据、适用的法律等发表意见,也就是站在侦查人员的立场,针对具体的个案进行大前提解读、小前提裁剪、大小前提之间的契合度判断;而检察人员则会在审查相关材料,听取侦查人员介绍案情,以及对案件罪与非罪、此罪与彼罪的意见后,根据掌握的材料和信息对案件事实和适用的罪名作出初步判断,给出初步的刑法解释结论。

在这一过程中,侦查人员会与检察人员进行充分的讨论,有时甚至会出现争论,双方对具体案件的刑法解释进行博弈。当然,由于是商请检察机关提前介入,此时虽然会有争论,但大部分情况是,侦查人员会接受检察人员的意见,会按照检察人员的刑法解释结论而进行侦查取证。也就是说,在提前介入引导侦查取证过程中,尽管侦查机关和检察机关之间会对刑法解释进行博弈,但此时的博弈相对来说较为缓和。而进入审查逮捕阶段后,侦查机关与检察机关之间关于刑法解释的博弈会升级,多数情况下会激烈于提前介入引导侦查阶段的博弈。

侦查和检察在审查逮捕阶段的博弈主要体现为检察机关不批准逮捕,对于部分案件侦查机关会提请复议复核。不批准逮捕本身就是对侦查机关

---

[1] 参见刘子阳:《检察机关频频提前介入热点案事件引关注》,载《法制日报》2018年9月5日,第3版。

查证事实、适用法律的不认可,这一决定本身便体现了检察机关与侦查机关的博弈;而侦查机关对检察机关部分不批准逮捕案件的复议复核,则更加体现了两者之间的博弈。在这一博弈过程中,首先是侦查机关内部关于刑法解释达成初步一致的结论之后[1],会将提请逮捕的案卷材料移交检察机关进行审查。检察人员对侦查机关提交的案卷材料进行审查,有的也会进一步听取侦查人员和法制部门人员的意见,在审查案卷材料、听取意见的基础上,不断对案件的大前提、小前提和两者之间的契合性进行衡量,进而做出自己的判断。部分案件还会经过检察官联席会的讨论,少数案件甚至会提交检察委员会(以下简称检委会)进行讨论,承办人以此来听取不同解释主体对刑法解释的意见,最终形成对刑法解释的结论。之后,检察人员会作出批准逮捕或不批准逮捕的决定。

在作出不批准逮捕时,检察人员需要向侦查机关出具不批准逮捕理由说明书,说明不批准逮捕的事实和法律依据,即将对案件的刑法解释结论向侦查人员进行说理,以反驳侦查人员关于具体案件刑法解释的认知。侦查人员根据检察人员的不批准逮捕理由说明书,以及口头的交流沟通等,再次对案件事实和适用法律进行判断。如果侦查人员认为检察人员不批准逮理由不充分,对具体案件的刑法解释不正确,则会提请复议,甚至在复议之后仍不服检察机关的理由而提请进行复核。检察人员在接受复议或复核后,新一轮的侦查和检察之间的博弈会开启。此时检察人员会进一步对案件事实进行归纳,对《刑法》条文以及涉及的法律法规等进行解读,并对事实与法律规范之间的契合性进行判定。2023年,全国检察机关共批准和决定逮捕各类犯罪嫌疑人72.6万人;不捕48.4万人,不捕率达40.7%。[2] 这些不批捕案件,实质上是侦查人员和检察人员对刑法解释结论的不同所带来的结果。

---

[1] 当然,也存在侦查人员与法制部门审核人员并未就相关案件的罪与非罪、此罪与彼罪等问题达成一致,但是双方决定将案件交予检察机关,由检察机关作出决定的情况。
[2] 参见《2023年全国检察机关主要办案数据》,载《检察日报》2024年3月11日,第4版。

这里需要说明的是,虽然逮捕与否看似是程序的问题,但其实质仍是关于刑法解释的问题,其本质是罪行轻重的刑法解释问题。

在侦查阶段侦查机关和检察机关的博弈,还体现在检察机关监督立案和监督撤案上。[1] 虽然侦查活动监督中的纠正违法也是侦查和检察的一种博弈,但该项监督主要是程序性的,难以涉及罪与非罪、此罪与彼罪刑法解释的领域。因此,"两项监督"中体现侦查与检察博弈的,主要是监督立案和监督撤案。之所以监督立案和监督撤案,是因为侦查机关对刑法解释发生偏差,将构成犯罪应当立案的案件解释成了案件本身不构成犯罪,或者是解释为小前提的案件事实尚不能归属到大前提的法律规范之下;将事实本身不能归属到法律规范之下,即不能证明有犯罪事实存在。当然,也存在已经超过法定期限,[2] 但侦查机关不撤销案件,检察机关监督撤销案件的情况,此时的撤案监督表面上看与刑法解释的关联不大,但实际上是侦查机关在有效的时间内不能证明犯罪嫌疑人涉嫌犯罪,即作为小前提的事实不能归属到作为法律规范的大前提之下,本质上也是刑法解释的结果。

由此可见,在侦查阶段,侦查和检察之间进行着刑法解释的博弈。这一博弈的过程,主要体现在检察机关不批准侦查机关提请逮捕的案件上,特别是体现在检察机关不批准逮捕后侦查机关复议、复核,检察机关继续进行审查判断这一过程中。在此过程中,双方关于刑法解释进行着动态性的讨论、

---

[1] 需要说明的是,立案监督和撤案监督统称为"立案监督",这一职能主要是在侦查阶段发生的。《2023年全国检察机关主要办案数据》显示,2023年全国检察机关对公安机关开展立案和撤案监督14.5万件;监督后公安机关已立案或者撤案13.9万件。

[2] 最高人民检察院、公安部联合修订印发的《关于公安机关办理经济犯罪案件的若干规定》(公通字〔2017〕25号)第25条规定:在侦查过程中,公安机关发现具有下列情形之一的,应当及时撤销案件:(1)对犯罪嫌疑人解除强制措施之日起12个月以内,仍然不能移送审查起诉或者依法作其他处理的;(2)对犯罪嫌疑人未采取强制措施,自立案之日起2年以内,仍然不能移送审查起诉或者依法作其他处理的;(3)人民检察院通知撤销案件的;(4)其他符合法律规定的撤销案件情形的。有前款第一项、第二项情形,但是有证据证明有犯罪事实需要进一步侦查的,经省级以上公安机关负责人批准,可以不撤销案件,继续侦查。撤销案件后,公安机关应当立即停止侦查活动,并解除相关的侦查措施和强制措施。撤销案件后,又发现新的事实或者证据,依法需要追究刑事责任的,公安机关应当重新立案侦查。

沟通。

(二)调查与检察之辩证

检察机关职务犯罪侦查权和人员的转隶,以及《监察法》的出台,使得监察机关工作人员调查职务违法或犯罪的行为,是否接受检察机关法律监督的问题也浮出水面。检察机关能否提前介入监察机关调查的职务犯罪案件,成为检察机关面临的一项新课题,也是司法实践和理论研究需要解决的问题。对此,时任最高人民检察院张军检察长指出,"有些案件,检察机关还可以应监察委的要求提前介入,了解情况"[1]。也就是说,检察机关应监察委员会要求,可以提前介入监察调查[2]。同时,检察机关提前介入监察机关调查的职务犯罪案件,"既是检察机关作为国家法律监督机关之宪法定位的必然要求"[3],也有《监察法》规定的制度支撑[4]。并且,从各地的办案实践来看,各地监察机关在办理职务犯罪案件时,也会主动与检察机关沟通交流,商请检察机关提前介入监察调查的职务犯罪案件,对证据标准的把握、事实认定、案件定性及法律适用等提出意见及建议[5]。

在检察机关选派检察人员提前介入监察机关调查的职务犯罪案件过程中,不同人员因对案件事实裁剪和对法律解释的不同,必然存在不同的认识。也就是说,在检察人员提前介入监察调查案件,与监察调查人员和审理人员进行案件讨论时,检察人员与监察人员会对在案证据是否足以证实认定的案件事实、案件事实能否与相关犯罪的法律规定条款相符合进行商讨,

---

[1] 《国新办举行2019年首场新闻发布会最高检领导就内设机构改革答记者问》,载《检察日报》2019年1月4日,第2版。
[2] C市纪委监委和检察机关签订协作文件,规定监委查出的职务犯罪案件,一律在留置期限届满15日之前邀请检察机关提前介入。
[3] 朱全宝:《论检察机关的提前介入:法理、限度与程序》,载《法学杂志》2019年第9期。
[4] 《监察法》第4条第2款规定:监察机关办理职务违法和职务犯罪案件,应当与审判机关、检察机关、执法部门互相配合,互相制约。检察机关提前介入监察机关办理的职务犯罪案件,既是配合也是制约。
[5] 参见朱全宝:《论检察机关的提前介入:法理、限度与程序》,载《法学杂志》2019年第9期。

甚至是在罪与非罪、此罪与彼罪、罪数形态、犯罪形态等方面发生争论。商讨是指商量和讨论,是相互发表意见、相互企图说服对方的过程,这本身便充满了互动的博弈。

在检察机关提前介入监察调查案件结束之后,监察机关便会将其认为涉嫌犯罪需要动用刑罚处罚的案件移交检察机关,进行刑事拘留和审查逮捕,少量案件也会是调查结束后不经过刑事拘留和审查逮捕而直接移送检察机关进行审查起诉。虽然在实践中,多数监察调查案件在移交给检察机关之前已经经过了充分的协商博弈,两机关对事实认定和法律适用达成了一致,但是也存在移送后补充侦查甚至是不起诉的案件。在作出不批准逮捕或不起诉决定时,实际上是检察人员对刑法解释的结论与监察调查人员对刑法解释的结论发生了矛盾,不起诉决定的作出,便是这种矛盾和博弈最直接的体现。这种博弈,体现在刑法解释的各个方面,包括对刑法基本原则、犯罪概念、犯罪行为、犯罪主观方面、责任能力、因果关系、违法阻却事由、共同犯罪、犯罪形态、罪数形态、追诉时效、量刑情节等刑法规定的各个方面;同时也包括了对犯罪事实的归纳、裁剪和评判以及归纳裁剪的犯罪事实能否归属到刑法规范规定的构成要件之下,[1]也就是案件事实和刑法规范条文之间能否实现形式逻辑和情理价值方面的契合。

三、侦查与辩护之博弈

因为监察调查的职务犯罪案件,在调查过程中,辩护律师不能介入,所以也就不存在监察调查与辩护律师之间博弈的情况。而侦查则不同,我国《刑事诉讼法》规定,犯罪嫌疑人自被侦查机关第一次讯问或者采取强制措施之日起,便有权委托辩护人提供帮助和辩护。侦查阶段,辩护律师与侦查人员之间,关于刑法解释也存在商讨、交流的博弈。

---

[1] 参见黄泽敏:《案件事实的归属论证》,载《法学研究》2017年第5期。

侦查机关基于打击追诉犯罪、保护社会秩序的需要,在侦查思维的指引下对主动或被动发现的案件进行立案侦查,采取刑事拘留和取保候审、监视居住等强制措施,收集犯罪嫌疑人涉嫌犯罪或无罪、罪重或罪轻等方面的证据材料,[1]并不断与刑法规范特别是《刑法》分则规定的罪名的构成要件进行对比分析,以判定查明的事实或者说是侦查人员裁剪认定的事实是否与刑法规定的构成要件相匹配。辩护律师在侦查阶段介入之后,会依法为犯罪嫌疑人提供法律帮助,在通过会见犯罪嫌疑人、收集证据等了解掌握相关事实的基础上,对案件事实是否符合刑法规定的构成要件进行分析评判,站在辩护的立场,以辩护的视角,极力寻找对犯罪嫌疑人有利的证据——不构成犯罪的证据、罪轻的证据、不适合刑事拘留或提请逮捕的证据等,并将以证据构建起来的案件事实与刑法规范条文相对应,反复衡量两者之间是否契合。

辩护律师在形成初步意见的基础上,也就是对刑法解释形成初步的结论后,会通过提交书面辩护意见或者当面沟通的方式,向侦查人员阐明关于刑法解释过程和刑法解释结论的立场。侦查人员在审查辩护律师的书面意见或者面对面沟通交流的基础上,会对辩护律师的意见进行评判,分析其提出的刑法解释结论是否具有"国法天理和人情"的支撑,是否符合相关的法律规定。在这一阶段,辩护律师提出的意见往往是基于不构成犯罪或者构成犯罪但不具有社会危害性、具有不适合羁押的法定或酌定情节等,对侦查机关提出变更强制措施的意见建议;而侦查机关则基于自己关于刑法解释的立场、理念以及初步的刑法解释结论等,对辩护律师提出的辩护意见进行考量,作出同意或不同意辩护律师申请的决定。特别是作出不同意辩护律师的决定时,辩护律师往往会再提交相关材料和意见试图说服侦查机关。这一过程,充满了侦查人员与辩护律师关于事实认定、法律适用等方面的罪与非罪、此罪与彼罪、是否适合或需要羁押等方面的博弈。

---

[1] 当然,侦查机关是打击犯罪的机关,因此,不管是理论上还是实践中,侦查机关往往更加注重于收集犯罪嫌疑人有罪和罪重的证据。

四、检察与辩护之博弈

在侦查阶段,虽然案件处于侦查、调查机关的主导之下,检察机关在当中对案件作出实体性决定的只是是否批准逮捕,但是,检察机关作为《宪法》规定的法律监督机关,需要在整个刑事诉讼过程中全方位全过程履行好法律监督职能,除了依法履行审查逮捕的职能外,还要依法履行对侦查活动监督和对立案监督的职能。而不管其是履行审查逮捕职能,还是两项监督职能,都可能与辩护律师之间进行博弈。

当案件进入检察机关审查逮捕环节后,多数辩护律师就会通过提交书面辩护意见或者面对面交流的方式与检察人员进行沟通交流,并且往往是通过否定犯罪事实存在、否定犯罪事实系犯罪嫌疑人所为、案件事实不符合刑法规定的犯罪构成要件、犯罪嫌疑人的行为和人身危险性没有达到逮捕的条件等方面,建议检察机关不批准逮捕犯罪嫌疑人。有的辩护律师甚至会提出,公安机关可能存在刑讯逼供、违法动用刑事手段插手经济纠纷、违法立案等,要求检察机关对公安机关的侦查行为进行侦查活动监督或立案监督。检察人员则会根据辩护律师提供的意见和线索对相关事实进行调查,分析评判辩护律师的辩护意见,特别是关于不构成犯罪的刑法解释的意见。检察人员在充分考量辩护律师意见的同时,与经过审查判断案件事实所形成的刑法解释结论进行比对,或者是在考量辩护律师意见的基础上不断权衡对刑法的解释。针对一些疑难复杂案件,检察人员还会多次与辩护律师进行沟通,相互交换意见。在相互交换意见,相互考虑对方关于刑法解释结论这一具有动态性的过程中,进行相互的说服,进行博弈。

可见,在侦查阶段,同一机关内部、不同机关之间、司法机关与辩护律师之间等方方面面的博弈,主要表现为罪与非罪的争论,以及在认为构罪的基础上是否适用逮捕强制措施的博弈。在侦查阶段的博弈过程中,从不同主体参与或介入其中开始,不同的解释主体便站在不同的立场、基于不同的利益和价值衡量，展开你来我往的具有动态性的博弈，直至侦查阶段结束。

第二节 审查起诉阶段之博弈

一、侦查、调查与检察之博弈

（一）侦查与检察的博弈

侦查机关对案件侦查终结后，会对其认为符合起诉条件的案件，制作起诉意见书，移送检察机关进行审查起诉。侦查机关移送审查起诉，是因为侦查机关认为其所收集的证据，以及在证据证实基础上的事实能够归属到具体的刑法罪名之下，大前提和小前提之间对应之后能够得出有罪的结论，符合《刑事诉讼法》规定的起诉条件。

检察机关在接收到相关案件后，会依照内部的分案规则和流程，将案件分配给员额检察官进行办理。检察官在办理相应的案件时，会依据《刑事诉讼法》规定的起诉条件、证据标准、证据证明力等程序法关于证据要件的要求，以及《刑法》规定的犯罪构成要件，对侦查机关移送审查起诉的案件进行程序和实体双重审查。在对程序的审查上，主要审查侦查机关的侦查行为是否符合《刑事诉讼法》《公安机关办理刑事案件程序规定》等法律法规的要求，并对侦查机关的侦查行为进行监督。在对实体的审查上，检察人员会对在案证据采取解构和建构双向思维，进行横向和纵向的递进式判断和交互式检验，[1]进行综合分析。在实体审查过程中，检察人员会通过犯罪构成要件的实体指引，寻找证据建构案件事实，对案件事实进行归属论证，以确定在案证据证明的案件事实是否能够达到实体刑法所规定的构成要件的要求。当然，案件事实的归属论证，是寻找事实和法律双重的进路。正如时任最高人民法院院长周强所说，"寻找事实，不仅指法律真实，还要最大限度接

---

[1] 参见王东海：《审判中心格局下刑事指控体系的构建》，载《江汉学术》2016年第4期。

近客观真实。寻找法律,也不仅仅指法律条文,还有规则、道德、公序良俗等,要兼顾国法天理人情"[1]。检察机关审查后,认为达到《刑事诉讼法》规定的起诉条件的,便按照相应的流程将案件起诉至人民法院,这种情况下,一般体现不出侦查与检察的博弈。然而,检察机关如果认为证据条件达不到起诉的标准,则会采取退查、存疑不起诉、法定不起诉的方式,对案件进行处理;如果认为证据达到起诉标准,但认为犯罪情节轻微,符合微罪不起诉条件,也会作出微罪不起诉处理。但是,不管是哪种方式的不起诉,都会发生侦查与检察的博弈。

在司法实践中,检察机关经审查认为相关的案件达不到起诉的证据标准,或者证据证明的案件事实与刑法规定的犯罪构成存在差异而不能起诉,需要侦查机关进一步补充侦查的,会将案件退回侦查机关补充侦查。侦查机关认为达到了起诉的条件,检察机关认为达不到起诉的条件,[2]这就是争论,就是博弈。如在最高人民检察院披露的河北邢台正当防卫案中,[3]公安机关以董某刚涉嫌故意杀人罪向检察院移送审查起诉后,检察机关先后两次退回公安机关补充侦查,公安机关两次补充侦查后均认为董某刚的行为系防卫过当,移送检察院审查起诉。邢台市人民检察院经审查后,对董某刚

---

[1] 周强:《新时代中国法院司法体制改革和智慧法院建设》,载中国法院网2019年11月6日,https://www.chinacourt.org/article/detail/2019/11/id/4618892.shtml。

[2] 当然,因为办案时间关系,司法实践中也存在技术性退回补充侦查的情况,也就是说侦查机关收集到的证据达到了起诉的证明标准,但是因为案件太多或检察机关案件承办人请假等检察人员来不及办理,为了争取时间,检察机关以需要补充侦查的名义将案件退回侦查机关,以赢得办案时间。

[3] 该案的基本案情是:2016年,刁某某与董某刚的妻子李某某认识后,李某某被刁某某逼迫维持情人关系,刁某某时常在董某刚家中过夜。2018年5月20日晚,刁某某醉酒后到董某刚家,不顾拦阻强行闯入李某某卧室,撕坏董某刚夫妻的衣服,不断对董某刚殴打、辱骂,并使用尖头汽车钥匙戳扎董某刚,造成董某刚鼻尖下方、脸部等多处受伤出血,以此逼迫董某刚写离婚协议与妻子李某某离婚。董某刚书写过程中因笔落地而遭到刁某某殴打,并让董某刚下跪。董某刚在被迫打过程中随手拿起茶几上的剪刀,用剪刀刺扎,导致刁某某死亡。参见杜震、孙莹:《最高检披露"河北邢台正当防卫案"不起诉决定 当事人没想到能被释放》,载新浪网2019年6月17日,http://finance.sina.com.cn/roll/2019-06-17/doc-ihvhiews9440694.shtml。

作出系正当防卫不负刑事责任不起诉的决定。[1] 后因刁某某父亲申诉,河北省人民检察院作出维持邢台市人民检察院的不起诉决定,并向刁某某父亲进行宣告。又如,在河北涞源反杀案中,检察机关认为赵某芝的行为是正当防卫,建议公安机关对其变更强制措施;公安机关则认为,赵某芝在未确认王某是否死亡的情况下,持菜刀连续数刀砍王某颈部,主观上对自己伤害他人身体的行为持放任态度,具有伤害的故意,能判处有期徒刑以上刑罚。[2] 虽然最终检察机关对该案行为人作出了不起诉的决定,但办案过程中真实存在侦查机关与检察机关关于刑法解释博弈。可以说,在这两起典型的案件中,都出现了公安机关和检察机关认识不同、对刑法解释不同的博弈。司法实践中,也存在一些侦查机关和检察机关博弈互动不是很激烈的案件。比如,2021年7月,以拾荒为业的犯罪嫌疑人刘某(轻微智力残疾)骑摩托车至湖南省新邵县某村,通过山路进入三幢废弃的土砖房,在房屋内捡拾锄头、铁耙、铁丝、废纸等物品。其将以上物品搬运到马路边时,村民认为刘某在实施盗窃,遂阻拦其驾车搭载废品离开。双方发生争吵并引发肢体冲突,均不同程度受伤(后鉴定一人为轻微伤)。经认定,刘某拾取的废铁、废纸市场回收价格为115元。同年8月,侦查机关以刘某涉嫌抢劫罪向新邵县检察院提请批准逮捕,因事实不清、证据不足,该院对刘某依法作出不批准逮捕决定。2022年2月,检察机关经审查认为刘某的行为不构成盗窃转化的抢劫罪,依法监督公安机关作出撤案处理。2022年12月,公安机关作出撤案处理。[3] 司法实践中的这些案件,都反映了侦查机关和检察机关关

---

[1] 邢台市人民检察院认为,刁某某夜晚非法侵入他人住宅,对董某刚持续进行侮辱、殴打,属于《刑法》规定的不法侵害行为。刁某某用尖头车钥匙攻击董某刚,用力较猛,造成董某刚多处受伤。董某刚情急之下持剪刀捅扎刁某某的行为,是对不法侵害行为的防御和反击,是出于防卫目的,董某刚的行为构成正当防卫。参见《最高检披露河北入室反杀案不起诉决定:属正当防卫》,载《人民法院报》2019年6月18日,第5版。

[2] 参见朱莹:《河北"涞源反杀案"后的235天:一个家庭的绝境重生》,载澎湃新闻2019年11月23日,https://www.hndnews.com/p/263494.html。

[3] 参见张吟丰、彭娟、刘熊琳:《准确区分罪与非罪,监督撤案维护司法公正 检察机关经审查认为犯罪嫌疑人的行为不构成盗窃转化的抢劫罪》,载《检察日报》2024年1月23日,第7版。

于刑法解释的互动,甚至可以说,司法实践中的每一个案件都多多少少蕴含着两机关相关人员关于刑法解释的互动关系。

(二)调查与检察的博弈

监察程序的出现,使我国的刑事程序形成了"侦查—起诉—审判—执行""调查—起诉—审判—执行"双轨并行模式。监察机关调查完毕相关的职务犯罪案件后,经过内部的流转程序,认为应当移送审查起诉的,会将案件移送检察机关审查起诉。虽然调查和侦查与起诉职能之间具有"天然的亲和性和合作性"[1],但是也存在相互制约的关系,会因对刑法解释的不同而进行商讨、争论。司法实践中,大多数监察机关会在案件调查期间商请检察机关提前介入,使得案件能够在正式移送审查起诉之前便达成共识;但是也存在一些案件,虽然没有达成共识但依然移送检察机关起诉的情况,或者在移送审查起诉之前没有进行过沟通。

在没有达成一致便移送审查起诉的情况下,监察和检察之间关于刑法解释的动态博弈便会在审查起诉阶段出现。监察机关根据调查的事实、对刑法规范条文的理解,将调查的事实与刑法规范条文进行逻辑三段论推理进而得出被调查人的行为涉嫌职务犯罪的刑法解释结论,并以被调查人涉嫌犯罪而向检察机关移送审查起诉。检察机关在对刑法解释的结论,与监察机关的刑法解释结论不一致时,便进行说理、沟通和博弈。如在杜某某涉嫌受贿罪案中,检察机关经审查后对其作出不起诉决定。不起诉的理由是:杜某某的行为虽然构成受贿罪,但犯罪情节轻微,具有坦白情节,认罪悔罪态度好,积极退缴赃款。[2] 又如,在毛某某涉嫌受贿罪案[3]中,毛某某受贿

---

[1] 万毅:《构建介入侦查引导取证制度完善证明体系》,载《检察日报》2019年8月3日,第3版。
[2] 本案基本案情是:被不起诉人杜某某利用担任市水资办、市水利局、市水利系统工会工委相关职务期间,利用职务便利,在2009年至2017年,多次收受他人现金共计82000元,为他人办理相关开井、取水、申报项目等手续提供帮助。2018年3月27日,被不起诉人杜某某因涉嫌受贿被汉中市监察委员会立案调查,2018年6月25日被取保候审。参见汉检公刑不诉〔2018〕2号不起诉决定书。
[3] 该案参见甬鄞检刑不诉〔2018〕86号不起诉决定书。

30000元，检察机关认为毛某某犯罪情节轻微，作出不起诉处理；叶某甲受贿犯罪[1]，检察机关对其作出不起诉决定。在这些不起诉案件中，监察机关与检察机关关于刑法解释的结论是存在不同的——尽管对定罪没有争议，但是对量刑的轻重、是否需要移送起诉等的刑法解释存在争议，以至于监察机关认为应当对相关的犯罪嫌疑人进行起诉，而检察机关则认为情节轻微不需要起诉。在司法实践中，也存在多罪少诉和少罪多诉的情况。如C检察机关在审查一起由同级监察机关移送审查起诉的犯罪嫌疑人甲涉嫌贪污罪案中，发现甲在贪污罪之外还涉嫌滥用职权罪，但是监察机关并未将滥用职权的罪名进行移送审查起诉，检察机关遂对贪污罪和滥用职权罪提起公诉。[2] 目前来看，检察机关对监察调查的职务犯罪案件作出法定不起诉的情况较少。但是不管是在相对不起诉还是绝对不起诉案件中，都存在一个相同的现象，就是检察机关和监察机关关于刑法解释的结论存在分歧，这种分歧既有可能是定罪上的，也有可能是量刑上的，或者定罪和量刑上都存在分歧。[3]

监察机关和检察机关关于刑法解释的博弈，既体现在上述所提及的不起诉案件中，也存在退回补充调查的案件中。当然，虽然检察机关退回监察机关补充调查的案件相对较少，但这种退回本身也是一种观点不同的体现。因为，如果是关于刑法解释的结论相同，就不存在退回和不起诉的情况。

二、检察与辩护之博弈

辩护是站在犯罪嫌疑人立场上为犯罪嫌疑人利益而进行的，往往注重的是无罪和罪轻辩护；而检察机关的公诉职能，是在客观义务的指引下，对

---

[1] 该案参见衢检公诉刑不诉[2018]7号不起诉决定书。
[2] 参见任开志、杨继文：《罪诉关系论：审查起诉中的监察案件》，载《学习论坛》2019年第9期。
[3] 当然，也存在一些案件，监察机关和检察机关之间关于事实认定、法律适用等刑法解释的观点一致，监察机关和检察机关之间博弈不明显的情况。

犯罪嫌疑人进行指控,注重使犯罪嫌疑人受到法律的审判,对其进行定罪判刑。两者立场的不同,决定了检察机关和辩护人在同一个案件往往存在较大的分歧。

《检察官法》第 5 条第 2 款规定,检察官"既要追诉犯罪,也要保障无罪的人不受刑事追究"。对于检察人员而言,虽然其也担负着"要保障无罪的人不受刑事追究"的客观义务职责,[1]但是,打击犯罪保护人民也是检察官的主要职责。也就是说,检察官要承担打击犯罪,将犯罪分子绳之以法的职责。这一职责决定了检察官是站在国家和人民的立场上,与犯罪分子做斗争,其主要目的在于将相关案件起诉到法院,让法院依法对犯罪嫌疑人进行定罪判刑,以彰显法律的正义,维护社会稳定。律师的职责则不同,《律师法》第 31 条规定,律师在刑事案件中担任辩护人的,"应当根据事实和法律,提出犯罪嫌疑人、被告人无罪、罪轻或者减轻、免除其刑事责任的材料和意见"。刑事案件中,辩护律师的职责是通过无罪和罪轻辩护,来维护犯罪嫌疑人、被告人的合法权益。

由此可见,检察官和律师不同的职责定位,便决定了两者之间存在"针锋相对"的观点和立场,即检察人员是指控犯罪的,是为了将犯罪分子绳之以法,使其受到法律的公正审判,承担的是控诉的职能。而辩护律师则相反,其是为犯罪嫌疑人、被告人脱罪、减轻处罚辩护的,目的是使犯罪嫌疑人、被告人得到无罪或罪轻的判决。这一对截然不同的目标追求和职责所在,注定了检察和辩护是存在争议和博弈的,即辩护律师会想方设法寻找指控的缺陷,向着无罪和罪轻的方向辩护,不断影响检察人员的观点立场,试图说服检察人员对案件作出不起诉处理,或者降低对犯罪嫌疑人、被告人的量刑。

---

[1] 理论界一直强调检察官要秉持客观立场,具有客观义务。参见万毅:《检察官客观义务的解释与适用》,载《国家检察官学院学报》2015 年第 6 期;龙宗智:《检察官客观义务与司法伦理建设》,载《国家检察官学院学报》2015 年第 3 期;韩旭:《检察官客观义务:从理论预设走向制度实践》,载《社会科学研究》2013 年第 3 期。

审查起诉环节,辩护律师与检察人员的博弈主要体现在定罪和量刑上。在定罪方面,检察官会依据裁剪的事实和刑法规范条文规定的犯罪构成要件进行多轮次的比对,思维和目光不断往返于事实和规范之间,寻找到处理案件的合适的罪名。辩护人也会对案件事实进行裁剪,寻找刑法规范并进行解读,将事实和规范不断对应,从寻找漏洞缺陷的角度进行刑法解释,并将解释过程和结论通过书面或者电话或者当面沟通的方式传递给检察人员,不断说服检察人员作出案件事实不清证据不足,或者不构成较重犯罪而是构成较轻犯罪,或者虽然构成犯罪但情节轻微可以微罪不起诉,或者构成犯罪但刑期应当减少等论述,为犯罪嫌疑人、被告人进行无罪和罪轻辩护。检察人员也会将刑法解释的过程和结果向辩护人反馈,以说服辩护人检察机关的定罪量刑是正确的,有的甚至通过辩护人去给犯罪嫌疑人、被告人做工作,使犯罪嫌疑人、被告人认罪认罚,以换取司法机关的从宽处理,提高诉讼效率。在这一过程中,检察人员会不断听取辩护律师的意见,对认定的事实和适用的法律进行检视,从辩护的视角衡量证据是否确实、充分,事实认定是否准确,法律适用是否恰当,等等;辩护律师也会听取检察人员关于刑法解释的过程和结论,不断寻找对犯罪嫌疑人、被告人有利的解释路径和解释方法,寻找证据的瑕疵、事实认定的漏洞、法律适用的错误等。控辩双方通过不断的商谈争论等博弈,对刑法解释作出调整,以此来促进刑法解释的合法性与合理性。而缺乏博弈的刑法解释,则是存在缺陷的,毕竟,"没有经过控辩双方的博弈和商谈程序的筛选,解释结论的正确性是得不到保证的"[1]。

从实证分析的角度来看,在审查起诉阶段辩护律师发表的实体性辩护意见容易被接受,往往会起到较好的效果。如在实证研究的罗某非法拘禁案中,经过辩护律师与检察人员的博弈,罪名由抢劫罪改变为非法拘禁罪。[2] 又

---

[1] 张建军:《互动解释:一种新的刑法适用解释观》,载《法商研究》2016年第6期。
[2] 参见陆而启、周灵敏:《审查起诉阶段的辩护律师意见表达——从东南沿海某基层检察院的实践切入》,载《福建江夏学院学报》2016年第6期。

如,郭某某等三人为了到澳门从事人民币和港币兑换的经营活动,通过亲戚朋友在内地C市办理了150多张银行卡,并存入40万元。到澳门后,三人通过分工合作,按照每张银行卡中的人民币可以兑换1万元港币的比例,将40万元分散到多张银行卡中,在自动取款机上取出对应的港币后卖给需要港币的人,一直到将每张银行卡都使用完毕为止。7天时间三人获利5万元人民币,涉嫌非法经营数额1000多万元。案件移送审查起诉后,辩护律师提出了在澳门买卖外汇合法,三人主观上违法性认识存在不足等辩护理由,请求检察机关作微罪不起诉处理。经过多次沟通,检察机关充分考虑辩护律师的意见,最终作出了微罪不诉的决定。其实,在刑事司法实践中,辩护律师将其对刑法解释的过程和结论与检察人员充分沟通,检察机关作出不起诉决定、改变重罪罪名为轻罪罪名等,相关的案件并不是少数。而检察人员将刑法解释的过程和初步结论告知辩护律师,使辩护律师认同检察人员的刑法解释观点,并通过律师给犯罪嫌疑人、被告人及其家属做工作,退赃退赔、达成和解的案件也比比皆是。

可见,在审查起诉环节,检察人员和辩护律师之间关于刑法解释的过程和结论是充满博弈的,是动态的互动的过程。

第三节 法庭审判阶段之博弈

一、控辩双方的争执与博弈

前已述及,《检察官法》和《律师法》赋予了检察官和律师不同的职责使命,使得检察官在客观义务的指引下,站在指控方的角度对犯罪嫌疑人、被告人进行有罪指控,让有罪的人受到法律追究和刑罚惩罚,实现一般预防和特殊预防的目的,维护社会稳定;而辩护律师则"受人之托,终人之事",依据法律和事实为犯罪嫌疑人、被告人进行无罪和罪轻辩护。控辩双方形成了针锋相对的"两极",即"两造"。特别是在以审判为中心的诉讼制度改革背景下，控辩双方的相互说服、争论等博弈更加突出，比以往更加明显。党的十八届四中全会审议通过的《中共中央关于全面推进依法治国若干重大问题的决定》第四部分的第三点提出，要"推进以审判为中心的诉讼制度改革，……保证庭审在查明事实、认定证据、保护诉权、公正裁判中发挥决定性作用"。以审判为中心的诉讼制度改革的要旨是庭审实质化，[1]而庭审实质化的基本要求是"实现诉讼证据质证在法庭、案件事实查明在法庭、诉辩意见发表在法庭、裁判理由形成在法庭"[2]。

在法庭审理过程中，检察机关作为控方，在将案件起诉到法院之前，基于案件事实和法律适用进行刑法解释，认为犯罪嫌疑人、被告人的犯罪事实清楚，证据确实、充分，能够排除合理怀疑。在法庭审理阶段，除了速裁程序外，检察机关会在法庭上发表公诉意见，对刑法解释论证过程、定罪量刑结论及其依据等进行阐述说明，意在说服辩护律师不要做无谓的无罪辩护，更意在说服法庭按照检察机关指控的事实和罪名以及量刑建议进行宣判，追究被告人的刑事责任，彰显法律的权威，实现司法公正，让被告人受到应有的惩罚。而辩护人则站在被告人的立场上，对案件事实认定、法律适用、定罪量刑等进行论证说理，将刑法解释的过程、结论、依据等，向法庭进行阐释；其既想说服检察官听取辩护人意见，适时调整指控的事实和法律适用，减轻对被告人的处罚，更重要的也是在与控方的论辩中说服法庭，希望法庭作出无罪或罪轻的裁判。尽管在审查起诉阶段，多数的检察官和辩护人已经进行了博弈，有的甚至已经达成共识，但是在庭审阶段两者之间仍然会进行争论，针对被告人的定罪量刑进行博弈。

司法实践的多数简单案件中，控辩在法庭上的博弈不太明显，而对于新

---

[1] 参见王东海：《论庭审实质化背景下的侦监职权配置改革》，载《福建江夏学院学报》2018年第3期。

[2] 《关于全面深化人民法院改革的意见——人民法院第四个五年改革纲要（2014—2018）》（法发〔2015〕3号）。

型案件、有争议案件、疑难复杂案件、媒体和公众关注的案件来说,双方在法庭上的博弈会异常激烈。如在快播案第一次庭审中,被告一方及其辩护律师认为,检察机关的指控事实不清、证据不足、适用法律错误,犯罪不成立。理由为:一是快播公司不是传播淫秽物品的主体,不能确定在案的4台服务器系被告一方控制和管理;快播公司已经与光通公司签订合同,淫秽视频的删除责任在光通公司。二是鉴定书所鉴定出来的数量缺乏依据,不能作为定罪依据,且快播公司不是这些淫秽视频的发布者和使用者。三是快播公司提供的是技术服务,技术中立不应受到刑事追究;非法获利金额不能确定。四是被告一方没有网络安全管理义务,也不具备防范和杜绝他人利用快播软件传播淫秽视频的能力。五是被告一方在主观上不具有构成犯罪的故意和牟利目的。六是被告一方与直接传播淫秽视频的行为人之间不存在共同犯罪关系。而控方则认为,被告一方的行为构成涉嫌传播淫秽物品牟利罪,并阐明理由如下:一是快播公司及涉案人员对平台上的视频没有尽到审核义务,且在明知平台存在大量淫秽视频的情况下仍然放任,有能力监管而不监管,从中谋取利益。二是虽然技术本身无罪,但快播公司利用技术危害社会,不符合技术中立而免除刑事责任的情况。三是快播公司放任淫秽视频传播进行牟利,属于间接故意。四是快播公司构成单位犯罪。[1]

可见,在快播案中,控辩双方围绕认定的案件事实是否具有充分的证据支撑、能否将该案事实归属于传播淫秽物品牟利罪的刑法规范条文之下、对被告一方以该罪名进行定罪处罚是否符合规范逻辑和情理价值等刑法解释问题,针锋相对发表意见,在庭审中进行充分博弈。特别是在第一次开庭审理时,辩护方的无罪辩护、技术中立辩护、是否具有保证人地位等方面的辩护,直接与检察机关的指控针锋相对,引起社会广泛关注,各大网络媒体争相报道。

---

[1] 参见北京市海淀区人民法院刑事判决书,(2015)海刑初字第512号。

刑法理论学界,也出现了对该案进行分析论证的论著,如《中外法学》2017年第1期,以"快播案的教义分析与证据鉴真"为专题的形式,发表了陈兴良教授的《快播案一审判决的刑法教义学评判》、范君副院长的《快播案犯罪构成及相关审判问题 从技术判断行为的进路》、周光权的《犯罪支配还是义务违反 快播案定罪理由之探究》、高艳东的《不纯正不作为犯的中国命运:从快播案说起》、刘品新的《电子证据的鉴真问题:基于快播案的反思》等文章,对该案进行了深入探讨。

经过控辩双方围绕刑法解释的依据、过程和解释结论的激烈争辩和充分博弈,最终辩护方开始接纳控方的意见,不再坚持无罪辩护;检察机关也充分听取被告一方及其辩护律师的意见,在坚持定罪的同时,建议对各被告人从宽处罚。可以说,快播案的庭审,充分展现了控辩双方在法庭上相互说服、交锋、争执的博弈过程,而博弈的焦点包括但不限于作为义务的来源、不作为犯罪的监管义务和保证人地位认定、主观明知的认定和判断、犯罪故意的认定、有能力履行义务却予以放任的认定、是否具有非法牟利目的、是否属于中立的帮助行为、单位犯罪与个人犯罪的区分等一系列对刑法规范条文的解读问题;同时也包含了证据的采信,对事实的构建等案件事实的问题以及将寻找到的刑法规范条文作为大前提,应用到构建的案件事实这一小前提时,两者之间的契合度研判的问题。在这一博弈过程中,控辩双方对每一个问题的交锋,都是关于刑法解释过程和结论的交锋与博弈,体现了在庭审这一共时性条件下不同主体间关于刑法解释的互动博弈,是一个活生生的动态过程的体现。

二、法官裁判的居中兼听与辨析

在刑事庭审过程中,法官是居中裁判的。法官不断听取公诉人和辩护人的意见,对公诉人指控的罪名和量刑建议进行考量,即对公诉人对刑法解释的过程、结论和依据进行审查判断;同时也对辩护人提出的辩护意见进行衡量,审视辩护人提出的无罪和罪轻的刑法解释依据是否充分,论证过程是否科学,解释结论是否合法合理。法官居中听取控辩双方关于刑法解释依据、过程、结论的阐述,不偏不倚,并依据自身关于刑法解释的初步意见对控辩双方的意见进行辨析。这就是所谓的"沉默的法官,争斗的当事人"。

法官在居中兼听的裁判过程中,会同时与公诉人和辩护律师进行博弈。虽然这种博弈因法官的居中裁判而导致在大多数情况下不易被发现,也没有像控辩双方激烈的博弈一样展现出来,但这种博弈互动是客观存在的。在庭审过程中,主要是公诉人发表指控犯罪成立的意见,要求法院依法判决被告人有罪;辩护律师则往往与公诉人进行对抗,提出应当判决被告人无罪或罪轻的意见。[1] 当然,也不排除个别情况下法官与辩护律师进行争辩的情况。但是,从整个司法实践来看,这种情况是较少的,法官在庭审中只是对庭审进度和场面进行掌控,确保庭审顺利进行。而公诉人和辩护律师则针对案件事实、证据采信、法律适用等刑法解释问题进行争辩,也就是针对刑法解释的依据、过程和结论进行争辩、说服、博弈。但是,这并不能否认,法官与检察官和辩护律师之间关于刑法解释博弈的存在。

法官与检察官之间关于刑法解释的博弈主要体现在:检察官起诉被告人,认定被告人有罪,应当作出有罪判决,并不断地通过起诉前的沟通、庭审过程中的指控说服、庭审之后判决之前的交流等,对法官进行说服,意在让法官按照起诉书指控的罪名和量刑建议进行判决,支持起诉的观点。而法官在审理案件时,特别是一些证据采纳、事实认定、法律适用存在争议的案件,以及社会关注度高的案件,会不断与检察官进行沟通,在听取检察官意见的同时,也会不断将自己对案件事实的认定和法律适用的理解,以及事实

---

[1] 当然也有例外,如在王某金强奸、故意杀人一案中,被告人王某金一方坚称,1994年发生在石家庄西郊的强奸杀人案系其所为(聂某斌则已因被认定为系该案行为人而被执行死刑);而控方则举示大量证据,否认该案系王某金所为;王某金的辩护律师虽然没有直接回应,但是通过否认控方举示证据的来源与合法性对控方的观点进行了反驳。

与法律之间的契合关系等,告知检察官。法官和检察官之间的博弈,主要表现为法院对起诉的被告人作出无罪判决,或者检察机关撤回起诉,或者法官对检察官起诉进行改判,又或者检察官不服法官的判决而提起抗诉。

从无罪判决来看,检察机关的指控得不到法院的认可,也就是检察官关于刑法解释的结论被法官否定。如在陈某昊故意杀人案中,广东省广州市人民检察院指控被告人陈某昊于2009年1月13日23时许,以手捂口鼻的方式将被害人张某璐(张某璐系被告人陈某昊前女友)杀害。本案经过两次有罪判决后,法院最终改判陈某昊无罪。[1] 在该案的终审判决中,广东省高级人民法院指出,"原公诉机关指控上诉人陈某昊的犯罪不能成立"[2],作出撤销广州市中级人民法院判决、陈某昊无罪的终审判决。司法实践中,法院将检察机关起诉的案件认定为无罪并不在少数,这鲜明地呈现了检察官与法官关于刑法解释进行博弈的情形。[3] 在诉判不一方面,除去了证据发生变化、司法解释发生变化等客观情形外,证据采信认定标准不一致、法律适用认识不一致、罪责刑认识把握不一致等成为主要原因,特别是证据采信认定标准和法律适用,直接与刑法解释发生勾连,或者说主要是刑法解释不同而造成。[4] 这体现了检察官和法官在刑法解释过程中认识的不统一,解释观念、立场、方法以及具体解释结论的不一致,两者之间关于刑法解释问题存在博弈。

在撤回起诉案件方面,有人对此进行实证研究后发现,"证据不足或证据发生变化、法律或司法解释发生变化、法检分歧是撤回起诉的三个主要原因"。如万某以虚构交易的方式为信用卡持卡人进行现金套现以牟取利润,

---

[1] 参见庄华:《陈灼昊故意杀人案终审无罪判决的侦查反思》,载《中国刑警学院学报》2016年第3期。

[2] 广东省高级人民法院刑事附带民事判决书,(2014)粤高法刑一终字351号。

[3] 相关的案例参见胡云腾主编:《宣告无罪实务指南与案例精析》,法律出版社2014年版;袁小刚:《无罪裁判研究》,人民法院出版社2014年版。

[4] 参见黄生林、胡勇:《剖析诉判差异提升刑事公诉精准度》,载《检察日报》2018年8月17日,第3版。

造成随行付公司直接经济损失50多万元。法院认为不能认定该公司为金融机构,检察机关则认为应当认定该公司为金融机构,进而认定万某的行为构成非法经营罪。[1] 法官和检察官关于刑法规范条文的理解明显不同,法官的刑法解释结论是本案的案件事实与刑法规范文本不能契合,也就是案件事实不符合犯罪构成要件,进而要以无罪进行判决;而检察官虽然认为该事实与非法经营罪的构成要件相符合,即刑法解释的结论是有罪,然而由于不能说服法官采纳自己的关于刑法解释的依据和结论,在与法官博弈后撤回起诉。

在检察机关的抗诉中,检察机关认为法院判决存在错误进而提起抗诉,抗诉之前的沟通和抗诉过程的启动,都体现了法官和检察官关于刑法解释不同观点的博弈。

法官与辩护人之间关于刑法解释的博弈主要体现在:辩护律师站在无罪辩护和罪轻辩护的立场,通过庭审中发表辩护意见、庭下和法官电话或当面沟通以及递交书面材料等方式,与法官之间展开关于刑法解释的博弈,试图说服法官采纳辩护意见,作出有利于被告人的判决。司法实践中,尽管无罪辩护率较低,[2] 法官对一些案件的无罪辩护意见没有充分予以说理,特别是没有进行"回应性说理",[3] 但是,在辩护律师提出不同于检察机关的公诉指控意见后,多数法官会认真听取辩护律师的意见,特别是在辩护律师提出无罪辩护后,法官会更加严格地审查证据、认定事实、适用法律,在进行刑法解释时会考量辩护方提出的意见,并反复推敲刑法解释的过程是否科学、结论是否合法合理。在人们法治意识不断增强,律师辩护质量不断提高的

---

[1] 参见广东省人民检察院课题组、马谨斌、余响铃:《公诉案件撤回起诉的实践状况和规范路径研究》,载《东南法学》2017年第1期。

[2] 参见成安:《无罪辩护实证研究——以无罪辩护率为考察对象》,载《西南民族大学学报(人文社会科学版)》2012年第2期。

[3] 参见叶琦、孙红日:《刑事判决书针对辩护意见的"回应性说理"之提倡——以S市基层法院无罪辩护的刑事判决书为样本》,载《法律适用》2017年第13期。

情况下,法官要充分考虑辩护律师的意见,与辩护律师进行充分的沟通和博弈,对辩护意见进行回应和说理,进行有效的沟通和交往。[1] 这一过程,就是法官和辩护律师针对刑法解释进行博弈的过程。

三、解释结论形成中的利益平衡

刑法解释形成的结论,要落实载明到具体的法律文书中。除去部分案件侦查机关作出不予立案、撤销案件、撤回移送审查起诉,检察机关作出不起诉之外,起诉到法院的案件,法官需要作出载明刑法解释依据、过程和结论的判决。[2] 这个过程,是法官在刑事立法所确立的刑法规范文本指引下,"将法律规范和案件事实对应起来,从而使得法律效果予以实现的过程"[3]。当然,在这一过程中,法官并不是输入案件事实和刑法规范条文后可以自动输出成文的判决。法官对刑事立法也是一种带有主观能动性的判断和执行,这不仅是因为"司法的生命在于法主体的规范塑造"[4],更是因为司法是面向多元主体的,是一种在多元主体互动中对利益和诉求进行权衡,将刑法规范条文所蕴含的社会情理价值现实化的过程。司法要求"审判一方作为决策主体,不能是擅断的,必须要面向控辩双方保持一种开放和互动的姿态,裁判结论也必须是基于这种开放互动作出的"[5],即刑法解释结论,也必须是基于多元主体的博弈互动而作出,而不能仅仅听取一方的刑法解释观点和利益诉求。法官需要在充分听取检察官和辩护律师及其当事人意见的基础上,认真考量检察官和辩护律师关于刑法解释的论证,综合控辩双方的意见,不断审视甚至是修正法官自己关于刑法解释的看法和观点,并

---

[1] 参见毛兴勤:《法律职业的内在冲突与调适:以法官与律师的关系为中心》,载《法治研究》2013年第9期。
[2] 当然,少部分案件检察机关会撤回起诉,这只是例外的情况。
[3] 王帅:《刑法解释分歧的司法化解》,中国人民公安大学出版社、群众出版社2018年版,第101页。
[4] 廖奕:《司法均衡论》,武汉大学出版社2008年版,引言第1页。
[5] 王帅:《刑法解释分歧的司法化解》,中国人民公安大学出版社、群众出版社2018年版,第106页。

不断与检察官和辩护律师进行刑法解释的沟通、交流,甚至是争执。在充分博弈的基础上,法官综合各方意见,形成最终的刑事判决。

在这一过程中,检察官的职责是代表国家,以国家公诉人的身份,履行客观义务,在实事求是、依法准确、客观公正的根本价值追求的指引下[1],依据刑法解释的有罪结论向法院提起公诉,要求法院依法对被告人判处相应的刑罚。从某种意义上说,检察官是站在追诉的立场要求依法追究被告人刑事责任的[2],其目的在于将通过刑法解释认为涉嫌犯罪的被告人绳之以法,即向着把被告人定罪的方向进行努力。辩护律师则代表的是被告人一方的利益,站在被告人的立场上,依据事实和法律进行三段论式的司法推理和刑法解释,并力图将刑法解释向着无罪或罪轻的方向推进,通过各种方法为被告人减轻罪责。可以说,检察官在客观的立场下把被告人向着有罪的方向拉近,而辩护律师则想方设法把被告人向无罪或罪轻的方向撇清。如此,检察和辩护,或者说控诉一方和辩护一方便形成了"拉锯式""拔河式"的互动博弈关系。而法官则居中听取检察官和辩护律师的意见,听取控辩双方关于刑法解释过程的论证和对刑法解释结果的说明,以判断双方谁的依据合法、谁的论证合理、谁的论证结果更加符合规范逻辑和社会情理价值,进而得出最终的刑法解释结论,形成判决。当然,前已述及,在此过程中,法官也会与控辩双方发生博弈,但这种博弈是居中判决的博弈而不同于控辩双方的博弈。

在这一互动式的刑法解释过程中,法官"必须在作为被裁判者的控辩双方同时参与下,通过听取各方举证、辩论的方式来进行"[3]。同时,其也必须

---

[1] 参见张军:《关于检察工作的若干问题》,载《国家检察官学院学报》2019年第5期。
[2] 当然,2019年修订的《检察官法》第3条、第5条明确规定:检察官要"维护社会公平正义""秉持客观公正的立场""尊重和保障人权,既要追诉犯罪,也要保障无罪的人不受刑事追究"。这就要求检察官更新理念,明白检察机关是犯罪的追诉人,同时也是无辜者的保护人,追诉中的公正司法人。参见张军:《关于检察工作的若干问题》,载《国家检察官学院学报》2019年第5期。
[3] 陈瑞华:《问题与主义之间——刑事诉讼基本问题研究》,中国人民大学出版社2003年版,第21页。

要"通过个别的具体的主体之间的相互交涉与辩论,来甄别和确立其间的利益分野与利益取舍"[1]。控辩双方通过向法庭提出自己对刑法解释的理由、解释过程、解释结论,来反驳对方的刑法解释观点,在说服对方的同时也在说服法官,进而影响法官在得出刑法解释结论时采纳自己的观点。正如有学者所指出,"刑法解释结论不是法官个人的独白,而是控、辩、审三方'和而不同'的三重奏,是控辩双方的解释意见经过博弈,并经由法官统合后形成的一种新理解,是对三方先前理解的修正、整合和提纯,凝聚着控、辩、审三方的共同智慧,包含着三方的共识"[2]。虽然在司法实践中,通过商谈、说服和沟通,各方不一定能够对刑法解释结论达成共识,但是这种方式可以使法官达到兼听则明的效果,也有利于充分说理后双方矛盾的化解,使得作出的判决能够最大限度得到双方的认可,达到"息诉罢访、案结事了"的效果。也就是说,法官作为裁判者,其刑法解释结论的形成,会受到控辩双方的影响,控辩双方通过庭审辩论和书面材料的提交,以及庭下口头的交流,直接或间接影响法官的刑法解释结论。

同时,法官判决的形成,也必须向控辩双方说理,即前述所论的法官与控辩双方之间也存在相互说服的博弈过程。"法官必须通过充分的说理,在判决理由中论证其作出如此解释的法理依据。同时,其还要对控辩双方关于刑法解释的意见给予高度的关注,说明和阐释为何要采纳或拒绝控、辩方关于刑法解释的意见,尤其要让意见未被采纳的一方知道被拒的理由。"这一说理的过程,就是一个动态的博弈的过程,"经过这样的交流互动、辩驳论证形成的解释结论无疑最大限度地吸收了控辩双方的意见,并且更易于被控辩双方认同和接受"[3]。如快播案中,公诉人指出被告人王某等人以及快

---

[1] 汪习根:《司法权论——当代中国司法权运行的目标模式、方法与技巧》,武汉大学出版社2006年版,第17页。
[2] 张建军:《互动解释:一种新的刑法适用解释观》,载《法商研究》2016年第6期。
[3] 张建军:《互动解释:一种新的刑法适用解释观》,载《法商研究》2016年第6期。

播公司构成传播淫秽物品牟利罪。而辩护方在第一次庭审中则提出:(1)快播公司不是传播淫秽视频的主体。(2)快播公司及被告人一方不是淫秽视频文件的发布者和使用者。(3)快播公司及被告人一方是技术服务提供者,不是具体传播者,也没有提供帮助。(4)快播公司履行了网络安全管理义务。(5)快播公司及各被告人没有牟利目的。(6)被告单位及各被告人与视频传播之间没有关联。检察机关对辩护人关于刑法解释的观点进行了驳斥,认为:(1)快播公司及各被告人在明知有淫秽视频的情况下没有落实好监管责任,为了追逐经济利益而放任。(2)虽然技术本身无罪,但快播公司和各被告人对技术的使用危害社会,已构成犯罪。(3)快播公司及各被告人虽然没有直接传播,但这种新型的犯罪应当区别于传统的直接传播淫秽物品牟利的犯罪主体的刑事责任。经过第一次庭审之后,各被告人均认罪,但辩护律师做了罪轻辩护。审判机关北京市海淀区人民法院在综合研判控辩双方刑法解释过程和结论的基础上,作出了有罪判决,并进行了充分说理,指出:(1)快播公司及其他被告人一方,不仅仅是技术服务提供者,与技术中立不同,而是快播平台及软件的建立者、管理者和经营者,负有网络安全管理义务。(2)《刑法》上的"明知",包括两个方面,一是依据相关证据能够直接证明行为人对行为危害后果的明知;二是基于行为人的特定身份、职业、经验等,推定行为人对行为危害后果应当知道。快播公司及各被告人作为特殊职业的从事者,结合其相关供述,应当认定各被告人明知。(3)快播公司及各被告人,明知快播平台存在淫秽视频,为牟利而放任其大量传播,属于间接故意,且存在牟利目的。(4)快播公司及各被告人具有对快播平台的淫秽视频进行审核、管理的能力。(5)技术本身无罪,但是快播公司和各被告人利用技术实施危害社会的行为,不适用"技术中立"的责任豁免,也不属于"中立的帮助行为"。(6)快播公司构成单位犯罪。[1] 该案判决后,只有

---

[1] 参见北京市海淀区人民法院刑事判决书,(2015)海刑初字第512号。

被告人吴某一人提出上诉,判决对控辩双方刑法解释观点的充分考量和对控辩双方观点的充分回应,赢得了控辩双方的认可。且在2018年北京市法院系统优秀裁判文书评选中,该案判决书因说理充分、论述翔实,被评为一等奖。

可见,在刑事判决也就是刑法解释权威结论形成过程中,充满了控辩双方的争论和博弈,控辩双方也不断地说服法官以采纳自己的观点。法官在充分听取控辩双方关于刑法解释论证过程和解释结论的基础上,形成最终的判决文书,并与控辩双方进行交流和说理。这一现实的司法过程,充分展现了刑法解释在司法场域的运作样态,是一个充满博弈的动态过程。

综上所述,在整个的司法场域,司法者作为刑法解释的主体,要运用换位思考的方式对自己进行的刑法解释进行衡量,要运用"置换思维"思考问题。任何解释者站在自我立场解释刑法时,均不可将刑法条文和案件事实作为客体、作为为我所用的"拿捏"对象,断章取义地解读刑法和片段性地归纳案件事实,甚至是故意违背刑法条文本身的规范逻辑和内在价值进行曲解,对案件事实进行歪曲和任意"裁剪"。侦查调查机关应当充分听取和考量检察机关、审判机关对案件事实认定、刑法规范条文解读等方面的意见建议。检察机关和审判机关也应当考量调查和侦查机关关于刑法解释的意见。侦查机关、调查机关和检察机关、审判机关之间,应当通过案件会商、座谈交流、同堂培训等方式,对刑法解释理由、依据、过程和结论等,进行深入沟通交流,在平等协商的基础上相互尊重他方意见。其他诉讼参与人,也应当不断地进行换位思考,不可固执地坚守不符合规范逻辑和社会情理的刑法解释结论,甚至是通过歪曲事实和法律的方式对案件进行炒作。社会公众也是如此,应当从主体间性的角度出发,"充分考量不同的诉讼主体或者利益相关方及其代表对刑法解释的立场、理念、态度和接受程度,甚至要进行'想象性重构',从而与其他主体通过对话协商或者是利益的博弈而不断完善修正自我见解,形成新的刑法解释结论"[1]。可见,司法场域的刑法解释,也是一个动态的过程。

首先,公检法三机关内部存在动态互动的关系。一是侦查与审查逮捕和审查起诉之间均存在动态的交融关系。解释主体的不同、所处立场的差异、知识结构的差别,致使侦查与审查逮捕、审查起诉之间存在动态的博弈关系。在检警一体化的国家,检察指挥侦查,这种动态的博弈表现不是特别明显。但是在检警分立的国家,这种表现便较为突出,即侦查思维、侦查方向要受到检察的制约,同时,侦查也对检察机关的审查逮捕和审查起诉起到制约作用。两个机关之间是相互配合相互制约的动态关系——侦查机关对刑法解释的立场观点要考虑审查逮捕和审查起诉的意见,后两者也要考虑到侦查机关对刑法解释的观点立场。二是公诉与审判之间存在动态关系。检察机关起诉案件,对案件进行罪名认定,提出量刑建议,需要考虑审判机关对定罪量刑的认识,以不断的换位思考在法律框架内力求与审判机关取得最大的共识。审判机关在认定犯罪裁量刑罚时,也不是自说自话,而是需要尊重检察机关的意见。两者相互影响、相互制约,审判机关在最大共识的基础上对案件作出合情合理合法的裁判。三是侦查和审判之间也存在动态的互动关系。虽然目前正在进行以审判为中心的诉讼制度改革,但以审判为中心并不是对侦查、起诉地位的削弱,而是对侦查的质量、起诉的准确性等提出了更高的要求。侦查取证以使案件获得公正裁判为目标,公正裁判以高质量的侦查取证为前提,侦查受审判标准的制约同时也对审判产生影响,两者之间也存在配合与制约并存的动态关系。并且,公检法三者之间的互动,不但体现在历时性的不同阶段上,也体现在共时性的庭审过程之中——虽然目前来看公安侦查人员出庭不多,但是其取证的质量、对刑法的解释等都在无形中影响着起诉和审判。

---

[1] 王东海:《坚守刑法解释的动态递进品格》,载《检察日报》2018年4月4日,第3版。

其次，公检法与辩护方以及案件利益相关方存在动态关系。控辩审是一个三角形的结构，审判机关的职能在于对控方的指控和辩护方的辩护进行居中裁判。控方的指控受到辩护方收集到的证据、对刑法条文的解读、辩方的利益立场等方面的制衡，同时辩方的观点立场和对刑法的解释也受到控方指控的制约，两者在不断的交锋中进行解释结论的修正；审判方的审判，要在自身认知的基础上，既听取控方意见，又尊重辩方意见。也就是说，三者对刑法解释的过程和结果，必须要考虑另外两者的立场观点。三方通过相互的博弈与制衡，使得案件的裁判结果形成"重叠共识"，能够最大限度地被三方接受，也更不断地接近正义、实现正义。三者在制衡抗辩的同时，也存在协作的动态关系。这种协作不能也不应当是牺牲某一方利益和损害法所蕴含的公平正义的协作，而是三方在充分考虑他方观点的基础上共同将案件的裁判结果向公平正义的方向拉近。同时，公检法也在与其他诉讼参与人进行动态的互动，如被害人、犯罪嫌疑人或被告人及其法定代理人或诉讼代理人等利益相关方的立场观念和解释结论也影响强制措施的适用、起诉的罪名和量刑建议、判决的定性与定量等；反之，其他诉讼参与人对刑法的解释也受到公检法立场观念和解释结论的制约。可见，司法场域中，各方解释主体之间存在以互动为基础的对刑法进行动态解释的关系。

但是，司法场域的判决结果除了不能公开的案件外，其余案件的判决需要而且应当公布于众，以起到以案释法的效果，发挥刑法指引规范的功能。并且，判决结果要能够经受住法律和历史的检验，这就需要尊重民众的法感情，也即司法场域的刑法解释要受到社会场域的制约。

第四章　社会场域：刑法解释动态观之官民互动

刑法解释主体是多元的，学者在研究刑法过程中解释刑法规定，教书育人的老师在教学过程中解释刑法规定，辩护律师在提供法律咨询和服务过程中解释刑法规定，刑事诉讼当事人在诉讼过程中解释刑法规定，舆论媒体和社会公众在讨论刑事案件时解释刑法规定，纪检监察机关和公检法机关在处理刑事案件过程中解释刑法规定，行政执法人员在处理行刑衔接案件中解释刑法规定，立法者在讨论刑法制定修改过程中解释刑法规定……[1]刑法解释主体的多元性，代表了利益主体的多元性，也注定了社会场域中刑法解释也是一个动态的过程。社会

---

[1] 参见张志铭：《法律解释学》，中国人民大学出版社2015年版，第48页。

场域中的刑法解释存在"官民"互动[1],即刑事司法者在解释刑法时,要充分考量民众的基本法感情,民众的解释理由、态度、结论等均不同程度地影响司法者的解释。从鲜活的司法实践来看,这种互动更是如此,特别是在互联网飞速发展、自媒体爆炸式增长的情况下,如果将刑法解释置于社会场域进行观察,这种"官民"互动助推刑法解释动态运行现象更是愈加明显。

第一节 民众与侦查的互动

刑事案件在侦查阶段属于保密阶段,侦查的方式手段以及在侦查过程中取得的证据材料是需要保密的,这些证据材料属于国家秘密,除检察机关行使审查逮捕等法律监督权以外,其他人无权查阅侦查阶段的案卷材料,有关机关更不会向社会公众展示公开。但是,公众依然可以通过各种渠道表达意见,与侦查机关就刑法解释形成互动。

---

[1] 需要说明的是,这里的"官"和"民"并不是指当官的和普通民众,而是指国家权力和个人权利、代表国家的执法司法机关和非官方的一般公众。本章标题中的"官民博弈"和本书中的"官民"互动等涉及"官民"的表述,并不能狭隘地理解为有权机关的人员为官,其他人为民,进而认为该种提法人为制造了对立;况且,这一提法并不是笔者所首创,梁治平研究员早在 2017 年在关于于某案的文章中就适用了官民这一表述,"恰恰是这样一个涉及国家权力与个人权利的界定和分配的地方,一方面容易产生官家与民间、法律与民意之间的紧张和冲突,另一方面也为法律回应民意提供了一个颇具弹性的机制","正是法律的这种态度和处置激怒了整个社会,而令法律与人伦、国法与民情之间的紧张格外突出,于是有了此后的一系列官民互动,直至二审改判"。参见梁治平:《"辱母"难题:中国社会转型时期的情—法关系》,载《中国法律评论》2017 年第 4 期。当然,如果说学者的表述不足以支撑文章表述的话,那么,作为中共中央领导和管理全国政法机关工作的中央政法委采用这一表述的做法,也许会作为对此种表述的支撑,"最难能可贵的是,在此次舆情发展及应对过程中,很难看出有官方干预民间声音(除极少数有害信息和谣言外)的迹象,所有正反两方都可畅所欲言,不管是涉事部门还是其上级部门,都没有急于找权威媒体或专家出来洗地,对网民的意见建议都虚心接受,做到了有则改之无则加勉"。参见《【真相】于欢案:谁让一场可能严重冲击社会的舆论风暴改变了轨迹?》,载微信公众号"中央政法委长安剑"2017 年 3 月 31 日, https://mp.weixin.qq.com/s/KgDW5Ksq9xCZRn336PWrPg。

一、辩护律师与侦查的互动

刑事侦查案件源于报案、公民的扭送、举报、控告、其他单位移送的线索,以及侦查机关的自行发现等。侦查机关经过前期查证,经由初步的对案件事实的判定、对刑法规范条文的寻找、对两者之间契合度的研判,认为达到刑事立案标准的,便进行刑事立案,进而进行刑事侦查程序。《刑事诉讼法》规定,在侦查过程中,侦查人员应当依法收集、调取犯罪嫌疑人有罪或者无罪、罪轻或者罪重的证据材料。但是,侦查思维具有其独特性,侦查解释和侦查预测是其重要和先行的程序和阶段[1],而侦查预测是对未来将要发生的或者对将会取得的证据所证实事实的一种推测。侦查人员正是在对刑事案件进行初步的调查后,以经验性的判断和"前见"确定一个罪名,进而围绕具体罪名的实体构成要件收集侵害法益的危害结果、行为人实施的客观行为、行为人的刑事责任能力和主观犯意等方面的证据。从司法实践角度来看,侦查人员也常常是在确定了有犯罪事实发生的情况下进行立案,进而展开侦查;而侦查过程中,往往也是仅仅围绕犯罪构成要件收集证实犯罪成立的证据,其秉持的思维可以说是一种推测预测性的思维,并且是一种有罪的推测和预测。如果侦查人员采取的是无罪推定的思维,那么可以看见,侦查人员将会在无罪理念和无罪思维的指引下注重无罪证据的收集,甚至是认为没有犯罪事实而怠于侦查,放任有罪之人逍遥法外,纵容犯罪的发生,这将对社会秩序造成极大损害,危害国家和社会的稳定,进而侵害广大人民群众的人权,更可能将文明秩序的社会推向弱肉强食的野蛮状态。可见,不管是从理论推演的角度,还是从司法实践的实际情况来看,侦查人员的思维往往是一种"有罪推定"的思维模式,即侦查人员在履行法律规定的"收集、调取犯罪嫌疑人有罪或者无罪、罪轻或者罪重的证据材料"的职责时,往往

---

[1] 参见马前进:《侦查中的逻辑思维:侦查解释和侦查预测》,载《中国人民公安大学学报(社会科学版)》2010年第3期。

更加侧重于收集、调取犯罪嫌疑人有罪、罪重的证据,以达到打击犯罪的目的。

作为社会公众一员的辩护律师则相反,其往往站在犯罪嫌疑人的立场上为犯罪嫌疑人提供无罪或罪轻的辩护。辩护律师往往从证据收集程序不合法需要排除、证据不能够证实有犯罪事实发生或系犯罪嫌疑人所为、证据不能排除合理怀疑、依据证据认定的事实不能涵射到刑法规范条文规定的构成要件之下等方面,试图将刑法解释向着无罪或罪轻的方向推进,为犯罪嫌疑人提供有利于脱罪或罪轻的辩护。在侦查阶段,犯罪嫌疑人被采取强制措施之日起或被侦查机关第一次被讯问后,其本人或者监护人、近亲属等,可以委托具有律师身份的人作为犯罪嫌疑人的辩护人[1];在案件侦查期间,辩护律师可以为犯罪嫌疑人提供相应的法律帮助,可以代理申诉、控告,帮助犯罪嫌疑人申请变更强制措施,向侦查机关了解涉嫌的罪名和案件有关情况,提出意见等[2]。当然,需要说明的是,根据我国《刑事诉讼法》的有关规定,对于涉嫌危害国家安全犯罪、恐怖活动犯罪等案件,在侦查期间辩护律师会见在押的犯罪嫌疑人,应当经过侦查机关的许可。辩护律师在此过程中的职责,是依据案件事实和法律规定,依法提出犯罪嫌疑人不构成犯罪、罪刑较轻,应当减轻或者免除犯罪嫌疑人刑事责任的证据材料和辩护意见,站在犯罪嫌疑人的立场维护犯罪嫌疑人的诉讼权利或其他合法权益,其采用的是一种"无罪推定"的思维模式。

可见,因为立场的不同、职责的差异、目标的不一致,侦查人员和辩护律师会基于各自的立场和思维方式,针对同一案件而进行不同方向的刑法解释。侦查人员站在打击犯罪保护社会的立场,其刑法解释方向侧重于将案

---

[1] 《刑事诉讼法》第34条第1款规定:犯罪嫌疑人自被侦查机关第一次讯问或者采取强制措施之日起,有权委托辩护人;在侦查期间,只能委托律师作为辩护人。被告人有权随时委托辩护人。
[2] 《刑事诉讼法》第38条规定:辩护律师在侦查期间可以为犯罪嫌疑人提供法律帮助;代理申诉、控告;申请变更强制措施;向侦查机关了解犯罪嫌疑人涉嫌的罪名和案件有关情况,提出意见。

件事实和有罪的刑法规范文本相对应,将犯罪嫌疑人的行为向有罪的方向进行推断,将生活事实转化为符合犯罪构成要件的法律事实,并进而转化为认为犯罪嫌疑人系有罪之人,需要进行刑罚处罚,即通过刑法解释,现实中的事实经由证据证明形成案件事实,案件事实能够与刑法规定的具体罪名相契合,刑法解释的结论是犯罪嫌疑人有罪,应当受到刑法的制裁。而辩护律师则恰恰相反,其往往站在维护犯罪嫌疑人权利、保护犯罪嫌疑人人权、限制国家刑罚权的发动的立场,其刑法解释的方向侧重于将案件事实生活化,将生活事实停留在生活的层面从而使其脱离刑法规制的视野,使其不上升为法律事实和案件事实,尽可能地将现实发生的事实解释为生活事实,将犯罪嫌疑人的行为解释为不符合罪刑法定要求进行"出罪",或者罪刑没有达到具体罪名规定的从重处罚的程度而"降格处罚",或者只是符合处罚较轻的罪名而不符合处罚较重的罪名。针对同一个事实和同一个行为人,一个向着有罪或罪重的方向拉近,一个向着无罪或罪轻的方向论证。并且,辩护律师往往更加主动,通过书面或口头等不同方式,采取不同的措施,将自己对事实的认定、法律规定含义的阐释、事实与具体罪名的构成要件是否契合等传递给侦查人员,试图说服侦查人员听取辩护律师的意见,将犯罪嫌疑人释放或者改变刑事拘留等强制措施,或者解除所采取的强制措施。虽然在此过程中侦查人员往往不与辩护律师进行辩论,甚至是不回应辩护律师的任何意见,但侦查人员会考量辩护律师辩护意见的合理性,评判辩护律师的观点是否正确,并不断衡量自己对刑法解释的结论是否科学合理,是否真的如辩护律师提出的那样犯罪嫌疑人不构成犯罪或只是轻罪。同样,辩护律师也会考量侦查人员的侦查方向,对刑法解释的态度等,进而不断调整或坚守自己的辩护策略。这显而易见是一种关于刑法解释的你来我往的说服与被说服的动态的互动过程。

笔者对 C 市 J 区 2018~2022 年公安机关侦查过程中辩护律师提交辩护意见的 613 件案件进行分析,其中 112 件案件作出了将刑事拘留变更为取保候审的决定。经对112件案件侦查人员进行深度访谈,笔者发现,其中51件案件的侦查人员坦诚系充分考虑了辩护律师的意见,认为辩护律师提出的意见具有合理性,采纳了辩护律师的意见后,作出了犯罪嫌疑人取保候审的决定。其中42件案件的侦查人员表示,经收集、调取证据,讯问犯罪嫌疑人后,侦查人员自己便认为事实不清、证据不足,已经查证的案件事实不符合《刑法》具体罪名的规定,依据罪刑法定原则不应追究其刑事责任。另外19件案件的侦查人员表示,变更强制措施是因为犯罪嫌疑人身体或家庭的原因,也和辩护律师提交的材料有关,但和辩护律师进行的刑法解释论证没有关联。

需要说明的是,尽管我国的刑事辩护侧重于庭审辩护,并且"唯庭审主义"的辩护模式源远流长乃至当下依然盛行。[1] 但是,2012年《刑事诉讼法》修改通过后,将辩护律师的辩护权提前到审前程序的侦查阶段,实现了刑事辩护的全流程覆盖(侦查、起诉、审判、执行等整个刑事诉讼的全过程)。辩护律师的策略也在不断改变,辩护介入的时间不断提前,越来越重视"辩护前移"——将辩护重心从"庭审"阶段前移至"侦查"环节,努力在侦查环节去争取侦查机关将强制措施的"刑事拘留"变更为"取保候审"或"监视居住"。[2] 在侦查机关提请检察机关批准逮捕的情况下,律师则争取通过辩护

---

[1] 参见李奋飞:《论"唯庭审主义"之辩护模式》,载《中国法学》2019年第1期。

[2] 当然,这里的监视居住不包括"指定居所监视居住",因为在司法实践中,指定居所监视居住强制措施的强制性甚至比批准逮捕后关押在看守所还严格。由此导致了学界对该制度的批判,学者对其适用的正当性进行批判、对其存在的必要性进行质疑。参见蔡艺生:《公安机关适用指定居所监视居住实证研究——以2018—2019年703份判决书为主要分析样本》,载《中国人民公安大学学报(社会科学版)》2020年第4期;谢小剑、朱春吉:《公安机关适用指定居所监视居住的实证研究——以5955个大数据样本为对象》,载《中国法律评论》2019年第6期。甚至有学者指出,该强制措施本身在司法实践中存在较多问题,导致监视居住措施的非羁押属性和功能发生变化,缺乏司法审查,留给侦查机关滥用职权的空间,实践中存在超越法律边界滥用"指定居所监视居住"、使"指定居所监视居住"异化为变相羁押甚至高强度羁押,被指定居所监视居住人的基本权利得不到保障,因此,建议在《刑事诉讼法》再修改时应当废除"指定居所监视居住"措施。参见卞建林:《我国刑事强制措施制度完善的初步思考》,载《上海法治报》2024年3月20日,第B3版。

让检察机关不批准逮捕。不少律师认为"进行有效辩护的黄金阶段就是侦查阶段,特别是犯罪嫌疑人被逮捕之前"[1]。实务中认为刑事辩护的黄金期间是37天,即刑事拘留期限为30天,如果30天到期侦查机关不变更强制措施则会提请检察机关批准逮捕,检察机关审查逮捕的期限是7天。(当然,这种说法并不尽然,有些案件侦查机关的刑事拘留强制措施并不会延长到30天,一些简单案件在刑事拘留3天或7天后侦查机关就会向检察机关提请批准逮捕,检察机关也不一定将7天时间用完。)如果在这一阶段进行有效辩护,犯罪嫌疑人可能免受羁押措施的束缚而拥有人身自由,如此,便能够最大限度实现犯罪嫌疑人利益最大化。辩护律师和侦查人员这一互动的过程,恰恰是通过刑法解释对罪与非罪、此罪与彼罪、罪数形态以及羁押必要性论证的互动,使双方不断衡量对方的刑法解释理由和解释结论,形成侦查阶段侦查人员与辩护律师的动态交流、沟通、互动。

二、案件利益相关人与侦查的互动

侦查以国家的强制力为支撑,重在收集、调取证据,查明案件事实。这一过程"具有秘密性、单向性、扩张性等特点"[2],特别是对于犯罪嫌疑人辩护律师以外的人员来说,不能与犯罪嫌疑人进行会见,除了对刑事拘留、逮捕、指定居所监视居住、移送起诉等享有知情权以外,无权知悉侦查的证据材料,更无权向侦查机关调阅相关的证据材料。虽然侦查是半封闭式的,侦查的手段和获取的证据材料不会向其他人公布,但是在除了侦查人员和辩护律师之间关于刑法解释的动态博弈之外,侦查人员也会与诉讼代理人、利害关系人等发生关联,在刑法解释上会与这些主体发生动态的互动和博弈。

---

[1] 李奋飞:《论"唯庭审主义"之辩护模式》,载《中国法学》2019年第1期。
[2] 强文燕:《侦查阶段有效辩护的特点及实现障碍研究》,载《山东警察学院学报》2019年第5期。

从法律规定的角度来看。如我国《刑事诉讼法》第117条规定，[1]当事人和辩护人、诉讼代理人、利害关系人等社会领域的主体，可以就侦查机关侵犯人身财产等合法权益的行为提出控告。虽然该规定主要是刑事程序方面的，与规范条文和事实证据之刑法解释的实体关联较小，但这种动态互动，也会或多或少影响到实体的刑法解释。比如侦查人员刑讯逼供、暴力取证、徇私枉法等行为，通过侵害犯罪嫌疑人以及案件利益相关人员取得证据，会因被认定为非法证据而排除，排除非法证据后会影响对依据证据构建起来的案件事实的认定，进而影响到刑法解释的小前提和最终的解释结论。由此可见，法律制度本身便设定了案件利益相关人会与侦查机关和侦查人员产生互动博弈的关系，而互动博弈过程中便会对刑法解释依据和结论进行博弈。

从刑事司法实践来看。诉讼代理人、利害关系人等，除在程序法范围内维护自身或者与其相关的人身、财产权利外，也会想方设法通过各种方式将刑法解释的理由和结论向侦查人员反映，以便使侦查机关对案件的处理符合利益相关方的诉求和利益。虽然前文已述及，侦查人员往往是一种追诉的立场，[2]但是也存在部分不追诉的情况，即有案不立、有罪不追、立而不侦、侦而不结的情况。如2013年全国检察机关共受理公安机关应当立案而不立案的案件32014件，检察机关监督后，公安机关主动立案和接检察机关

---

[1]《刑事诉讼法》第117条规定：当事人和辩护人、诉讼代理人、利害关系人对于司法机关及其工作人员有下列行为之一的，有权向该机关申诉或者控告：(1) 采取强制措施法定期限届满，不予以释放、解除或者变更的；(2) 应当退还取保候审保证金不退还的；(3) 对与案件无关的财物采取查封、扣押、冻结措施的；(4) 应当解除查封、扣押、冻结不解除的；(5) 贪污、挪用、私分、调换、违反规定使用查封、扣押、冻结的财物。受理申诉或者控告的机关应当及时处理。对处理不服的，可以向同级人民检察院申诉；人民检察院直接受理的案件，可以向上一级人民检察院申诉。人民检察院对申诉应当及时进行审查，情况属实的，通知有关机关予以纠正。

[2] 在此情况下，如果出现侦查人员动用刑事手段插手经济纠纷，违法立案使得行为人受到刑事追究等，被违法立案一方的诉讼代理人、利益相关人等会通过控告等方式，将己方关于刑法解释得出的不构成犯罪等结论传递给侦查人员。侦查人员通过书面回复、口头答复、撤销或不撤销案件等方式，与相关人员形成关于刑法解释的互动。

通知立案的共 29359 件,37031 人;[1]又如,有人对徇私枉法罪的犯罪主体进行实证分析,发现公安机关人员构成该罪中,有 38.9% 的人员系应当立案而不立案导致构成徇私枉法罪被追究刑事责任。[2] 侦查机关应当立案而不立案时,被害人或者利害关系人会因此而与侦查人员发生关于刑法解释的动态博弈。侦查人员经调查分析后,会将调查掌握的材料形成初步的事实判断(有的甚至不进行调查,听了控告后就直接告诉控告人不符合刑事立案条件而不立案),再把事实判定和《刑法》规定的具体罪名进行三段论推理和契合度高低的衡量,如果认为现有事实与《刑法》规定的具体罪名不相符,或者认为情节轻微不需要动用刑法处罚,就会作出不符合立案条件的决定。而如果被害人或被害人一方的诉讼代理人或利害关系人认为,现实所发生的案件事实已经侵犯了刑法保护的法益,犯罪嫌疑人实施的行为,或者说虽然不清楚犯罪嫌疑人是谁但是认为发生的事实已经符合《刑法》规定的罪名,且情节严重需要刑法处罚,便会认为侦查人员的刑法解释不合法不合理,就会通过复议复核、向检察机关控告,甚至通过媒体报道等手段,将关于刑法解释的理由和结论传导给侦查人员。这种关于刑法解释博弈的过程,显然也是动态的,会影响侦查人员对刑法解释的观点看法;而侦查人员对被害人等相关人员进行释法说理,也会影响诉讼代理人或利害相关人关于刑法解释的观点、立场。

例如,在云南李某草案中,2019 年 9 月 9 日 2 时,李某草落入盘龙江中,9 月 11 日 7 时 20 分李某草在滇池东码头被找到时已经没有生命体征。从李某草死亡事件发生一直到 2019 年 10 月 14 日,云南省某市警方并没有对李某草死亡事件进行刑事立案侦查。警方最初调查结论为:李某草死亡系意外落水,不构成刑事案件,不予刑事立案。然而,在此过程中,作为案件利

---

[1] 参见元明、李薇薇:《刑事立案监督实务问题调查分析》,载《人民检察》2014 年第 12 期。
[2] 参见尹明灿:《试论如何加强刑事立案监督——以徇私枉法罪犯罪主体等实证研究为视角》,载《法治论坛》2015 年第 4 期。

害关系人的李某草的母亲陈某莲,一直在控告,提出李某草死亡已经构成刑事案件,要求云南省某市警方进行刑事立案侦查。[1] 2019年10月12日李某草母亲在网上发帖,随着媒体和民众的大量关注,10月14日21时52分,云南省某市公安机关通过官方微博公布了李某草落水死亡的最新调查情况,并决定提级成立由云南省某市公安局分管副局长为组长的专案组,对李某草死亡事件进行立案侦查;同日,云南省某市公安局某某分局对罗某乾等人过失致人死亡一案进行立案侦查。10月22日,云南省某市公安局对罗某乾强制猥亵侮辱一案进行立案侦查。2020年8月12日,云南省某市某某区人民检察院依法对罗某乾涉嫌过失致人死亡案向某市某某区人民法院提起公诉,同年9月21日某市某某区人民法院依法对被告人罗某乾过失致人死亡、附带民事诉讼原告人陈某莲提起的附带民事诉讼案进行一审公开宣判,以过失致人死亡罪判处被告人罗某乾有期徒刑1年6个月,判令罗某乾赔偿附带民事诉讼原告人陈某莲经济损失人民币63257元。同年11月30日,云南省某市中级人民法院终审裁定:驳回其上诉,维持原判。

可以看到在这一过程中,侦查人员与案件利害关系人关于刑法解释的动态互动——侦查机关先是认为不构成刑事犯罪而不立案侦查,在被害人母亲以及民众提出异议,并发表了关于刑法解释的理由和观点后,云南省某市警方改变原有关于刑法解释的立场、观点,对李某草死亡事件进行立案侦查。此外,之前处理该案的相关民警还被追究了相应的责任,即2020年9月,云南省某市纪检监察机关对某市某某公安分局及分局指挥中心、刑侦大队、鼓楼派出所等部门在案件前期处置、执法办案工作中存在履职不到位、执法行为不规范等违规违纪问题进行倒查,依照党规党纪和相关规定对16名民警分别作出了免职、降级、党内严重警告、诫勉等问责处理。[2]

---

[1] 参见刘晶瑶:《云南李心草事件真相不应"溺亡"》,载《新华每日电讯》2019年10月14日,第3版。
[2] 参见杨鑫宇:《"李心草案"16名民警被处理 不护短才有公信力》,载《中国青年报》2020年9月23日,第2版。

从上述李某草案整个处理过程中可以发现,在初期,侦查机关通过将调查了解的案件事实和刑法规范条文进行三段论推理后,得出的刑法解释结论是李某草死亡不构成刑事案件,给李某草母亲的答复是"醉酒自杀"不予刑事立案。但是,李某草母亲认为,李某草系遭受他人控制且被他人"扇耳光"等殴打后死亡,符合刑事立案的条件,侦查机关应当刑事立案后对该案进行深入侦查,追究相关人员的刑事责任。之后,随着李某草母亲等人坚持要求公安机关立案侦查,且通过网上发帖的形式寻求社会公众的支持,侦查机关对该案提级成立专案组并以"过失致人死亡"进行立案侦查;检察机关以罗某乾构成过失致人死亡罪向法院提起公诉,两级法院经审理判处罗某乾构成过失致人死亡罪。从法学研究的角度来看,李某草母亲和侦查机关在事关李某草死亡这一事件的博弈过程中,通过不断的互动博弈,最终侦查机关改变了认为李某草死亡不符合刑事立案的立场而进行刑事立案侦查,相关人员被法院判处过失致人死亡罪,充分体现了刑法解释过程中侦查人员和案件利益相关人员之间的动态博弈关系。这种动态博弈,使案件得到了公众认同的处理结果。

三、侦查与媒体和大众的互动

侦查人员在对案件进行侦查过程中,不仅会与辩护律师、诉讼代理人、利害关系人等存在关于刑法解释的动态互动,也会与新闻媒体和社会大众存在动态的博弈互动。虽然这种动态的博弈只存在于少数案件中,大部分刑事案件并没有进入新闻媒体和社会大众的视野,但是并不能据此否定侦查人员与新闻媒体和社会大众关于刑法解释动态博弈互动的存在。因为,引起社会大众关注的案件中侦查人员与社会大众的博弈是存在的,没有引起广泛关注的案件中,侦查人员与社会大众的互动博弈也是存在的。

从理论推演的层面来看,侦查人员本身也是社会民众,是社会公众的一员,其生活在社会之中。刑事侦查是刑事诉讼工作的起点,侦查人员肩负的是打击犯罪、保障人权的使命，应当代表的是人民的利益，工作的宗旨是为人民服务，通过履职尽责将党和人民的意志落实到具体的执法办案当中，为国家安全、社会安定、人民安宁贡献力量。虽然侦查人员从事的职业本身决定了他们需要具有不同于一般民众的侦查思维和职业习惯，但是因为其本质是代表广大人民群众的利益，因此，其执法的过程，也就是侦查阶段的刑事侦查过程必然要站在人民群众的立场上，对收集、调查的证据和以此构建的案件事实与刑法规范条文进行反复比对和推论，衡量两者的契合度，并采取换位思考的方式，预估或者是通过网络媒体、亲朋好友、专家咨询等方式，充分考量民众对刑法解释的理由和结论。当然，大多数案件是法律关系简单、民众和社会媒体关注度较低的案件，因案件事实和法律适用不存在争议或者存在争议较小，也就是说，刑法解释的依据、过程和结论等不存在较大争议，侦查人员依据职业判断和朴素的法感情得出刑法解释的结论，不会引起媒体和大多数普通民众的关注。但是，即使是在这些简单而没有引起媒体和公众关注的案件中，由于侦查人员生活在社会之中、本质上代表人民群众利益的本质属性，也决定了侦查人员依然在受到群众立场的约束和社会情理的指引，在进行刑法解释时需要且必须与人民群众进行显性或隐性的动态博弈互动。这使得不管是在疑难复杂案件中还是在简单案件中，不管是在社会公众关注度高的案件中还是在社会公众关注度低的案件中，侦查人员关于刑法解释的依据、立场、过程和结论，均会与社会公众产生博弈、互动——只是互动的范围、方式与引起广泛关注的案件有别而已——互动的客观事实一直存在。

从司法实践情况看，侦查人员在案件侦查过程中，尽管是保密的、半封闭的，不会向其他人展示和公布掌握的证据材料，但是却与媒体大众存在着关于事实认定、法律适用等关于刑法解释方面的动态交流、互动。特别是对于一些敏感案件来说，侦查人员在收集、调取、固定证据，对案件事实进行认定，对刑法规范条文进行解读，并将案件事实和刑法规定之间进行三段论的推理时,都无时无刻不在关注民众的朴素情感和刑法解释的立场、观念、结论。如在引发全民讨论的昆山反杀案中,随着案发的视频被传至互联网,该案迅速引起媒体舆论和社会公众的关注,大批网民、知名专家学者等,都在针对该案进行评析讨论,发表自己关于该案件的事实认定和刑法适用的观点,对该案事实以及涉及的刑法规范文本进行刑法解释。昆山警方经调查后,详细公布了依据调查取得的证据所认定的案件事实,包括案件起因认定、案件经过的详细描述、于某明的砍击行为造成刘某龙死亡的案件后果等;在依据证据构建刑法解释所需小前提的基础上,与寻找到的我国刑法规定的正当防卫、故意杀人、故意伤害等刑法规范条文进行三段论推理,并与检察机关进行关于案件定性等方面的交流沟通,最终得出于某明的行为系正当防卫,不负刑事责任,依法作出撤销案件的决定。侦查机关认定的于某明的行为系正当防卫的理由是:一是刘某龙用刀砍击于某明的行为系刑法意义上的"行凶",即属于我国《刑法》第20条第3款规定的"行凶";二是于某明进行防卫时,刘某龙的不法侵害仍在继续,符合正当防卫的不法侵害正在进行的条件;三是于某明主观上具有防卫目的和防卫意图。同时,侦查机关也对舆论关注的刘某龙是否为"天安社"成员,是否具有黑社会背景、驾驶的宝马车的情况、见义勇为荣誉证书情况等的调查结果进行了详细披露。可见,在该案中,在侦查收集证据、认定事实、解读法律,并将案件事实和刑法规范条文进行对比衡量过程中,侦查人员也在关注舆论和社会公众对该案所做的刑法解释的过程和结论。舆论报道、专家学者和一般公众,对该案究竟是防卫过当的故意伤害还是正当防卫的解释理由和解释结论,也在影响着侦查机关和侦查人员关于该案的刑法解释。侦查一方和社会公众一方在关于该案的刑法解释上,存在相互吸收对方意见建议的动态互动过程,特别是侦查人员在持续关注网络舆情和社会公众对该案的刑法解释的看法,不断对关于该案的刑法解释理由和结论进行规范逻辑的判断和价值利益的衡量。

当然,需要特别说明的是,上述通过不同主体之间的互动进行分类并不是绝对的。司法实践中,侦查人员在刑法解释问题上在与辩护律师进行互动博弈,进而使刑法解释呈现动态的变动之中时,也可能同时存在着与利益相关人员的动态博弈,甚至是与媒体、不特定的社会公众之间关于刑法解释的互动。也即,各方主体会存在同时间段的互动,多方主体会进行同时的互动。因为,侦查人员作为社会公众的一员,也被镶嵌在这个社会之中,不管是其生活还是其工作,都无时无刻不在与社会公众发生着关联、进行着互动。其在进行刑法解释时也不例外,时时刻刻都在与社会公众进行动态的博弈和互动。总之,侦查人员在进行刑法解释时,会与辩护律师、利益相关人、社会公众等产生动态的博弈,特别是随着中国特色社会主义进入新时代,人们关于法治、民主等需求的不断提高,对侦查机关的规范执法、阳光执法和执法说理等提出了更高要求,民众权利意识、参与意识逐步提升,更加要求侦查机关和侦查人员要转变思维,要将民众作为刑法解释的主体认真对待,在执法过程中充分广泛了解民情、充分尊重民意、切实发扬民主。

第二节　民众与检察的互动

一、辩护与检察的合作与对抗

刑事案件进入检察机关审查逮捕或审查起诉阶段后,多数辩护律师会注重与检察机关的互动,通过合作或对垒或合作与对垒交叉的方式,将辩护方关于刑法解释的观点传递给检察机关,以谋求检察机关不对犯罪嫌疑人批准逮捕,或者作出不起诉,或者减轻量刑等,站在犯罪嫌疑人、被告人的立场,为犯罪嫌疑人、被告人谋求无罪、罪轻的"切身利益"。

在审查逮捕阶段,辩护律师介入刑事案件侦查后,虽然还没有获得阅卷的权利,但是已经可以进行会见犯罪嫌疑人、自行收集证据、找相关人员了解情况等工作,掌握了案件的生活事实,并在生活事实的基础将其上升为法律事实;同时,依据刑事实体法的规定,将刑法规范文本和掌握的案件事实不断进行三段论的推理,并形成初步的刑法解释结论。为使检察机关不作出批准逮捕的决定,辩护律师会依据初步的刑法解释结论,与检察机关进行沟通,通过证据不能证实指控的犯罪事实、案件事实不符合刑事法律规定等理由,说服检察机关以证据不足或不构成犯罪不批准逮捕犯罪嫌疑人,或者指出,犯罪嫌疑人具有自首、立功等法定从轻、减轻情节,抑或具有认罪态度好,积极赔偿获得谅解等酌定情节等,以此说服检察机关作出无逮捕必要不批准逮捕的决定。在这一过程中,辩护方无论是以证据不足、不构成犯罪为由向检察机关提出不批准逮捕,还是以无社会危险性为由提出不批准逮捕,都是在对案件事实和刑法规范文本进行解读,在将两者相对应形成初步的刑法解释结论的基础上,对检察机关进行说服。在这一阶段,检察人员所具有的一项义务是听取辩护律师意见,刑事诉讼法相关规定,辩护律师要求当面听取意见的,检察人员应当当面听取辩护律师意见,并形成相应的记录。在这一阶段,从司法实践看,不管检察机关作出批准逮捕还是不批准逮捕的决定,均没有向辩护律师进行说理,[1]更多表现出的是一种辩护律师说服检察人员的单向的过程。

但是司法实践中并非一概如此,很多时候,即使检察人员没有当面听取辩护律师意见,也会考虑辩护律师意见的合理性问题,会在自我形成刑法解释的初步结论的同时甚至是形成初步结论之前,充分考虑辩护律师提出的刑法解释的依据、理由和结论,并与自己形成的刑法解释的初步结论进行对比、权衡。并且,检察人员会将对比的结果进行一定程度上的公开。因为在司法实践中,对于辩护律师的意见,检察人员应当在审查逮捕意见书中予以

---

[1] 司法实践中,对于批准逮捕的案件,检察机关不需要向辩护律师和侦查机关任何一方进行说理;对于不批准逮捕的案件,检察机关只需要制作不批准逮捕理由说明书向侦查机关说理,不需要向辩护律师进行说理。对此,有学者指出,对于批准逮捕案件,检察机关应当向犯罪嫌疑人及其辩护律师进行说理;当下,构建批准逮捕公开说理机制有其必要性和可行性。参见孙长永:《批准逮捕决定的公开说理问题研究》,载《法学》2023年第6期。

说明,辩护律师的意见是什么,检察人员是如何考虑的,采纳或不采纳辩护律师的意见的理由是什么等,都应当写明。这一过程,显然是检察人员与辩护律师关于刑法解释的动态互动过程。司法实践也证明,审查逮捕阶段辩护律师的积极介入和参与,一定程度上起到了检察机关不批准逮捕犯罪嫌疑人的有效辩护效果。比如,一名17岁的少年偷了同事的苹果手机,已经构成盗窃罪,检察机关在审查批捕阶段综合考虑了律师的意见,作出了不批准逮捕的决定。[1] 此外,在互联网上输入"律师介入、不批准逮捕""律师辩护、不逮捕"等关键词,会出现大量的相关信息,即辩护律师介入审查逮捕阶段后提供了有效辩护,检察机关采纳了辩护律师的意见,对犯罪嫌疑人作出不批准逮捕的决定。

在审查起诉阶段,由于在审查起诉阶段,辩护律师具有了阅卷的权利,通过阅卷能够根据在案的证据完成对案件事实的认定,形成三段论推理抑或说刑法解释的小前提,进而将大前提和小前提进行充分的研判,得出初步的刑法解释结论。相对于审查逮捕环节而言,在审查起诉阶段,辩护律师与检察人员在掌握了相同的案件材料后,进行合作与对垒的刑法解释博弈会更加全面、深入。在此过程中,辩护律师通过刑法解释,将解释的理由、依据、结论传递给检察人员(当然也存在部分辩护律师不与检察人员沟通,不发表意见,而是等待庭审时进行"突袭"的情况),以使得检察人员在履行客观公正义务时,能够充分了解辩护方对在案证据的认识、对案件事实的评价、对适用法律的看法,以及大前提和小前提是否契合等的判断和衡量,即通过辩护意见的沟通,使检察人员能够充分了解辩护方关于刑法解释的观念立场。辩护方通过其关于刑法解释意见对检察人员的影响,以便让检察人员能够充分地考量在案证据、衡量对案件事实的归纳研判、思考对大前提和小前提的推论等,从而作出微罪不起诉、存疑不起诉、法定不起诉或者多

---

[1] 参见柏阳月:《少年临时起意偷手机 检察院采纳律师意见:不批捕》,载《成都商报》2013年3月18日,第10版。

个罪名变更为一个罪名、罪重的罪名变更为罪轻的罪名的决定,或者在量刑情节上充分考虑律师提出的辩护意见,以提出对犯罪嫌疑人、被告人有利的量刑建议。

与审查逮捕阶段对比,辩护与检察在审查起诉阶段的合作与对抗更加明显,特别是在深入推进认罪认罚从宽制度过程中,辩护和检察之间的协商和对抗显得更加重要。辩护律师和犯罪嫌疑人、被告人是认罪认罚从宽协商的一方主体,辩护律师的意见,在整个过程中起到举足轻重的作用。认罪认罚从宽制度中,虽然依然应当坚持公检法三机关配合制约的原则,但是无论从法律规定看,还是从实践运行来看,这一制度无疑赋予了检察机关更多的职权。一是检察机关的主导责任。根据《刑事诉讼法》和《关于适用认罪认罚从宽制度的指导意见》的相关规定,检察机关在适用认罪认罚从宽制度中应当履行的主导责任主要有:开展教育转化工作;提出开展认罪认罚教育工作的意见;开展平等沟通协商;提出确定刑量刑建议;积极做好被害方的工作;对案件进行分流把关。在这些方面,检察机关应当积极作为,发挥主导作用。二是检察机关被赋予"准法官"的地位。国家对犯罪的刑罚权由制刑权、求刑权、量刑权和行刑权组成。检察机关提起公诉行使的是国家的求刑权,尽管量刑建议在我国刑事司法实践中已有多年的历史,但相对宽泛,也可以说没有起到实质性的作用。而认罪认罚从宽制度中,明确规定了检察机关一般应当提出确定刑量刑建议。可见,在认罪认罚从宽制度中,检察机关在追诉权和求刑权之外,具有了实质意义上的"量刑权"。检察官也被赋予了"准法官"的地位,即在过去有权定罪、追诉的基础上,又具有了对犯罪嫌疑人、被告人进行量刑的职权。三是不起诉权的扩大。《关于适用认罪认罚从宽制度的指导意见》第30条第1款明确规定,完善起诉裁量权,充分发挥不起诉的审前分流和过滤作用,逐步扩大相对不起诉在认罪认罚案件中的适用。该规定对检察机关的不起诉裁量权进行扩张。四是多元化刑事指控体系形成。在普通程序、简易程序、速裁程序的基础上,又增加了认罪认罚从宽制度,刑事程序格局形成了"四元模式",形成了多元化的刑事指控体系。这对辩护和检察之间的博弈提供了更好的契机,也对辩护和检察之间的对抗和博弈提出了迫切需要,因为只有进一步强化检察和辩护关于刑法解释的博弈,才能更好实现打击犯罪与保障人权两者并重,也才能更好地使两者达到最大的平衡。

需要进一步说明的是,不管是在审查逮捕阶段,还是在审查起诉阶段,辩护律师与检察人员的关系并非全部都是"对抗型"的动态博弈关系——辩护律师不顾案件事实和刑法规范,一味地站在犯罪嫌疑人的立场进行无罪、罪轻等方面的辩护;有时,辩护律师也会与检察人员形成"合作型"的动态博弈关系——辩护律师在依据案件事实和刑法规范得出刑法解释结论的基础上,认为检察机关对案件事实的认定、案件的定性、量刑的建议等得出的刑法解释结论符合法律规定、符合公平正义原则,便选择与检察人员合作,从辩护的角度纠正犯罪嫌疑人等相关人员不合理的要求,与检察人员一道共同对犯罪嫌疑人等进行释法说理,共同维护司法的公平正义。[1]

二、利益相关人与检察的商谈与对抗

辩护律师代表了犯罪嫌疑人、被告人一方的利益,而除了无被害人的案件之外,许多刑事案件会涉及被害人或其他人的利益。由于案件的处理结果关涉这些人的利益,因此,与案件处理具有利益关系的人也会通过控告申诉等途径,将自己关于刑法解释的理论和事实依据、解释的理由、解释的结论等,传递给检察机关,使得检察机关在作出相关的判断和决策时,能够充分考虑到提出意见的利益相关人的合法权益。甚至有些利益相关人意图通

---

[1] 司法实践中,很多审查逮捕、审查起诉的听证会都邀请了具有律师身份的人员参加,律师通过与犯罪嫌疑人、被害人等进行沟通,对相关人员的不合理不合法要求进行答疑解惑,做好相关人员的工作,共同化解矛盾。参见金俊讷、苏颖、孙宏健:《为何不起诉?检察官邀律师一起说理》,载《山东法制报》2016年5月25日,第2版。

过运用刑法解释对检察机关进行影响,以便能够争取到超出法律范围的利益。这就是利益相关人向检察机关提出己方刑法解释的目的所在。

在这一过程中,检察机关应当站在客观的立场,秉公执法。特别是随着2019年《检察官法》的修订,检察机关在身负着打击犯罪的同时,也被更多地赋予了保障人权的职能。检察职责主要是应当做好法律的守护神,确保法律得到正确实施,使有罪的人依法受到应有的惩罚,使无罪的人依法享有人身自由、财产得到有效保护。这就更加明确地要求检察机关要转变偏重追诉、打击、从严的理念,明确检察职能的目标是实现司法公正[1],在司法过程中秉持客观公正的立场和义务,努力改变检察就是诉、就是追、就是重惩的片面履职形象,贯彻可诉可不诉的依法不起诉的办案理念,建立起诉必要性审查制度。[2] 同时,检察机关也应当考虑利益相关方的利益,特别是考虑被害人一方的利益,不能让无辜的被害人遭受犯罪的侵害后,却得不到法律的救济。检察机关作出相关决定时,应充分考量利益相关方的刑法解释依据、理由、结论,以客观居中的立场依法作出符合"天理、国法、人情"的刑法解释结论,进而作出起诉与否、量刑轻重等决定和建议,让人民群众在每一个司法案件中都能感受到公平正义。

司法实践中,涉及利益相关方向检察机关提出关于刑法解释的意见建议和利益诉求的案件比比皆是。在这些案件中,利益相关人通过寻找案件承办人要求听取意见、要求检察机关领导干部进行接访、到党委政府部门进行控告举报等方式,想方设法将己方关于刑法解释的意见建议传递给案件承办人,以此来影响检察机关决策,谋求自身利益。比如,涉众型案件中利益相关人员的诉求,对检察机关的处理决定具有重要的影响。典型的案件如非法集资类案件,集资参与人往往通过各种方式,将己方的诉求传递给检察机关,使得检察机关在对相关的案件作出批准逮捕或不批准逮捕以及起

---

[1] 参见张文显:《治国理政的法治理念和法治思维》,载《中国社会科学》2017年第4期。
[2] 参见童建明:《论不起诉权的合理适用》,载《中国刑事法杂志》2019年第4期。

诉或不起诉时,考虑到集资参与人的立场观念。为了给犯罪嫌疑人施加压力,迫使其退还违法所得以偿还集资参与人的利息,往往通过逮捕的强制措施和起诉量刑等给犯罪嫌疑人、被告人施加压力,以此作为对集资参与人诉求的回应。当然,检察机关的回应也不可能违反法律的规定,突破罪刑法定原则的底线。

三、媒体大众与检察的相互影响

在这个人人都有麦克风的时代,媒体舆论对社会的方方面面都产生深远的影响。从街头巷尾到繁华都市,从衣食住行到国家大事,从偏远村庄到世界各地,媒体的影响力之巨大,已经成为不争的事实。媒体舆论,影响着每一个人的生活,也影响着国家决策的出台和修改完善。作为国家法律监督机关的检察机关也不例外,也被深深地镶嵌在这个媒体具有巨大作用和影响力的时代之中。检察机关对案件的处理,需要并且必须要考虑媒体大众的感受,要认真倾听媒体舆论和社会大众关于刑法解释的观念,媒体舆论和社会公众对检察机关对案件的处理会产生影响,这已经被活生生的司法实践证明;而对于检察机关来说,其也必须在考虑到舆论媒体和社会公众的感受后,对媒体舆论和社会公众的关切积极作出回应。而双方的影响和回应,都是以刑法解释为基础的,都是以刑法解释为主线展开的,同时也是为了对刑法解释而进行的。

在审查逮捕阶段,检察机关会考量媒体舆论和社会民众关于刑法解释的呼声,如是否构成犯罪、罪行轻重、是否具有社会危害性等的立场观点,进而作出是否对犯罪嫌疑人进行批准逮捕的决定。审查起诉阶段也是如此,检察机关会充分考虑媒体舆论和社会公众的刑法解释结论和态度,进而进行是否起诉、以何种罪名起诉、量刑建议轻重等方面的考量。

例如,在福建赵某案中,2018年12月26日晚,李某和邹某酒后一同乘车到达邹某暂住处,在邹某暂住处因李某要求与邹某过夜而发生争吵。邹某关门后,李某将门踹开提出留宿。看到屋里还有其他女子后,又提出要和邹某出去过夜。再一次遭到邹某拒绝后李某便上前殴打邹某,还用水壶砸向邹某的头部。激烈的争吵声引来邻居围观。楼上正准备休息的赵某听到呼救声,下楼看见李某正在殴打邹某时,便上前制止拉拽李某,赵某和李某一同倒地。两人起身后,李某打了赵某两拳,赵某随即将李某推倒在地,接着上前打了李某两拳,并朝倒地的李某腹部踹了一脚。后赵某拿起房间内的凳子欲砸向李某,被邹某拦下,随后赵某被自己的妻子劝离现场。经法医鉴定,李某腹部横结肠破裂,伤情属重伤二级;邹某伤情属轻微伤。2018年12月29日,李某报警,正在医院陪护临产妻子的赵某,因涉嫌故意伤害罪被警方刑事拘留,之后转为取保候审。经过进一步侦查,晋安公安分局以赵某涉嫌过失致人重伤罪移送晋安区人民检察院审查起诉。晋安区人民检察院经审查认为,赵某的行为属正当防卫,但超过必要限度,鉴于赵某有制止不法侵害的行为,为弘扬社会正气,鼓励见义勇为,综合全案事实证据,对赵某作出不起诉决定。

　　该案经过媒体舆论曝光和社会民众广泛参与后,引起最高人民检察院的关注。之后,在最高人民检察院指导下,福建省人民检察院指令福州市人民检察院对该案进行了审查。福州市人民检察院经审查认为,赵某的行为属于正当防卫,不应当追究刑事责任,原不起诉决定书认定防卫过当属适用法律错误,依法决定予以撤销,依据《刑事诉讼法》第177条第1款的规定,并参照最高人民检察院2018年12月发布的第十二批指导性案例,对赵某作出不构成犯罪的不起诉决定。最高人民检察院表示,严格依法对福建赵某案进行纠正,有利于鼓励见义勇为行为,弘扬社会正气,欢迎社会各界监督支持检察工作。该案便是媒体舆论和社会大众介入后,检察机关充分考量社会民众的法感情,充分考量法不能向不法让步的基本原则而作出的决定。这一鲜活的案件充分显示出,"在这个多元主体互动、互构的复杂过程中,由司法重构的限缩型正当防卫裁判规则,在舆论压力下开始向鼓励正当防卫的立法精神靠拢。原本被法律'客体化'的民众,以一种主体性的姿态参与了对'生活实体之法'的改造与重塑,并由此促成'法律条文之法'的司法贯彻"[1]。

第三节 民众与审判的互动

一、民众刑法解释观对审判的影响

刑事司法者在进行刑法解释过程中,不仅"与法律文本之间存在着典型的解释学意义上的互动关系"[2],而且与民众有着互动。需要说明的是,虽然大部分案件是简单案件,大多数的案件也没有引起民众的普遍关注,因此也不能明显地体现出民众与审判之间关于刑法解释的博弈和互动,但是一个不争的事实是,审判人员在对案件事实进行建构、对刑法规范进行寻找进而对刑法进行解释时,在经历了个人场域和司法场域的解释后,最终要走向社会场域,接受媒体舆论和社会公众的监督和检验。尤其是在引发媒体舆论和社会公众广泛关注的热点案件中,专家学者、法律工作者、普通民众等社会公众在公共空间的意见表达往往会对案件结果产生某种影响,甚至是直接改变案件的结果,引发案件的"反转"。可以说,民众的刑法解释观与审判的博弈以及对审判的影响无处不在;审判机关和审判人员在形成刑法解释结论的整个过程中,都会直接或间接与民众的刑法解释发生关联、互动、博弈。

司法实践中,民众的刑法解释观往往通过自媒体和网络媒体等发出,通过发布、转发、评论等方式,形成议题、产生舆论,引发关注,进而对刑事司法审判产生影响。民众的刑法解释观对刑事司法审判的影响表现在两

---

[1] 赵军:《正当防卫法律规则司法重构的经验研究》,载《法学研究》2019年第4期。
[2] 张志铭:《法律解释学》,中国人民大学出版社2015年版,第49页。

个方面。[1]一方面,民众刑法解释观对审判存在积极影响。舆论监督,是对刑事司法审判进行有效监督的方式之一。舆论监督,可以让一些试图干涉或者已经干涉到刑事司法活动的行为在第一时间被曝光到"阳光"下,并在极短的时间内聚集众多网民的关注,产生强大的社会舆论压力。该种情形下,民众的刑法解释观或者说对案件处理的意见,能够在司法监督的意义上使得其他有碍刑事司法活动的行为得到有效控制,保障刑事司法的独立性。同时,民众刑法解释观或者是民众对刑事司法审判关于刑法解释的质疑,会引发审判机关对民众意见的关注和回应,审判机关会考量民众的刑法解释结论,从而形成民众与审判主体之间的交流,甚至是倒逼司法机关严惩当事人,进而形成一种说理论证的理性思维方式和意见表达模式,使得真理和内含公平正义的刑法解释结论在辩论和博弈中不断形成,引领社会的主流价值观念,塑造文明和谐的社会环境。也就是说,从积极的方面看,公众积极参与刑事司法,对具体案件发表刑法解释结论等方面的意见,能够形成对刑事司法的有效监督。这种监督与司法专业的理性说理最终形成一种积极的有效互动,使得刑法解释结论和案件处理结果在民众与审判之间形成最大公约数,从而实现个案裁判的法律效果与社会效果的统一。另一方面,民众刑法解释观对审判带来消极影响。在当下网络社会与传统的物理空间社会并行的时代,网络对社会的影响是全天候、全领域的,其随时实地都在影响着我们的生活。网络时代的特征之一就是"流量至上",标题党、假新闻、炒作等违背善良风俗甚至是基本伦理道德底线的情况时有发生,网络成为一些不法分子认为的"法外之地"。这些不法分子往往利用网络形成所谓的民众意见,引导不知情的公众对他人实施伤害,[2]甚至是向承办刑事案件的司

---

[1] 参见张晶、吴文锦:《微博民意与刑事司法良性互动的制度保障》,载《南京邮电大学学报(社会科学版)》2023年第1期。
[2] 2022年,最高人民检察院以"网络时代人格权刑事保护主题"发布的指导性案例,其中包含女子取快递被造谣自诉转公诉案、利用网络散布他人裸照案等。参见《最高人民检察院第三十四批指导性案例》,载《检察日报》2022年2月22日,第8版。

法机关和司法人员发难,干扰刑事案件的侦办程序,迫使刑事司法审判向着有利于舆论引导者一方倾斜,妨碍司法审判活动、损害司法公正、削弱刑事司法权威。

可见,民众的刑法解释观对刑事司法审判的影响是客观存在的,既有积极影响,也有消极影响。正如有观点指出,"司法审判是否要考虑社会民情和舆论的影响,一直是困扰司法机关的难题:若是将民情民意完全置之不顾,长此以往的结果就是司法机关乃至整个国家政权与人民群众渐行渐远;如果过分侧重民情民意,考虑舆论不可避免的盲目性,审判活动将脱离法理和法律规定"[1]。这一论断,提出了如何看待司法审判和民众之间关系的难题(审判是否考虑民情民意存在左右为难的两难命题)。这个问题表面上看起来似乎是一个真问题和真命题。但是,深入分析会发现,法律作为一种追求正义理念的社会治理规则,理应将追求的目标放在第一位且锲而不舍地进行追逐,而正义的理念恰恰蕴藏在社会大众的朴素的法感情当中,可以说,正义的理念和真正的体现广大民众意愿的民意是相伴相通的,而不是一种"水火不容"的矛盾、对立关系。以近几年发生的正当防卫案件来说,这些案件经过媒体的报道引起全民大讨论,我们不能说是民意影响了审判,将审判带离了法治的轨道,而应当说恰恰是媒体舆论的报道和社会公众的参与,使得蕴含在法律规定中的正义得到伸张。正如有学者所言,"无论怎样,新媒体时代的司法不可能将媒体、舆论拒之门外,媒体、舆论对司法的影响只会越来越深,'关门办案''密室司法'的时代已然结束。法律正义只能通过立法者、司法者及其他主体在执法司法、公共讨论等多维场域的复杂互动与互构中得到实现。无论是法学研究还是法治实践,只有将关注点由立法、司法进一步扩展至包括立法、司法、社会生活在内的'多元主体互动、互构的去中心化视角',才可能促成法律正义在社会现实生活中的实现"[2]。司法审

---

[1] 贺卫:《正当防卫制度的沉睡与激活》,载《国家检察官学院学报》2019年第4期。
[2] 赵军:《正当防卫法律规则司法重构的经验研究》,载《法学研究》2019年第4期。

判必须充分考量民情民意,不考虑尊重民情民意的司法审判必然难以实现"三个效果"的有机统一和"天理、国法、人情"的兼顾,不以不可磨灭的人类感情为基础的司法审判必然不会得到社会公众的认同,其司法权威和社会的引领价值也必然荡然无存。

因此,不管是从理论推演的逻辑层面进行演绎,还是从司法实践中真实案例的经验角度进行归纳,民众刑法解释观对审判的影响都是客观存在的和不可避免的,民众的刑法解释和审判的刑法解释存在动态的互动和博弈的关系——民众的刑法解释可以被纳入刑法适用过程,并对案件的定罪量刑产生实体法上的影响,可以"在法律所允许的框架内"对审判结果施加影响。同时,我们看到,民众刑法解释观对审判的影响具有利和弊的两面性,因此,司法实践中应当充分发挥民众对刑事司法审判的积极影响作用,使得民众的刑法解释与审判的刑法解释形成良性互动,共同维护刑事司法的公平正义,使得最终的刑法解释结论符合公平正义理念的要求,使得案件的最终处理实现"天理、国法、人情"的统一。

二、民众与审判的互动

民众与审判关于刑法解释的互动,既是理论研究中实现司法正义的当然结论,也是司法实践过程中的真实写照。虽然有学者提出不同观点,认为"社会转型时期社会公众基于社会安全和自身安全的考量会对刑法有一定的期待……而社会舆论的非理性、片面性等特点和刑法的残酷性、谦抑性等特点又共同决定了刑法应当超越社会舆论的正当性"[1],但是刑法是其他部门的保障法,是最后一道调整的规范,审判是司法的最后一道关口,让刑法和刑事审判超越社会舆论,与社会舆论划清界限,谈何容易。毕竟,刑法规范条文源于正义理念和已经发生的或将要发生的社会事实的结合,刑事案

---

[1] 王强军:《刑法修正之于社会舆论:尊重更应超越》,载《政法论丛》2014年第3期。

件发生在社会中,刑事司法者是社会公众的一员,所以对刑事案件的处理必然受到社会舆论的影响。将刑法和刑事审判与社会舆论进行分离使两者互不干涉,只是一种设想,是不合乎正义理念也不符合实际的一种空想。特别是媒体舆论对一些重大、热点案件的报道,会直接影响案件的最终结论。比如1997年发生在河南郑州的张某柱案就被认为是一个较早出现的典型,2002年的刘某案、2009年发生在沈阳的小贩夏某峰刺死城管案、2012年的吴某案、2014年山东平度征地纵火案等,都证明了媒体舆论对案件最终走向的影响。[1] 当然,需要说明的是,认为社会舆论的非理性、片面性给刑法带来不良影响进而强调将两者进行隔离的看法,过度夸大了舆论对刑事司法的不良影响,而忽视或无视舆论对刑事司法乃至整个司法的积极意义。应当说,社会舆论对案件的不当参与确实导致了妨碍司法、干扰法院独立审判问题的产生,但不可否认的是新闻社会舆论监督在促进公正司法、遏制司法腐败、维护社会公平正义方面发挥着重要作用。因此,司法审判与社会舆论的关系应当是充分发挥两者的不同作用,既要防止新闻舆论监督对法院独立审判的侵蚀、损害和干预、绑架,也要防止司法审判对新闻舆论监督的漠视、恐惧和不当限制。民众以及媒体舆论与刑事司法审判的良性互动,能够使得两者相得益彰;反之,则会相互损害,使得司法受到不利影响。

"国家司法权并不仅是一种影响力、作用力,它也是一种说服力、论证力,只有当国家司法权的物理强制与说服达到一个完美的均衡点时,国家司法权才能获得最有效、最可靠的规则保障。"[2] 因此,对作为刑法解释结论的判决来说,它虽然是司法过程中具有终局性的审判权力作出的结论,但是,在作出这一结论过程中,拥有审判权的法官既要考虑侦查、检察等权力主体的利益,也要关注权利主体的利益。因为在司法逻辑之下,整个权力的运作

---

[1] 参见刘仁文:《媒体与死刑的司法控制》,载《广西大学学报(哲学社会科学版)》2017年第5期。
[2] 廖奕:《法治中国的均衡螺旋》,社会科学文献出版社2014年版,第217页。

是遵循司法性的,它是存在于控辩审三角关系结构中的实践逻辑,它坚守公正这一价值立场,以直接言词原则为推理模式;它不同于上命下行、上行下效的行政执行关系,不同于执法者——相对人两极式结构关系。在司法逻辑下,整个权力的运作是秩序价值和自由价值之间、不同的权力之间、国家权力和个体权利之间的博弈和互动,作为审判权表现形式的刑法解释的任务就是在这种博弈和互动的关系中寻求一种均衡。

在这种模式和要求之下,法官作为刑法解释的终极作出主体,既要在微观的诉讼过程中要保持与控辩双方的互动,也要在宏观场域权力的运作中保持与权利主体的开放与互动。就微观的诉讼过程中保持与控辩双方的互动而言,前已述及,不再赘述。就宏观的权力运行来说,这种互动主要体现在三个方面。一是之所以要进行刑法解释,是因为刑法的适用过程就是刑法解释的过程。而在刑法适用过程中存在多元的主体,任何主体都可以对刑法进行解释,多元的主体因立场和价值观念的差异,势必产生解释分歧。所以,刑法解释自始至终都必须向多元利益主体开放。二是在进行刑法解释过程中,为了化解不同利益主体关于刑法解释的矛盾冲突,对多元主体的立场观点和利益进行协调,就必须关注和关照多元主体的利益需求。因此,刑法解释的过程必须向多元的利益主体公开,并与多元的利益主体进行互动。三是在解释结论形成以后,解释的过程、理由、依据、价值判断等,需要向不同的利益主体进行阐述说明,以此来说服多元主体对刑法解释结论予以认可接纳,使解释和认识分歧得以化解。也就是说,解释的结论也必须向多元主体公开,并进行互动。[1]

控辩审三方在对刑法进行解释、对裁判结果进行博弈,进而得出判决的同时,也要考虑公众的价值理念、法感情和接受度,也即公众对刑法解释所持的立场观点和对解释结论的认同程度。毕竟,司法判决的公正与否,离不

---

[1] 参见王帅:《刑法解释分歧的司法化解》,中国人民公安大学出版社、群众出版社2018年版,第101页。

开广大人民群众的感知,甚至可以说,民众的感受是司法是否公平的主要衡量标准。时代是出卷人、司法人员是答卷人、广大人民群众是阅卷人,司法人员得出的刑法解释结论要接受民众的检验,要努力让人民群众在每一个司法案件中都感受到公平正义。刑法解释不是解释者个人的事情,也不单单是司法场域的事情,作为一种道德的政治,是对善恶价值的判断和社会主义核心价值观的引领,是对人们行为规范的指引,可以说是一种"众人之事"。"众人之事"必须由众人商议决定,虽然有人提出了"群体意见的无意义性"理论,但民主制度和民主思想已经成为普遍的共识。同时,民众的观念也需要司法的指引,需要以司法的权威来防止"多数人的暴政"。司法的权威也不能屈就"理性缺席的民意",司法需要起到规制和引导的作用。实践证明,民意是可以引导的,也应该积极引导,刑事司法实践中,司法机关要通过加强司法公开、积极回应媒体与公众关切的方式,满足公众的知情权,从而引导民意与舆论。

因此,刑法解释不是控、辩、审一方的特权,也不是三方的协议,任何一方的解释结论都必须考量另外两方的观点立场以及大多数民众对解释结论的认同度。各个主体之间是平等对话的主体。虽然最终的裁判由法院作出,但是其在尊重其他各方主体的意见的同时,也要考虑民众对判决结果的接受度,以及判决结果对社会价值观念的影响度。2008年许某案之后的掏鸟窝案、鹦鹉案、于某故意伤害案、赵某某非法持有枪支案、王某某收购玉米案等一系列引起社会广泛关注的案件,可以说是深刻教训。"裁判者在法律适用中需要解释法律,其他法律实务者(如律师、检察官)、立法者、行政官员、法律学者、案件当事人等也会面临解释法律的问题,而且后面这些主体的解释都会在不同的程度上与司法裁判中的法律适用相联系,对裁判构成大小不同的影响。"[1]

---

[1] 张志铭:《法律解释学》,中国人民大学出版社2015年版,第49页。

以上是对刑法解释在司法场域中,刑法解释动态观之官民互动的论证与展开,主要侧重从实践的层面,对这一现象的描摹和论证。其实,刑法解释动态观之官民互动的理论资源丰富,提倡刑法解释者正视和重视官民互动,一是实践所需,二是理论支撑所在,三是刑法解释动态观所倡导的观点和创新所在。在众多的理论资源中,主体间性理论是一个非常重要的理论。

主体间性是一个发端于西方哲学的概念,是现代以来西方对传统的主体性哲学研究范式进行反思和重构而提出的一个哲学研究新范式。这一概念最早由胡塞尔从现象学的角度提出,之后由海德格尔将其在诠释学本体论上发扬光大,伽达默尔在其恩师海德格尔的基础上又进行进一步发展,建立了哲学诠释学,并将主体间性理论运用到法律诠释学当中。法律解释学领域的主体间性,是指法律解释者通过平等协商对话达到主体间视域融合和理解上的共识,使得解释结论大体上能够被各方接受。其要求解释者在解释法律规范文本时,不能将法律文本看成是客体,不能无视其他主体对法律文本的解释,而是应当将文本和其他解释者看成是对话者,通过相互问答式的交流形成对法律规范文本的最大限度的共识理解。刑法作为关涉人的生命、自由、财产等重要权利的一部法律,对其解释更应当遵循主体间性。刑法解释遵循主体间性理论的依据在于理论和司法实践两个方面:

从理论的角度来说,传统的主体性哲学和主客间性理论已经不能适应社会发展的需要,已经难以解决人类社会的冲突和矛盾。在对传统的主客间性理论进行全面深刻反思的基础上建立起来的主体间性哲学范式,与现代民主法治社会具有高度的契合性,能够有效解决社会中的矛盾和问题,展现出了强大的生命力。在刑法解释领域也是如此,传统的"主客间性"刑法解释范式存在解释结论难以适应社会发展现实,难以适应社会主流价值观念,难以达成共识进而化解矛盾等弊端;而主体间性的刑法解释范式则全面考量了相关主体的事实期待和价值期待,是在对话交流基础上达成的共识,所以易于被各方接受。具体来说,刑法解释者不是孤立的存在,对刑法进行解释，必须要考量刑法条文本身的规范逻辑和情理价值，以及其他主体包括社会公众对刑法条文的理解，特别是应当高度关注与案件处理结果存在相关利益的主体对刑法的解释。因为，刑法规范是行为规范和裁判规范，其目标是通过对刑法规范条文的适用来打击犯罪保护人民，指引、规范人们的行为，维护和谐稳定的良好社会秩序。作为对人们行为的指引和对裁判行为的规制的重要法律规范，人人都会对刑法规范进行解读，特别是与具体案件的处理存在利益关系的人更会对刑法规范条文的适用进行解读。解释者必须要正视这一客观规律和实际现象。尤其是对于诉讼当事人而言，刑法解释的结果直接与其利益相关，如果司法者不顾及利益相关者和社会公众对刑法的解释，很大可能会导致其解释结论不被接受，引起当事人上诉，甚至采取极端手段报复社会，进而影响司法权威和司法公信。人人都是目的而不是手段，刑法解释过程中也是如此，此解释者必须将他解释者视为主体，将彼此的解释结论进行碰撞，形成最大公约数，达成普遍可接受的符合刑法规范逻辑和社会价值的共识。

从司法实践来说，在刑事司法实践中，无论是侦查机关、检察机关、审判机关还是辩护律师，抑或其他诉讼参与人，所有的人员在解释刑法规范条文的过程中，在遵循刑法规范条文内在逻辑和价值的同时都不能不考量其他主体对刑法解释的态度、立场和具体的解释结论。侦查人员对刑法进行解释，在用具体的刑法条文所规定的罪名构成要件为指引收集证据的基础上，要考量检察机关和审判机关对其解释结论的认可程度。实践中存在的提前介入引导侦查等制度，鲜明地诠释了这一论断。当然，检察机关对刑法进行解释，也会考量侦查机关和审判机关对其解释结论的认可程度；审判机关也不例外，也不可忽视甚至是无视侦查机关和检察机关的解释。并且，司法机关在对刑法进行解释时，也会关注诉讼参与人和社会公众对刑法的解释，会听取各方对案件事实证据和法律适用的意见，如通过"控辩审"三方参与的庭审制度、人民陪审员制度，以及目前正在探索的逮捕案件公开审查等制度机制,充分考量利益相关方和社会公众对刑法的解释。这些制度设计,都是有意或者无意对主体间性的理论的运用。引人关注的于某故意伤害案、赵某华非法持有枪支案、王某某收购玉米案等案件的最终解决,也无一例外地遵循了主体间性的解释范式,取得了良好的法律效果和社会效果。

可以说,刑法解释遵循主体间性既是理论的要求,也是实践的需要。但是,司法实践中可能会出现解释者违反主体间性的指引,自话自说地对刑法进行解释进而导致诉判不一、抗诉、改判,甚至是引起舆论哗然,受到各界批判。因此,对刑法进行解释,必须遵循主体间性原则。

此外,这里需要特别说明的是,也许有观点会认为民众参与司法会带来负面效应。首先,司法的专业化(精英化)同大众化(民主化)在某种程度上存在冲突,民众的广泛参与会削弱司法的专业化,对法学的发展和司法权威的树立会造成不利影响。其次,对情理、民意、舆论等的考虑如何设置合理的边界,如何体现规范制约以避免副作用的出现。太注重民众的意见也存在不合理之处,毕竟,司法需要理性。针对这些观点,应当作出必要的回应,但是不能因此否定"刑法解释动态观"这一论题的理论意义和实践价值,毕竟,任何一种理论学说都不是完美无缺的。一方面,刑法解释动态观强调民众参与刑法解释,并不会削减司法的专业化。民众的刑法解释结论会给司法者提供思考的素材,使司法者的刑法解释能够在注重专业的同时也关照"人间烟火",会增强司法者刑法解释结论的公众认同,这与司法专业化建设并不冲突。况且,刑法解释本身便需要"规范用语的普通化和普通用语的规范化"[1]。另一方面,民众参与刑法解释过程,司法者进行刑法解释时与民众形成良性互动,并不等于司法者的刑法解释唯民众马首是瞻,而是增加司法者进行刑法解释时的社会性,因为"法律解释的主体是社会中的行动者,他们分享着社会中许多共同的东西,如知识、传统等"[2]。可以说司法者和

---

[1] 张明楷:《刑法分则的解释原理》(下),中国人民大学出版社2011年版,第806~833页。
[2] 郑戈:《法律解释的社会构造》,载梁治平编:《法律解释问题》,法律出版社1998年版。

民众具有整体的社会情理认知,司法审判特别是刑事司法审判必须要有一颗"同理心",合理吸收听取民众关于刑法解释的理由、依据、结论,避免刑事司法判决脱离民众的法感情而遭受诘难,并不会使司法被"民意"左右而偏离法治轨道。相反,民众和社会舆论这种"法外"的社会现象与刑事司法人员在刑法规范这种"法内"场域展开"对话",更容易使得司法机关的刑法解释结论及案件处理结果被公众认同。

第五章　机制保障:刑法解释动态观之保障制约

　　刑法解释主体认知的动态性、解释对象的动态性、解释过程的动态性等,决定了刑法解释是一个动态的过程,解释者必须秉持动态理念,运用动态思维,采取动态方法,以规范逻辑和情理价值为双轨并行的路径,以达到"天理、国法、人情"相统一为目标,进行刑法解释。通过理论推演和实践考察,刑法解释动态观表现在个人场域、司法场域和社会场域。刑法解释动态观,其内在的逻辑是解释者个体应当将动态观念由自发上升到自觉和自律,要注重听取其他解释主体关于刑法解释的理由和结论,在平等基础上形成互动博弈的格局。然而,如何实现动态解释刑法,使其能够在司法实践中得到广泛有效的运用,需要相应的机制加以保障。调查侦查、检察、审判机关内部和机关之间的动态博弈,需要实质的监督制约机制的保障;各个解释主体之间的平等对话,充分尊重他人关于刑法解释的结论,需要平等的对话博弈机制的保障;充分听取不同主体特别是公众关于刑法解释的态度和观点,需要广泛的公众参与机制的保障;对司法者个体形成制约,并对司法者提出向公众阐释刑法解释的观点和理由的要求,需要严格的法律文书说理机制的保障。上述四大机制的构建,能够确保刑法解释动态落实到司法实践中,起到应有的作用。

第一节 实质的监督制约机制

刑法解释过程就是刑法适用的过程,刑法解释贯穿于刑事诉讼过程始终。调查侦查、起诉、审判等各个阶段都在对案件事实进行审查,对行为人的行为进行罪与非罪、此罪与彼罪、一罪与数罪等有关刑法解释的判断。各个机关内部和各个机关之间,在不同程度从不同角度进行着刑法解释。不同机关肩负不同的职责,形成互相制约互相配合的诉讼格局。这一诉讼格局的设计,旨在防止某一机关拥有刑事诉讼的全部权力而不受约束、恣意行使,进而侵犯公民权利;相互制约,使得刑事追诉权能够被限制在合理的范围内,使其既能够打击犯罪,也能够保障人权,维护正常的社会秩序。

一、权力主体内部的监督制约

监察机关、公安机关、检察机关、法院等,各机关内部均存在一定程度的监督制约机制。虽然在同一系统,在同一个领导的管理之下,但并不能据此就否认监察机关、公安机关、检察机关、法院等机关内部存在监督制约,从而认为各机关内部都是一路绿灯,能够畅通无阻地将案件向前推进而进入下一个环节。从理论推演上来看,也许可以认为凡是同一个机关,就是一体的毫无争议和制约存在;但是司法实践已经以看得见的实实在在的事实证明,理论推演的结论并非如此。前已述及,监察机关的调查部门和审理部门之间、公安机关的侦查部门和法制部门之间、检察机关和法院的上下级之间等,均存在常常被理论研究忽略甚至是无限缩小的监督制约。不同部门之间,上下级之间,因对刑法解释持不同观点而发生博弈甚至是争论的情况时有发生,这种存在分歧而互相说服,恰恰是各个机关内部相互制约的明证。

当然,承认同一权力机关内部不同部门之间存在实质的监督制约关系,并不是说就可以高枕无忧地静待这种监督制约能够完美地发挥作用。毕竟这种监督制约还存在自身的不足,需要进一步加强和完善,即在刑法解释过程中,对同一权力机构内部不同部门之间的相互监督制约,应当进一步强化。具体而言:在监察机关,应当进一步强化审理部门的法学专业人才配置,将检察机关转隶或者法院等单位选调的,有较为扎实的理论功底和丰富的实践经验的人员安排到审理部门,对调查案件进行严格把关;并且,应当提升审理部门的地位和权威,使其行政职级的配置略高于调查部门,或者安排单位排名第二的分管领导直接分管审理部门,以提升审理部门的话语权。在公安机关内部,同样也应配精配强法制部门人员,强调法制部门人员的法学专业性和实践性,不断强化侦查人员与法制部门之间的制约关系,特别是增强法制部门对侦查部门案件的审核把关权力。在配精配强审理部门和法制部门人员的同时,对审理和法制部门的权力配置进行提升,切实形成审理部门和法制部门对调查和侦查部门的制约,坚决避免将审理和法制部门置于弱势地位,以免使两者屈服于调查和侦查部门。如此,同一权力机关不同部门之间的制约关系就会被削弱,甚至是名存实亡,不同部门之间的刑法解释博弈也就不复存在,反而变成了调查和侦查部门关于刑法解释的"一言堂"。同时,应加大对审理部门和法制部门人员的考核力度,如果移送到检察机关的案件被作出存疑不起诉,或者虽然移送起诉,但被法院判决无罪,要对审理部门和法制部门审核人员进行责任倒查。如果是仅仅因为认识不同存在争议而导致不诉或无罪判决的结果,则可以免责;如果是因为审核把关不严,或者是故意为之,则应当加大对审核把关人员的处罚力度,对其进行取消考评优秀的评价、影响其晋职晋级等不同程度的惩罚。考核压力可以促进审理部门和法制部门人员尽职履职,把好刑法解释的第一道关口,避免"起点错、跟着错、错到底",以至于最终酿成危害社会公平正义和减损司法权威的冤假错案,给冤假错案当事人、社会民众、国家造成不可挽回的损失。

在检察机关内部,也应当进一步强化监督制约,使得刑法解释在不同主体之间的博弈更加充分。在检察官联席会方面,应当制定严格的程序和发表意见的责任承担机制,避免不是承办人的检察官不看案件随意发表关于刑法解释的观点而不承担任何责任;而是应当要求承办人全面汇报案件事实、证据、法律适用情况、政策考量情况、案件争议焦点等,要求参会的其他检察官全面细致掌握案件事实证据情况,认真研判法律适用和政策把握标准,认真负责地提出关于具体案件的刑法解释理由、依据和结论;同时建立健全相应的责任承担机制、承办检察官与非承办检察官的制约监督机制等,切实发挥检察官联席会的作用。在承办人、部门负责人、院领导等的管理监督关系方面,尽管在业务上已经改变了原有的"三级审批"的"科层式行政化"模式,但是,部门负责人和分管领导以及检察长依然对承办检察官负有业务上监督管理的责任,按照检察官权力清单,一些案件依然需要部门负责人和分管副检察长甚至是检察长审批。此时,部门负责人和分管副检察长以及检察长,应当切实履行"一岗双责"的监督管理责任,加强对案件承办检察官的领导、管理、制约,避免承办案件的检察官的刑法解释和案件处理权力不受限制,或者因为个人考虑不周或刑法解释能力不强而出现冤假错案。这就要给承办案件的检察官的权力"加把锁",强化监督制约实现刑法解释在同一机关不同主体之间的博弈和互动。在检委会方面,进一步细化落实现有的检委会议事规则和制度机制,加强承办检察官的案件汇报责任,压实检委会委员的事实证据审查责任、法律政策适用责任、意见发表和表决责任等,形成有效的制约关系。在不批准逮捕、不起诉案件以及特殊案件向上一级报备方面,应当压实上一级人员的审核责任,转变当下的"重形式轻实质"的审核现状,对于下级机关决定错误的要及时果断地进行纠正;同时,细化落实上级机关审核人的职责,对于审核把关不严的情况加大惩罚力度,切实发挥上下级之间的监督制约关系。在特殊案件向上级请示汇报方面,也应当加大监督制约力度,严格落实汇报人的责任、汇报机关的责任、上级参与案件研究人员的责任,避免下级随意向上级请示汇报,甚至是采取请示汇报的方式向上级踢皮球、抛难题。下级机关在汇报时必须要有明确的基于案件事实证据和现有法律而得出的处理意见。上级参与案件研究的人员,应当切实发挥指导作用,拿准吃透案件事实证据和法律适用,给下级汇报机关进行有力的指导,给出负责任的明确的意见。需要说明的是,随着深化司法体制改革的推进,2018年2月,党的十九届三中全会审议通过的《中共中央关于深化党和国家机构改革的决定》指出,"优化党和国家机构设置和职能配置,坚持一类事项原则上由一个部门统筹、一件事情原则上由一个部门负责"。同年7月24日,在深圳召开的全面深化司法体制改革推进会,贯彻这一决策,提出"优化法院检察院机构职能体系"的要求。按照上述思路,2018年最高人民检察院要求在刑事检察方面,按照《刑法》分则对罪名的分类等,重新组建专业化办案机构。随后,检察机关在内设机构改革中,合并侦查监督部门和公诉部门,审查逮捕和审查起诉职能由同一个部门同一个办案人员承担。也就是说,对同一个刑事案件的审查逮捕、审查起诉工作,原则上由同一名检察官或检察官办案组负责,即实行"捕诉一体"。对于"捕诉一体"学界有不同的声音,甚至是尖锐的批评,有人指出,"捕诉一体"存在不当拔高了逮捕证明标准、强化了"够罪即捕、一捕到底"、破坏了审查起诉对已批捕案件的制约、违背了宪法规定和正当程序等弊端。[1] 孙长永教授更是指出,"捕诉一体"改革"不仅完全否定了近二十年来检察机关相对中立地行使逮捕权的积极成果,也严重背离了刑事正当程序的基本精神和国际公约

---

[1] 相关论述参见谢小剑:《检察机关"捕诉合一"改革质疑》,载《东方法学》2018年第6期;童伟华:《谨慎对待"捕诉合一"》,载《东方法学》2018年第6期。

确认的刑事司法准则",当务之急是及时终止这一改革。[1] 但是,审查逮捕和审查起诉依然是分开的独立的两个程序,"捕诉一体"合并的是办案人员而不是办案程序。因此,在办案程序依旧存在分离的情况下,必须通过进一步落实司法责任等方式,强化审查逮捕阶段和审查起诉阶段的阶段性的内部制约,避免审查逮捕和审查起诉一人负责后阶段性制约消失的问题出现。特别是在逮捕和起诉阶段,要落实检察官听取辩护律师意见的制度机制,承办检察官要善于听取辩护律师的意见,对刑法解释结论进行斟酌和考量,精准理解和适用"捕诉合一"是办案主体合一而不是办案程序合一。审查逮捕和审查起诉的阶段性制约,检察官联席会的制约,检委会的制约等,不断强化检察机关内部制约关系,使得刑法解释的动态博弈能够在检察机关内部充分展开。

同时,在内设机构改革过程中,最高人民检察院将监察局更名为检务督察局,地方检察机关也相应地将监察局(处)更名为检务督察局(处)等。检务督察部门在开展内部监督工作的同时,负责研究制定与检务督察工作有关的政策,省级以下检察机关也以此为依据进行改革。对于此项改革,最高人民检察院有关负责人表示:"检务督察局内部监督的目的是……强化对检察机关及其工作人员执行法律法规情况的督察,……从而强化对检察权运行监督制约,保证检察机关和检察人员依法履职、公正司法。"[2] 除了由专职部门负责监督外,检察机关对于检察权运行的内部监督还强调"由检察长统一领导,副检察长分工负责,监察部门和执法办案部门各司其职,其他部门和广大检察人员普遍参与",明确检委会的职能、加强检委会监督,并建立评价反馈机制和督办催告制度。此外,业务管理部门也通过统一业务应用平台对检察官办案过程的受理、批捕、起诉等关键环节进行实时动态的监督,及时反馈并督促落实,通过定期开展案件质量评查等工作,对检察官行使职

---

[1] 参见孙长永:《"捕诉合一"的域外实践及其启示》,载《环球法律评论》2019年第5期。
[2] 史兆琨:《最高检监察局更名为检务督察局》,载《检察日报》2019年2月26日,第2版。

权进行有效的监督。[1]

在审判机关内部亦应如此。在同一审判机关内部,一要加强合议庭成员之间的权力制约,建立相应的不负责任地发表意见的责任追究机制,使得各个成员关于刑法解释的观点能够充分且负责任地发表。承办法官也应当认真考量、虚心听取其他人的意见建议,对于应当听取正确合理的意见建议而"一意孤行"拒不听取的,追究其相应的责任。二要完善承办法官、部门负责人、院领导之间的监督制约,充分发挥庭长、副院长、院长对承办法官的监督管理职责。需要说明的是,尽管检察机关和法院在司法责任制改革时改变了业务上的"三级审批"制度,提出并开始实施承办检察官、法官案件终身负责制,特别是明确提出"让审理者裁判、由裁判者负责"的司法责任制,但是,院庭长对承办法官的监督管理职责并没有消失,且近年来又有加强的趋势。比如,检察系统检察官权力清单方面,需要部门负责人和分管副检察长审批的事项逐渐增多;法院系统开始实施"阅核制","阅核制是人民法院、院庭长依据审判监管权力和责任清单对合议庭、独任法官作出的裁判文书,从程序、事实认定、法律适用、裁判结果、文书格式、文书质量等方面进行审查的内部监督管理机制,是最近最快、最直接最便捷、程序成本最低的内部监督、纠错方式"[2]。"阅核制"的提出和实施,明确了院庭长在业务监管上的责任,加大了对审判法官的权力制约,是强化双向互动、凝聚集体智慧、依法议决案件的体现,能够较好保障刑法解释在同一级法院内部的博弈和互动。当然,"阅核制"也遭受了质疑和批判。有学者认为,该制度的实施是司法责任制改革的倒退,是对"让审理者裁判、由裁判者负责"的否定。[3] 因该论题不在本部分内容的讨论范畴之内,不再深入论证。三要强化审判委员会

---

[1] 参见郭庆:《多措并举完善检察机关内部监督机制》,载《检察日报》2018年11月25日,第3版。
[2] 魏涛:《阅核制是强化责任监督的一道"关口"》,载《人民法院报》2023年10月29日,第2版。
[3] 参见龙宗智:《法院"阅核制"应当慎行——兼论审判监督管理的合理限度》,载《比较法研究》2014年第2期;傅郁林:《"阅核制"冲撞司法责任制的风险评估》,载《上海法治报》2023年10月13日,第B7版。

对案件的审核把关和制约,与前述检察机关的检委会一样,在审判机关也要强化审判委员会对案件承办的监督制约,因审判委员会运行机制和检委会运行类似,因此对其制约的加强可借鉴检委会部分的论述,不再赘述。此外,在上下级审判机关之间,尽管就法律规定和理论研究的角度而言,上下级审判机关在业务上是审级监督指导关系,上级法院通过审理上诉案件和再审案件监督下级法院的审判工作,纠正裁判错误或偏差,但是,司法实践中,法院系统内部的案件请示汇报和检察机关的请示汇报基本一致。此时,就要落实案件汇报的下级审判机关的主体责任,强化上级审判机关的指导监督责任,强化上级审判机关对下级审判机关的制约,让刑法解释的博弈互动在上下级审判机关之间充分展现,避免出现因"当局者迷"和"不识庐山真面目,只缘身在此山中"而产生的刑法解释错误。

二、权力主体之间的监督制约

前已述及,刑法解释的权力主体主要是监察机关、公安机关、检察机关和审判机关。笔者认为,在充分发挥刑法解释的权力机关内部制约的同时,更要强化权力主体之间的制约,将我国《刑事诉讼法》等规定的"互相制约"的原则落到实处。从理论推演的角度来看,如果说同一权力机关内部的监督制约比较薄弱,甚至是被认为是形同虚设、形式意义大于实际效果的话,那么不同权力主体之间的监督制约则应当是显而易见的、比较明了的。当然,也存在诸多的批判公安机关、检察机关、人民法院之间的配合大于监督,监督制约并没有达到理想的效果等观点。但是,不容否认的是,监察机关、公安机关、检察机关和人民法院之间的监督制约,相对于同一权力主体内部的监督制约来说更加明显。司法实践中的不逮捕、不起诉、复议复核、立案监督、撤回起诉、判决无罪等,就是不同机关监督制约的明证,也是不同机关或不同人员关于对刑法解释持不同观点的体现。

要强化刑法解释动态性,实现刑法解释的互动博弈,就要严格按照《刑事诉讼法》互相制约的要求,使监督制约机制落实到现实的司法办案当中。

(一)在调查、侦查和检察的监督制约方面

权力配备上,应当确保侦查、调查机关权力的配备与检察机关处于同等的位置,特别是对作为法律监督机关的检察机关来说,其应当具有实质性的制约措施,以能够切实起到对调查、侦查机关的制约作用,避免因为检察机关的权力和职能弱势而不能、不敢依法履行宪法法律赋予的法律监督职责,或者履行法律监督职责却得不到其他机关的认同。

在此过程中,检察机关依法行使审查逮捕、审查起诉职能,不能有"数据冲动",要通过审查逮捕和审查起诉的把关作用,落实对"前端"机关的制约要求,将法律规定的证据要求、证明标准和实体法规定的构成要件等传递给"前端"机关,不断提高调查、侦查质量。检察机关应当认真履行客观公正义务,站在"法律守护神"的立场,从法律公正实施、充分保障人权、依法惩治犯罪的角度,对公安机关和监察调查机关提交的案卷材料进行认真审查,以规范逻辑和情理价值为路径对刑法解释进行审视,切实履行宪法法律赋予的法律监督职责。特别是检察机关应当充分发挥不起诉权的监督引导侦查权、保障人权、实现案件分流的功能作用。[1] 对于实践中存在的,不敢用、不愿用、不会用以及不当适用不起诉权的现象,应当从树立正确理念、科学合理理解法律适用、完善相关的制度机制方面,激发检察机关检察人员依法运用不起诉权制度的信心和勇气,[2]切实起到对侦查和调查的监督制约作用。侦查机关和监察调查机关应当充分考量检察机关的意见,听得进去检察机关的不同意见,正确对待检察机关的不批准逮捕和不起诉。当然,侦查机关和监察调查机关对于检察机关作出的不批捕不起诉意见不服的,也应当理性地运用复议复核的权利,依据事实和法律提出关于刑法解释的不同见解,并进行充分的说理。

---

[1] 参见陈卫东:《检察机关适用不起诉权的问题与对策研究》,载《中国刑事法杂志》2019年第4期。
[2] 参见童建明:《论不起诉权的合理适用》,载《中国刑事法杂志》2019年第4期。

侦查机关、监察调查机关、检察机关,应当站在保障法律正确实施、维护社会公平正义的立场上对刑法进行动态的解释,并将各自的解释依据和结论等与对方交换意见,形成实质性的监督制约机制,听得进去逆耳的良言,而不是赌气甚至是发生争吵和对抗。司法实践中,应当通过提前介入引导调查和侦查,加强前期的沟通协调,落实相互配合的法律规定,形成检察机关对侦查机关和监察调查机关的前期引导;侦查机关和监察调查机关,通过对不批捕不起诉的复议复核等,形成对检察机关的反向制约;同时,检察机关也应当充分听取调查和侦查机关关于刑法解释的理由、依据、结论,不断对自身的关于刑法解释的理由、依据、结论进行审视或修正。需要进一步说明的是,侦查机关、监察调查机关、检察机关之间的监督制约机制,既包括刑法解释实体方面的监督制约,也包括程序性的监督制约,比如对刑事案件"另案处理"的监督制约,[1]对侦查行为本身的监督制约等。因程序性监督制约与刑法解释动态观的关联性较弱,在此不再进行详述。

(二)在检察和审判的监督制约方面

应当充分发挥检察和审判的职能作用,检察机关加大对审判机关进行刑法解释的监督力度,对于达到起诉标准、符合起诉的条件的案件,依法向法院提起公诉,对于司法实践中出现的个别法院不受理提起公诉案件的极端现象,应当通过向当地党委政法委、上级检察机关、上级审判机关反映的方式,纠正审判机关的错误;对于审判机关要求撤回起诉的案件,要通过检委会、向上级请示汇报等方式,充分对案件事实证据和法律适用、政策把握等进行研究,对于确有错误的应当依法撤回进行改正,对于没有错误的案件要敢于坚持;对于法院作出无罪判决,或者是与起诉指控不一致的判决的情况,要在充分研判、集体协商、自上级请示的基础上,充分利用抗诉职权加强对法院的监督制约。

---

[1] 参见刘仁文:《刑事案件另案处理的检视与完善》,载《政治与法律》2021年第5期。

审判机关也应当加大审查力度,对于检察机关的错误指控起诉,要善于运用退回、通知撤回起诉、判决无罪等方式,加强对检察机关刑事起诉的监督制约。当然,这里强调的加强监督制约不是"怄气式"对抗,而是说审判机关和检察机关都应当站在对党和人民负责、对事实证据负责、对法律适用负责、对案件当事人负责角度,依法履行各自的职责,相互制约使得各自关于刑法解释的结论能够更加符合公平正义的要求,能够让社会公众所接受。

(三)在调查、侦查、检察、审判的监督制约方面

刑事案件的调查和侦查、检察、审判应当是相互制约的关系,审判机关应当"兼听则明""居中裁判",落实庭审实质化的要求,充分听取侦查机关、检察机关、被告人及其辩护律师等关于刑法解释的意见,对案件事实认定、法律适用、政策把握等,进行客观中立的判断;不能只听取调查和侦查的意见而忽视检察机关的意见,也不能只听取检察机关的意见而将调查和侦查的意见视而不见;同理,调查和侦查、检察、审判任何机关都应做到这一点,都应当充分考量其他机关关于刑法解释的意见建议。

在深化司法体制改革背景下,进一步加大对法官个人权力的监督制约,能够使法官作出的相对终局性的刑法解释结论符合规范逻辑和情理价值,能够为民众所认同接受。同时,以审判为中心的诉讼制度改革,要求检察机关以审判标准审查公诉案件,深度融合实体法和程序法以科学认定案件事实、准确适用法律、全面把握刑事司法政策,采取解构和建构并重方式构建指控犯罪的证据体系[1],加强提前介入引导侦查,有效利用庭前会议,切实落实证据裁判原则。[2] 对检察机关的这些要求,改变了以往的侦查 > 检察 > 审判的诉讼格局,转变为审判 > 检察 > 侦查,倒逼检察机关提高案件审查能力,增强引导侦查力度,将起诉和审判的理念、法律适用和证据裁判标准等传导给公安机关;公检法共同遵守严格的证据裁判原则,树立侦查和起

---

[1] 参见龙宗智:《中国法语境中的"排除合理怀疑"》,载《中外法学》2012年第6期。
[2] 参见王东海:《审判中心格局下刑事指控体系的构建》,载《江汉学术》2016年第4期。

诉服务服从于审判的观念。这就对权力机关之间的监督制约提出了更高的要求,也提供了良好的进一步深化监督制约的契机。

第二节 平等的对话博弈机制

前已述及,刑法解释动态观的维度之一就是不同主体之间的互动和博弈,各方通过充分的互动博弈,达成大致可以接受的刑法解释结论。特别是对于疑难复杂、有争议和社会关注度高的案件来说,应当进行广泛且深入的对话博弈。而对话博弈的前提是平等。平等基础上的博弈是通过沟通交流寻求共识,不是零和博弈,更不是无条件服从。构建平等的对话协商机制,是对监督制约机制的补充和缓和,因为只有监督制约而缺乏平等对话的话,容易造成各个机关之间相互为难,难以进行有效的沟通合作,难以形成打击犯罪的合力。

一、监察、侦查、检察与审判之间的对话协商

监察调查机关、侦查机关、检察机关和审判机关,都是在党的统一领导下各司其职的政治、司法机关,都承担着打击犯罪保护人民,为国家治理体系和治理能力现代化贡献力量的重要职责,也承担着弘扬社会正气、引领良好风尚,全面深入推进依法治国的重任。因此,不管是从理论研究的角度来看,还是从司法实践的需要来说,前述各个机关在强化监督制约的同时,也要加强对话协商和协作配合,以便在党的统一领导下代表广大人民群众的利益,形成打击犯罪、保障人权的合力。监察机关以及公检法机关之间进行平等的对话协商,不能以某一方为主而忽视或无视其他各方关于刑法解释的观点、理由、结论,各个机关之间的力量和地位应成均衡之势,使得任何一方的不合理解释都能够具有其他方面不同意见的抗衡制约。当然,这种抗衡不是单单的对抗,而是指在平等基础上的相互协商,各个平等的主体相互

尊重其他主体关于刑法解释的意见建议。

在这一对话协商过程当中,需要考量的是在监察体制改革和深化司法责任制改革背景下,随着以审判为中心的刑事诉讼制度改革的推进,监察机关、侦查机关、检察机关与审判机关之间如何加强对话协商,特别是检察机关如何作为,便成为关键。这就需要考量两个方面:一方面,提起公诉证明标准如何适应审判标准?这是困扰司法实践的一个难题,特别是在以审判为中心的诉讼制度改革当中,这一问题越来越凸显。从理论上来说,"提起公诉的证明标准要高于逮捕证明标准,低于审判定罪的证明标准"[1]。证明标准随着诉讼的推进而有所不同,呈现阶梯性上升趋势。并且,证明标准问题是主观标准和客观标准相结合的问题,既有客观性的一面也有主观性的一面。检察人员和审判人员系站在不同角度甚至不同立场(检察人员是诉讼的一方,虽然应当坚守客观公正的立场,恪守客观义务,但是毕竟是"沉默的法官、争斗的当事人"的争斗的一方)的不同的人员。不同知识背景和人生经历的人员从不同角度看同一问题、审查同一案件,形成不同的判断是很正常的。虽然说以审判为中心不是以法院为中心,更不是以法官为中心,但是不可否认的事实是,随着以审判为中心的诉讼制度改革的推进,法院审判的标准成为重中之重,成为检验检察机关移送起诉刑事案件正确与否的标尺。在这一诉讼格局下,公诉人如何适应审判中心,公诉标准如何适应审判标准,便成为司法体制改革亟待解决的问题。同时也成为检察如何处理与监察调查和侦查,以及与审判的关系问题,兹事体大,需引起高度重视。另一方面,检察机关以审判标准进行证据审查过程中,如何处理与侦查、调查机关的关系?由于以审判为中心的诉讼制度改革,要求审判以庭审为中心,庭审以证据为中心,而现实的考核又要求检察机关起诉的精准性。因此,检察机关在提起公诉时需要以审判的证明标准审查案件,审查侦查、调查机关

---

[1] 杨宇冠、郭凯伟:《论提起公诉的证明标准》,载《证据科学》2019年第1期。

移送起诉的证据材料、案件事实和法律政策的适用。检察机关认为没有达到审判定罪的标准，便会通过退回补充侦查、法定不起诉等方式进行处理，这就涉及和侦查、调查机关的博弈问题。实践中出现的复议复核等情况，往往与两个阶段的人员对同一问题的不同认识密切相关。

面对以上两个亟待解决的问题，监察机关、侦查机关、检察机关与审判机关更应当在监督制约的同时，加强对话协商，共同构建起统一的证明标准和法律适用以及政策把握的尺度，使得对犯罪的打击能够顺利进行、对人权的保障更加有力，而不至于出现某一机关强势地指挥另外的机关的情形，也不能形成各个机关之间相互猜疑，甚至是故意刁难其他机关，从而造成执法司法标准差距过大，出现不利于诉讼程序正常进行和对犯罪分子有效打击的不良后果。

当然，必须要说明的是，平等的对话协商不等于联合办案，更不是"未审先定"。而是说监察调查机关、侦查机关、检察机关和审判机关在进行刑法解释时，各个机关的主体地位是平等的，各个机关对刑法解释的依据、理由、结论等，应当进行平等的对话、沟通、交流，在平等的环境下依据事实证据和法律政策，理性地发表关于刑法解释的意见，各方相互尊重对方的意见建议，科学理性进行交流、沟通和评判。

监察调查机关和侦查机关在商请检察机关提前介入时，应当认真听取检察机关提出的关于证据采纳、事实认定、法律适用、政策把握等关于刑法解释的观点看法；同时，检察机关也应当认真考虑监察调查机关和侦查机关关于案件事实性质的判断、侦查调查方向的预估等。各方通过相互交换观点看法，相互提出建设性意见建议，会使得调查和侦查更加科学有序的进行，使得调查侦查的方向沿着罪刑法定的道路顺利前进。当然，在这一阶段，在有限的证据量下构建起来的案件事实可能是不完整的，基于此而得出的刑法解释结论也许具有片面性。但是，这并不影响监察调查机关、侦查机关和检察机关关于刑法解释的平等协商。

当案件进入审查逮捕和审查起诉阶段后,监察调查机关和侦查机关在提请检察机关对犯罪嫌疑人刑事拘留(司法实践中,监察调查终结后往往会将案件交予检察机关进行刑事拘留,当然也存在监察调查机关不提请采取拘留强制措施而直接移送审查起诉的情况)、批准逮捕或者移送检察机关进行审查起诉时,应当有充足的理由认定犯罪嫌疑人构成犯罪,需要适用逮捕强制措施或需要移交法院进行刑事判决。此时,监察调查机关和侦查机关应当就刑法解释所认定的犯罪嫌疑人的行为构成犯罪进行说明,以刑法解释的依据和理由和检察机关进行沟通、协商、对话、博弈。检察机关收到监察调查机关和侦查机关提交的刑事拘留、提请逮捕和移送起诉的案卷材料和相应的文书后,应当在实体刑法的指导下认真审查在案证据,判断行为人的行为是否符合刑事实体法规定的犯罪构成,衡量以证据为支撑认定的行为人的行为是否符合以犯罪构成要件为指导的案件事实,[1]并将判定的依据、理由以及结论在法定期限内反馈给监察调查机关、侦查机关,而不得以不说理或者简短的说理的方式作出与监察调查机关和侦查机关不同的决定。也就是说,针对犯罪嫌疑人不构成犯罪、证据不足、无逮捕必要的不批准逮捕,以及法定不起诉和微罪不起诉的决定,要进行充分的说理,即对进行刑法解释所依据的事实和理由进行说理论证。

当案件移送到法院开始进入审判程序后,检察机关需要将审查认定的事实、证据、请法院依法判处的罪名和刑期等,与法院进行有效充分的沟通、协商。此时,虽然是检察机关代表国家以国家公诉人的名义与法院进行沟通商谈,但是,实质上也可以说是监察调查机关、侦查机关和检察机关一起,与法院进行的关于刑法解释的协商互动。因为,监察调查机关、侦查机关和检察机关此时已经是大控方格局。实践中,也存在检察机关和法院关于罪与非罪、此罪与彼罪、一罪与数罪等关于刑法解释有争议时,与监察调查机

---

[1] 参见王东海:《审判中心格局下刑事指控体系的构建》,载《江汉学术》2016年第4期。

关和侦查机关一起协商的情况。并且,在许多重大疑难复杂案件中,政法委组织三家协商也并非个别现象。

当下,监察机关、侦查机关、检察机关与审判机关之间的对话协商应当进一步规范,在现有机制的基础上应当进一步进行完善,充分利用提前介入引导调查侦查、案件会商、庭前会议、公检法或监检法联席会议等的协商沟通平台,发挥协商、互动、对话的作用。权力之间的平等配置,以及对话协商渠道的有效畅通,能够确保协商各方权利主体地位平等,确保协商的理性平和进行,确保各方对刑法解释的意见建议被理性平等对待。

二、司法与被告一方的对话互动

被告虽然是被追诉人,但是其依然是刑事诉讼的主体而不是客体,其依然具有不可侵犯的人权需要司法机关的保障。将被告人作为主体而不是客体对待,是保障人权的应有之义,是现代刑事诉讼制度的基本要求,我国《刑事诉讼法》对此也作出了明确规定[1]。因此,刑事诉讼过程中,司法机关需要与被告人一方进行对话互动。

司法机关与被告人及其近亲属、辩护律师等进行博弈和互动,既是理论研究的需要,也是司法实践的要求。理论研究强调应当全面保障被告人或者说是被追诉人的人权。在刑事诉讼中保障被告人人权,不仅仅体现在程序方面,更重要的是体现在实体方面,体现在刑法解释过程中。有学者便指出,在刑法实施也就是刑法解释过程中,刑法的人权保障和社会正义两大价值之间有时会发生冲突,尽管在发生冲突时应当坚持社会正义优先,但是,

---

[1] 根据《刑事诉讼法》的规定,我国刑事诉讼主体包括三大类:一是代表国家行使侦查权、起诉权、审判权、刑罚执行权的国家专门机关,包括公安机关、国家安全机关、军队保卫部门、监狱、人民检察院、人民法院等;二是直接影响诉讼进程并且与诉讼结果有直接利害关系的诉讼当事人,包括犯罪嫌疑人、被告人、被害人、自诉人、附带民事诉讼的原告人和被告人;三是协助国家专门机关和诉讼当事人进行诉讼活动的其他诉讼参与人,包括法定代理人、诉讼代理人、辩护人、证人、鉴定人和翻译人员等。

"刑法解释对社会正义的优先选择不是对人权保障的舍弃,而是在法治大语境下的兼顾和平衡",兼顾社会正义和人权保障的平衡是理性的选择。这一理性的选择"使得人权保障和社会正义在静态和动态的范围内共同实现"[1]。

在司法实践过程中,司法机关要高度重视被告人及其近亲属、辩护律师对刑法解释适用的不同意见,要善于站在辩护方的立场进行立场转化式的思考,利用反向思维对刑法解释结论进行验证。特别是在深入推进认罪认罚从宽制度的大背景下,这一对话协商既具有了新的意义,也具有了良好的发展契机。

认罪认罚从宽制度从2014年10月作出顶层设计[2],到2016年9月全国人大常委会作出试点的授权决定[3],再到最高人民法院、最高人民检察院、公安部、国家安全部、司法部发布试点工作办法确定在北京、天津、上海、重庆、沈阳等18个省市进行先行先试[4],该制度以实验性先行的模式被运用到刑事司法实践当中。经过试点地区的实践检验和经验总结,2018年10月,国家将认罪认罚从宽制度的成功做法和有益经验加以法律制度化,写入《刑事诉讼法》当中,正式确立了认罪认罚从宽制度。2019年10月,最高人民法院、最高人民检察院、公安部、国家安全部、司法部又联合下发指导意见[5],对该制度的适用条件、程序、有关机关的职责等加以进一步明确。

在认罪认罚从宽这一制度设计和实践运行过程中,检察机关与被告人

---

[1] 肖中华、朱志炜:《论刑法解释的价值取舍——从法治视角看人权保障与社会正义的冲突》,载《法学杂志》2017年第3期。
[2] 2014年10月党的十八届四中全会通过的《关于全面推进依法治国若干重大问题的决定》提出,"完善刑事诉讼中认罪认罚从宽制度",对认罪认罚从宽制度作出顶层设计。
[3] 2016年9月,第十二届全国人大常委会第二十二次会议表决通过《关于授权最高人民法院、最高人民检察院在部分地区开展刑事案件认罪认罚从宽制度试点工作的决定》,试点期限为两年。
[4] 2016年11月11日,最高人民法院、最高人民检察院、公安部、国家安全部、司法部联合发布《关于在部分地区开展刑事案件认罪认罚从宽制度试点工作的办法》。
[5] 2019年10月,最高人民法院、最高人民检察院、公安部、国家安全部、司法部联合下发《关于适用认罪认罚从宽制度的指导意见》。

一方对话协商便成为重中之重,也是认罪认罚从宽制度的重要内容之一,有利于促进被告人真诚悔罪,接受惩罚和改造,顺利回归社会,减少被告人对抗等所带来的社会戾气。在认罪认罚从宽制度的对话互动中,检察机关和被告人一方主要围绕着实体上的从宽和程序上的从简[1]进行对话互动。可以看到,在实体上的从宽方面,检察机关需要将刑法解释的依据和结论告知被告人一方,而被告人一方也会以刑法解释为重点,与检察机关进行对话和互动。双方通过协商对话和博弈,达成对被告人定罪量刑的合意,也就是形成在法律框架内的双方都接受的刑法解释结论。

除了在认罪认罚从宽制度中检察机关与被告人进行典型的对话互动以外,检察机关与被告人也存在不同程度的对话和互动。这些对话互动既有"缓和合作型"的,也有"激烈对抗型"的。"缓和合作型"表现为被告人如实供述罪行获得的量刑从轻,"激烈对抗型"则表现为拒不认罪、态度恶劣等量刑的从重等。

当然,认罪认罚从宽的对话协商只是司法机关与被告人对话互动的一个典型的制度设计。从理论研究和司法实践来看,司法机关与被告人的对话互动存在于整个刑法实施也就是刑法解释过程中,比如被告人自首、立功、如实供述、坦白、缴纳罚金、配合刑罚执行等会获得相应的从轻减轻,而对抗等则不会获得刑法规定的"优惠"。又如,被告人不服刑事立案或不立案、检察机关的处理结果、法院的判决等,会通过举报控告、提请检察机关监督、上诉等方式,表达对刑法解释的不同意见,并阐述己方关于刑法解释的依据理由和解释结论。可以说,在整个刑事诉讼过程中,公检法等司法机关都不同程度存在与被告人的对话和互动,双方在互动中不断审视或调整刑法解释的结论,以形成合法合理的终局性结论。需要说明的是,在司法机关与被告人的对话、互动、博弈中,除了被告人本人外,代表被告人一

---

[1] 参见王敏远:《认罪认罚从宽制度疑难问题研究》,载《中国法学》2017年第1期。

方的辩护律师、犯罪嫌疑人或被告人亲属等,也会参与到对话互动当中,代表被告人利益与司法机关进行对话、博弈。如司法实践中,被告人近亲属等常常以判处缓刑作为交换条件来决定是否缴纳罚金或确定罚金数额,是否对被害人进行赔礼道歉和赔偿等。

在司法机关与被告人以刑法解释为根基的对话互动过程中,虽然被告人一方处于被打击、被追诉的地位,但是这种对话互动应当是平等的。当然,这里的平等是指对话的权利和语境平等,并不是说司法机关与被告人在地位上无差别。毕竟,被告人是具有犯罪嫌疑的个人,司法机关是国家机关,对于犯罪嫌疑人、被告人而言,其不可能被赋予与司法机关同等的地位。在此过程中,司法机关应当充分尊重犯罪嫌疑人、被告人的权利,在犯罪嫌疑人、被告人理性自愿的基础上与其进行对话和互动,而不能"以权压人",侵害犯罪嫌疑人、被告人一方的利益,强迫其认罪认罚,甚至是徇私枉法,制造冤假错案。这就需要加强对司法机关的权力制约,形成机关内部、机关之间的监督制约机制。并且,落实同步录音录像制度、警务检务督察、人民监督、媒体监督、公开听证等制度机制,有利于实现权力在阳光下依法运行。

三、司法与被害一方的对话协商

被害人一方也是刑事诉讼主体,是"犯罪人—被害人—国家"刑事三元结构中的重要"一元",[1]刑事被害人应当成为理论研究和司法实践关注的

---

[1] 参见李涛、贾健:《刑事三元结构背景下被害人情感与刑事判决的关系》,载《理论月刊》2016年第6期。关于刑事三元结构的论述,最早提出者是高维俭教授,其提出的刑事三元结构不同于本书的含义。高维俭教授认为,其分为横向和纵向。横向而言,刑事社会事实的客观样态及规律决定,刑事案件的分析以及刑事学科研究离不开(也不外乎)对犯罪者、被害者和刑事环境等三个基本元素,以及三者之间有机互动关系结构的把握;纵向而言,应合人类思维及活动的一般规律,这种把握离不开(也不外乎)刑事事实、刑事对策和刑事哲学反思等三个基本层面,以及三个层面之间的辩证循环关联。刑事三元结构之结构范式,或曰观察视角系统,实际上是对人们刑事社会问题研究思维的一种理性反思和系统建构,即可归诸作者所谓的"刑事哲学"之方法论。参见高维俭:《刑事三元结构论——刑事哲学方法论初探》,北京大学出版社2006年版。

对象。但是,长期以来,不管是以行为为中心的刑事古典学派,还是以行为人为中心的刑事实证学派,均是以犯罪为中心。在"犯罪中心主义"的学术研究和司法实践中,被害人在刑事诉讼和刑法解释中没有独立的地位,甚至是被忽略。我国直到 20 世纪 80 年代,才构建起了现代意义上的被害人学这一学科。[1] 随着对被害人研究的关注,被害人学逐级发展,被害人在理论研究和刑事司法实践中的地位也越来越受到重视。在刑法实施也就是刑法解释过程中,被害人也应当成为主体,参与到刑法解释过程中,与司法机关进行对话和博弈,以使得司法机关作出的刑法解释结论关照到被害人的利益。

侦查机关在对案件进行初查和刑事侦查期间,应当全面收集被害人一方提供的客观证据和被害人陈述等主观性证据,关注被害人的诉求,认真听取被害人关于刑法解释的事实理由和观念立场。不能仅仅依据职权,不与被害人进行沟通对话就得出结论,特别是不能不加沟通就得出不符合被害人期待,或者损害被害人利益的刑法解释结论(此时虽然看似是得出刑事诉讼上的不立案、不起诉等结论,但其实质是刑法解释的结论,因为不立案、不移送起诉等程序性结论的作出,背后是刑事实体法上刑法解释的问题)。侦查机关在作出相应的决定之前和之后,应当认真与被害人进行沟通互动。

检察机关在进行刑法解释,进而对案件作出决定时,也应当充分听取考量被害人一方关于案件处理的刑法解释的理由依据和结论,与被害人一方进行平等对话和商谈,甚至是博弈。检察机关应当充分摆事实讲道理,将关于刑法解释的事实依据、法律依据、政策考量等,以被害人听得懂的普通用语表达出来,把规范的专业用语转化为普适的普通用语,而不是一味强调专业性。当然,随着政法队伍"四化"建设要求的提出,[2] 时代发展、知识更

---

[1] 参见高维俭:《刑事三元结构论——刑事哲学方法论初探》,北京大学出版社 2006 年版,第 14 页。
[2] 2019 年 1 月 23 日,中央全面深化改革委员会第六次会议指出要"推进政法队伍革命化正规化专业化职业化建设"。

新、实践需要等均要求检察队伍不断增强专业化建设。[1] 但是,应当注意的是,知识和能力的专业化不等于也不应该等同于使用晦涩的语言进行释法说理,而是应当在增强专业性的基础上将专业用语普通化,使用人民群众听得懂的语言将深奥的道理讲清楚、讲明白。同时,检察机关也应当践行"以人民为中心"的理念,站在被害人的立场设身处地地进行换位思考,认真听取被害人一方的诉求,听取被害人一方关于刑法解释的依据理由和结论。特别是在决定不批准逮捕犯罪嫌疑人、不起诉犯罪嫌疑人时,检察机关应当充分考虑被害人一方的观点,做好释法说理工作。实践中,检察机关通过听证会,听取犯罪嫌疑人一方和被害人一方的意见的做法,值得进一步推广,应当形成一整套的制度机制在全国范围施行。也就是说,检察机关应当进一步完善现有机制,创新方式方法搭建起与被害人平等对话的平台,在进行刑法解释对案件进行处理时,充分听取被害人一方关于案件事实认定、刑法规范解读、刑法规范与案件事实两者之间是否契合的意见建议,以便得出的刑法解释结论能够被被害人接受,减少申诉案件,维护社会稳定和司法权威。

法院审判案件,对刑法进行解释时,也应当充分听取被害人一方关于刑法解释的观点,而不仅仅是听取控方和辩方关于刑法解释的观点。同时,法院也许需要将关于刑法解释的事实依据、法律政策依据向被害人进行充分说理。法院可以通过庭前单独听取被害人意见、庭前会议被害人参加、法庭审判被害人参与等制度机制,构建起被害人作为权利主体参与刑事诉讼、充分发表刑法解释的意见的制度机制。当然,被害人参与并不是让被害人能够左右法院独立行使审判权,而是说法院在审理案件时应当听取被害人关于刑法解释的依据理由和观点诉求,在听取控辩双方"争斗的当事人"关于刑法解释的依据理由和结论的同时,也应当听取与案件处理利益攸关的被

---

[1] 参见高松林:《"吃透""拿准"案件有赖检察队伍专业化构建》,载《检察日报》2019 年 9 月 10 日,第 3 版。

害人的意见。理论研究中,有学者对被害人的情感与刑事判决的关系进行了研究,指出被害人的情感(所谓的"情感",其实质是关于刑法解释的观点看法)对刑事判决具有重要的影响:在诉与不诉方面,在自诉案件中,直接决定案件是否启动刑事程序,进行法庭审判,进而对加害人进行刑事处罚;在具备刑事和解条件的公诉案件中,被害人的态度也直接决定了部分罪刑轻微应当入罪的案件是否入罪的结局。在量刑轻重方面,被害人作出宽恕的意思表示后,刑事判决的量刑往往会减轻,且被害人的态度已经成为影响量刑轻重的常态化因素,也日益引起学界的关注。[1]

可见,不管是从理论的角度来说,还是从司法实践的现状来看,审判环节法院与被害人一方的对话沟通对判决的形成和被害人的认同,甚至是司法权威的维护,具有极其重要的作用。

可以说,司法机关在刑法解释过程中,必须要重视作为刑事三元结构之一的被害人一方,充分听取和考量被害人一方对刑法解释适用的意见。司法机关万万不可"全权代理"被害一方,不能片面地认为刑事追诉权是国家权力而不顾被害人在刑事诉讼过程中的主体性地位,而是要将被害人一方作为诉讼的主体看待,充分考虑被害一方的具体诉求,与被害一方进行平等的对话协商和互动,认真听取和理性接纳被害一方对其刑法解释结论的意见建议。

第三节　广泛的公众参与机制

对刑法规定进行解释,并不是司法机关的专利,也不是刑法学者的"私人乐园"。社会中的每一个人都可以对刑法规定进行解释——现实中也是如此,"有权机关"解释刑法规定时也应当认真听取并合理吸纳广大人民群

---

[1] 参见李涛、贾健:《刑事三元结构背景下被害人情感与刑事判决的关系》,载《理论月刊》2016年第6期。

众对刑法规定解释的意见。任何人,都是刑法解释的主体而不是客体,刑法解释也不能自说自话,而是必须要遵循主体间性原则。这不仅是因为"法律必须被信仰,否则形同虚设",也因为刑法是人民意志的立法表达,刑法的制定、解释都应当坚定地贯彻民主主义原则。在刑法解释过程中建构广泛的公众参与机制,需要从以下几个方面进行着力。

一、充分运用新时代"枫桥经验"

刑法解释的过程是一个多元主体参与的过程,对刑法的规范文本和情理价值进行认定和解读,需要专业的知识和基本的社会情理价值相结合,作出符合"常识常情常理"的判断,让专业的刑法解释"飞入寻常百姓家"。如何使得刑法解释能够被普通的民众接受,这就需要充分借助人民群众的智慧,吸纳人民群众关于刑法解释的见解和观点。在中国特色社会主义进入新时代的背景下,就是要充分运用新时代的"枫桥经验"[1],广泛借助人民群众的智慧。

在刑法解释过程中充分运用新时代"枫桥经验","就是司法者在刑法解释过程中,要充分借鉴'枫桥经验'的理论资源和实践经验,吸纳人民群众的无穷智慧"[2],问计于民。司法实践中,可以通过召开法学专家、人大代表、政协委员、村镇和社区代表、人民监督员、普通群众代表参与的座谈会听取意见,走访调研了解民情民意,网上问答掌握思想动态等,采取多种形式,将刑法解释的依据理由和解释结论等讲解给普通的人民群众,听取不同阶层不同群体代表关于刑法解释的意见建议。特别是应当认真听取普通群众对

---

[1] 20世纪60年代初,浙江省绍兴市诸暨县枫桥镇干部群众创造了"发动和依靠群众,坚持矛盾不上交,就地解决。实现捕人少,治安好"的"枫桥经验"。"枫桥经验"经过不断发展,形成了具有鲜明时代特色的"党政动手,依靠群众,预防纠纷,化解矛盾,维护稳定,促进发展"的新时代的"枫桥经验"。新时代"枫桥经验"的核心价值是以人民为主体,价值导向是实现人民的利益。2018年11月19日,习近平总书记就坚持和发展"枫桥经验"作出重要指示,强调要把"枫桥经验"坚持好、发展好。

[2] 王东海:《动态解释刑法规定的机制保障》,载《中国社会科学报》2019年1月2日,第5版。

刑法解释的意见建议,在刑法解释上走出一条符合中国特色社会主义道路和司法规律的群众路线,给冰冷的、形而上的刑法规范文本注入人民群众的情理价值,使得刑法规范的实施符合人民群众的价值期待和法感情。

同时,司法者也应当采取换位思考的方式,进行身份模拟和"想象性重构"[1],将自己置于一名普通的人民群众的角度,站在人民群众的立场上,将专业的法律思维和法律知识与民众的朴素的法感情相融合,以社会共同体价值观念对案件事实和刑法规定进行衡量判断,使得刑法解释结论既符合刑法本身的规范逻辑,又符合民众的法感情和正义观。特别是司法者应当充分考虑和汲取学理解释和民众解释的意见建议,避免其刑法解释脱离人民群众的基本法感情,导致刑法解释结论受到广大人民群众的质疑和抨击。于某故意伤害案、王某某收购玉米案等案件中反映出来的刑法解释结论脱离人民群众的朴素正义观的问题,必须要引起司法者的高度重视,也需要司法者深入思考刑法解释过程中如何运用"枫桥经验"的问题。正如有学者所说,对于刑法解释而言,解释的结论在法律上存在有效和无效两种结果,也就是说,存在具有普遍约束力的效果和没有普遍约束力的效果两种情况。但是,不管是有普遍约束力的刑法解释,还是没有普遍约束力的刑法解释,都应当具有合规范逻辑性和合社会情理性,符合内含于刑法的正义、自由、秩序理念。需要我们注意的是,不少有权解释也借鉴了学理解释的成果,也需要符合人民群众的基本正义感和法感情。"有权解释即使具有法律效力,

---

[1] "想象性重构"这种解释方法,渊源于古希腊时期"制定法的衡平"原则。最早提出者是亚里士多德,他指出,法律是用概括的语言写就的,一般性的语言却无法涵盖例外情况,"当法律的规定过于简单而有缺陷和错误时,由例外来纠正这种缺陷和错误,来说出立法者自己如果身处其境会说出的东西,就是正确的"。1579年,英国法官普洛登(Edmund Plowden)在对爱斯通诉斯塔特案(Eyston v. Studd)进行裁判时,将想象性重构与制定法的衡平结合在了一起。这一解释方法,经几代学人的发展,逐渐成为一套众所周知的解释技术。它承认法律语言存在模糊性或者可能与当下语境并不契合,主张司法者应该站在立法者的角度去揣摩立法者的可能意图,以此对法律进行解释。参见王云清:《制定法解释中的想象性重构》,载《法律科学(西北政法大学学报)》2017年第3期。需要说明的是,本书所称的想象性重构,不是将其作为一种解释方法进行运用,而是将其作为一种换位思考的术语加以运用。

但是倘若失去了其学理上的合理性,也难有其持久的生命力。"[1]

因此,在刑法解释过程中,司法者必须在专业的知识中融入朴素的法感情,用新时代"枫桥经验"丰富理论、武装头脑、指导实践,使形而上的刑事法律规定、看似机械的文字表述和冰冷的案件事实融入社会公众的情感,体现刑法的温度。并且,司法者需要用人民群众的思维方式和话语方式将刑法解释的依据理由和结论讲出来,在充分吸收社会公众合理意见,吸纳广大人民群众参与刑法解释的同时,也要以合适的方式、朴实的话语向人民群众释法说理,得到广大人民群众的认同、拥护,甚至是引领社会价值的走向。

二、进一步完善人民陪审员制度

人民陪审员制度渊源于根据地时期的司法经验,是人民当家作主和人民参与司法的重要表现形式之一。这一制度是我国司法制度中最具特色的对话协商制度之一,"具备联系社会公众与司法人员对话的直接功能"[2]。长期以来的司法实践证明,人民陪审员制度是人民参与司法,体现司法的人民性的良好制度设计,具有重要意义和价值。我国台湾地区学者蒋耀祖指出,"陪审团之评议案情,使得法理与情理得以兼顾,且集多数人的智慧与经验,本于良知而为公正之评议,较之法官囿于法律成见,可以减少偏失无端的裁判"[3]。虽然司法实践运行中存在"常设陪审""陪而不审"等种种不足,但应当看到,人民陪审员制度之所以没有充分发挥应有的功能作用和体现应有的价值,是因为该制度在实践运行中受到了多方面因素的影响,我们并不能因该制度没有发挥预期的作用而否定该制度本身的科学性、合理性,特别是不能否定其所内含的价值功能。

党的十八大以来,深化人民陪审员制度的改革再次提上议程。党的十

---

[1] 张小虎:《对刑法解释的反思》,载《北京师范大学学报(社会科学版)》2003年第3期。
[2] 李翔:《刑法解释的利益平衡问题研究》,北京大学出版社2015年版,第167页。
[3] 蒋耀祖:《中美司法制度比较》,台北,商务印书馆1976年版,第389页。

八届四中全会通过的《中共中央关于全面推进依法治国若干重大问题的决定》，确立了完善人民陪审员制度的基本方案，为该项制度的改革发展提供了方向和指引。特别是 2018 年 4 月，《人民陪审员法》高票通过并即日生效，为人民陪审员制度的进一步发展和作用的发挥带来新的机遇，该法的出台无论是对人民陪审员制度还是对司法民主化而言都具有历史性意义。民主是人民陪审的本质，人民陪审员制度是社会主义民主政治的重要内容，也是社会主义民主制度在司法领域的重要体现。[1] 衡量人民陪审员制度是否有效的最根本标准是其是否实现了实质意义上的司法民主。[2] 民主嵌入司法或者说在司法过程中吸纳民众参与的最终目的，是希望通过民主的方式，在司法审判中依靠群众、密切联系群众，通过群众的智慧提升司法公信力，在专业的法律工作中注入民众的朴实的法感情，使得专业的司法与社会情理深度融合，以群众的朴素正义观弥补专业的法律判断的不足之处。从而打破司法的神秘感和司法中心主义的弊端，建立人民司法模式。[3]

　　法院作为定分止争的审判机关，从某种意义上来说对刑法解释具有终局性的权力。其作出的判决，对于案件当事人、其他司法机关、人民群众，乃至整个社会来说，都具有重大的意义。因此，法院的刑法解释结论需要也应当得到社会各界的认可，特别是应当得到普通人民群众的认可。这就需要法院在审判过程中，充分发挥人民陪审员这一代表司法民主和能够最大促进司法民主的制度作用。[4] 一方面，法院在审判案件时，应当严格按照《人民陪审员法》和《关于适用〈中华人民共和国人民陪审员法〉若干问题的解释》的规定，让人民陪审员真正参与到审判过程中，认真听取人民陪审员关

---

[1] 参见张善根:《民主嵌入司法:〈人民陪审员法〉的价值向度》，载《北方法学》2019 年第 6 期。
[2] 参见卞建林、孙卫华:《通向司法民主:人民陪审员法的功能定位及其优化路径》，载《浙江工商大学学报》2019 年第 4 期。
[3] 参见张善根:《民主嵌入司法:〈人民陪审员法〉的价值向度》，载《北方法学》2019 年第 6 期。
[4] 需要说明的是，虽然法律规定，人民陪审员只参与事实的认定，也就是说只参与事实的审判，但是，事实的认定与《刑法》的适用是不能截然分开的，事实的认定是以《刑法》这一实体法规定的犯罪构成要件为指引的，事实认定的目的是将事实归属到刑法规范之下。

于事实认定的理由依据,以及刑法解释的观点态度,充分发挥人民陪审员的民主司法作用,以对法院关于事实认定和法律适用的合理性提供扎实素材;另一方面,法院也需要将刑法解释的理由依据和解释结论向人民陪审员进行说明,征求人民陪审员的意见建议。人民陪审员和法官之间应形成良性互动和有效的沟通交流,特别是法官应当充分听取人民陪审员关于刑法解释的意见建议,衡量和评判人民陪审员从非专业角度提供的观点,给专业的审判注入来自民主的非专业视角的审视。

虽然,《人民陪审员法》和《关于适用〈中华人民共和国人民陪审员法〉若干问题的解释》的制定出台具有重大意义,给人民陪审员制度的进一步发展完善带来了重大机遇。但是,理论研究者也指出了《人民陪审员法》和《关于适用〈中华人民共和国人民陪审员法〉若干问题的解释》存在的不足之处,并针对不足提出了进一步健全完善的意见建议。[1] 在司法实践中,应当通过有效的实施和具体适用时的创新完善,使该制度能够真正促进社会公众树立参与司法理念,使陪审人员对于事实认定等刑法解释的重要环节发挥作用,真正构建公众参与、对话协商的司法平台,从而实现刑法多元解释主体对基本情理的司法认同。从事刑事审判的法官,一定要深刻地认识到人民陪审员在专业审判走向人民群众之中的重要作用,正如学者所言,"陪审员们不像法官那样进行严格的法律教义学推理,而是将朴素的正义观念融入裁决中"[2]。

三、进一步优化人民监督员制度

人民监督员制度是检察机关的创举,其产生的重要背景是对"谁来监督

---

[1] 参见樊传明:《人民陪审员评议规则的重构》,载《比较法研究》2019 年第 6 期;左卫民:《七人陪审合议制的反思与建言》,载《法学杂志》2019 年第 4 期;步洋洋:《中国式陪审制度的溯源与重构》,载《中国刑事法杂志》2018 年第 5 期。
[2] 樊传明:《陪审制导向何种司法民主?——观念类型学分析与中国路径》,载《法制与社会发展》2019 年第 5 期。

监督者"这一历史难题的思考和解答。检察机关是国家法律监督机关,但是谁来监督它呢？基于对这一问题的思考,检察机关开始探索人民监督员制度。2003 年,最高人民检察院经批准开始在部分地区试点人民监督员制度；2004 年 8 月,最高人民检察院颁布了《关于实行人民监督员制度的规定(试行)》；2010 年发布了《关于实行人民监督员制度的规定》,同年 10 月,开始全面推行人民监督员制度。人民监督员制度的推行具有积极意义,其有助于"拓宽公民对检察工作的监督渠道、规范检察权的行使、提高决策的科学化程度"[1]。设计人民监督员制度的初衷和目的,是加强对检察机关办理职务犯罪案件工作的监督。当下,虽然检察机关的反贪反渎职能和人员已经转隶,"但是人民监督员参与审查逮捕、审查起诉以及公益诉讼工作的讨论听证,已经在许多地方的检察机关实行"[2]。该制度所蕴含的司法人民性价值不容忽视。尤其在检察机关实施"捕诉一体"改革后,检察机关内部的逮捕和起诉职能由同一名检察官行使,原有的逮捕起诉内部监督制约的机制弱化,此时引入人民监督员对审查逮捕和审查起诉进行监督可谓正当其时。

在监察体制改革背景下,检察机关反贪反渎职能、机构和人员转隶,人民监督员制度何去何从也成为一个重要的制度性问题。同时,也引起了理论研究和司法实践的关注。[3] 不可否认,人民监督员制度强调由作为国家主人的人民群众来监督检察机关行使职权,不仅契合了人民主权的理念,顺应了公民参与司法活动的民主潮流,同时也有利于通过稳定的制度来监督检察权的运行,对检察权的有效运行发挥了重要的外部监督作用。[4]

检察机关作为法律监督机关,在刑事案件处理过程中具有监督公安机

---

[1] 陈卫东、胡晴晴、崔永存：《新时代人民监督员制度的发展与完善》,载《法学》2019 年第 3 期。
[2] 王东海：《动态解释刑法规定的机制保障》,载《中国社会科学报》2019 年 1 月 2 日,第 5 版。
[3] 理论界的研究具备代表性的如陈卫东、胡晴晴、崔永存：《新时代人民监督员制度的发展与完善》,载《法学》2019 年第 3 期；张义清、曾林翊晨：《监察体制改革与人民监督员制度重塑》,载《湘潭大学学报(哲学社会科学版)》2019 年第 5 期。
[4] 参见周新：《我国检察制度七十年变迁的概览与期待》,载《政法论坛》2019 年第 6 期。

关和法院批准逮捕与否、决定起诉与否、提出量刑建议等重要职权,在整个刑事诉讼过程中具有承前启后的重要作用。因此,检察机关的刑法解释,关乎法律的正确实施、司法权威的维护、社会秩序的保护、人权保障等。然而,在刑事司法实践中,刑事司法者有时会机械地依照刑法规范条文的规定处理案件,忽视了对单纯依照法律字面含义处理案件是否会产生预期效果的衡量。近年来,有的案件在舆论中引发广泛关注,比如许某案、天价葡萄案、于某故意伤害案、赵某某非法持有枪支案等一系列案件,引起全民大讨论。这些案件之所以引起全民大讨论,是因为司法者的刑法解释结论与民众的朴素法感情和正义观发生了冲突。司法者在刑法解释过程中,必须铭记,"一切法律之中最重要的法律,既不是刻在大理石上,也不是刻在铜表上,而是铭刻在公民的内心"[1]。刑法解释如果脱离了人民心中的正义的法,迟早必将引起人们的反抗。而人民监督员制度的设计和施行,能够较好地弥补检察机关在刑法解释过程中的缺陷,使得检察机关的刑法解释能够吸纳来自人民的智慧。

因此,在司法实践中,检察机关应当进一步优化完善人民监督员的选任程序和范围、监督案件的范围和流程、享有的权利义务等,丰富人民监督员来源的广泛性,使得选出的人民监督员能够代表不同行业、不同文化程度、不同年龄阶段、不同性别、不同民族的利益和观点。对人民监督员的履职进行培训,给予相应报酬,明确尽职履职受到法律保护,明确其权利和义务。扩大人民监督员参与案件的范围、阶段、类型等,让人民监督员更多地参与到疑难案件和"难办"案件的处理当中。特别是对一些有可能引发公众关注和舆论媒体炒作、涉及人数较多、涉及经济社会发展稳定、涉及敏感事件或者与敏感事件具有一定关联的案件,应当吸纳人民监督员深度参与,听取人民监督员关于案件处理的刑法解释的态度观点等。检察机关在处理案件

---

[1] [法]卢梭:《社会契约论》,李平沤译,商务印书馆2016年版,第70页。

时,一定要充分发挥人民监督"人民性"的优势,将人民监督请进来,认真听取人民监督员关于刑法解释的观点看法,了解人民群众的观念态度和价值判断;并将检察机关关于案件事实认定、法律适用的刑法解释过程、依据、理由等向人民监督员进行阐释,听取人民监督员对检察机关刑法解释的意见建议,衡量和评估检察机关的刑法解释是否符合广大人民群众的朴素的法感情,是否符合"常识常情常理",是否符合不可磨灭的人类感情。以此,不断增强检察环节刑法解释的人民性,不断提升检察环节刑法解释结论的公众认同性,使得刑法解释结论具有深厚的群众基础,得到人民群众的认可和拥护。

四、健全完善公开听证制度

公开的民众参与,有利于司法审判的公正,更有利于刑事判决的结果得到人民群众的认同。这种公正,既体现在程序方面,也体现在实体方面,具有双重的价值。司法实践中探索的公开听证制度,便是一种公开的方式,也是吸纳民众参与司法,保障司法的公正的有意之举。"在避免舆论审判、确保审判公正的限度内,就应进一步推进'阳光司法',释放民众监督、参与司法活动的热情与能量,让司法人员倾听不同的声音,在不同观念的博弈、碰撞中修正、更新、重构自身的司法理念。"[1]当然,进行公开听证,并不意味着司法人员不需要专业的知识进行判断,也不意味着司法人员的平庸化,更不意味着要求司法一味地迎合"理性缺席的"所谓的"民意"。正如有观点所指出,"树立公众司法观并不是一味迎合民意,而是在对案件事实进行规范性判断的基础上,结合社会普通公众的认识标准,运用法律解释的方法,对案件事实进行全面评价考量,力求判决能使社会公众信服"[2]。

健全完善公开听证制度,是在人民监督员制度、人民陪审员制度基础之

---

[1] 赵军:《正当防卫法律规则司法重构的经验研究》,载《法学研究》2019年第4期。
[2] 贺卫:《正当防卫制度的沉睡与激活》,载《国家检察官学院学报》2019年第4期。

上，更进一步地扩大了解掌握民情民意的范围和渠道，是对人民监督员制度和人民陪审员制度的补充和完善。同时，公开听证制度可以适用在侦查阶段，也可以适用在审查逮捕、审查起诉的检察阶段，还可以适用在法院审判阶段。特别是在侦查阶段，侦查机关可以对有争议的案件、社会关注度较高的案件、媒体舆论和社会公众有不同意见的案件，通过听证的方式来广泛听取意见。司法实践中，许多申诉的当事人，在司法机关进行释法说理无效的情况下，往往会听取律师、人大代表、政协委员、街道社区干部，以及普通群众代表的说理，使得矛盾得到有效化解。单纯的司法机关说理，有时会造成案件当事人或利益相关人认为只是国家机关的观点，或者认为司法机关工作人员与案件办理具有利害关系，而在广泛、大量人民群众参与的情况下，如果大众的意见和司法机关的一致，并且通过普通群众的话语方式、思维方式将司法机关的意见表达出来，会有不同的效果。

对于公开听证制度，检察机关已经在进行探索，特别是对逮捕的公开听证已经取得了一定的成效，也积累了相应的经验。对一些疑难案件或"难办"案件、当事人申诉的旧案积案等，公安司法人员应当充分利用公开听证的方式，借助人民群众的智慧和力量，具体包括：一方面对自身作出的刑法解释结论是否合理进行检验，以不断衡量评估刑法解释的科学性合理性，以便及时进行调整，甚至是自我纠错；另一方面，通过群众的智慧，运用群众之口将刑法解释阐释给相关的当事人和利益相关人，让当事人和利益相关人也感受到来自群众的压力，产生道德上和良心上的自我评判，也能够及时地调整当事人和利益相关人关于刑法解释的理由和观点。当然，公开听证会给公安司法机关带来额外的工作量，甚至是影响司法的效率。但是，从司法实践来看，公安司法机关对绝大多数案件的刑法解释和处理结果是得到人民群众的认同的，对于少数案件采取这样的方式进行处理，并不会影响司法效率。况且，公正才是司法的灵魂，政治效果、法律效果和社会效果的统一，才是司法的根本。

健全完善公开听证制度，一是要扩大适用范围。从目前的司法实践来看,刑事案件公开听证的主要适用主体是检察机关,公安和法院在刑事案件办理中适用公开听证较少。并且,由于公开听证会给司法机关带来额外的工作量,导致检察机关的适用比例较低,[1]检察人员适用公开听证的积极性也不是很高。因此,应当扩大刑事案件公开听证的适用范围,"在刑事诉讼的侦查阶段和审判阶段均可采取听证方式解决案件问题"[2],使得刑事案件公开听证这一制度能够应用于刑事案件办理全流程。同时,检察机关作为刑事案件公开听证的主要实践者,应当加大适用力度,对于疑难复杂重大案件、不批捕不起诉案件等,做到"应听证尽听证"。二是简化听证程序。根据案件难易程度、社会关注度、案件影响力等,在现有的制度机制之下,尽量简化听证流程和不必要的程序,给案件承办人减轻压力和负担,让司法人员"敢用""愿用"。三是提高司法人员能力水平。刑事公开听证对刑事司法人员提出了更高的要求,一方面,要求司法人员能够敏锐地判断,哪些案件应当适用这种制度,而不是稍微有点拿不准的案件就通过这种程序来推卸责任,回避矛盾,甚至是寄希望于此而不提升自我的释法说理能力;另一方面,要求司法人员具有较强的群众工作能力,能够从民众的言行中读出民众的期望和对刑法解释的态度,能够在听证中把握好节奏,控制住场面。但无论如何,对于公开听证制度在疑难案件和"难办"案件的处理中的作用和价值,应当充分挖掘和运用。

第四节 严格的法律文书说理机制

刑事法律文书说理,是指在相关的法律文书中,司法机关就案件的事实认定和法律适用的理由进行阐释说明。动态解释刑法规定,既要体现在不

---

[1] 参见佘键平、林小梅、刘佳柱:《健全配套制度 强化听证保障》,载《人民检察》2023年第S1期。
[2] 舜荣静、霍晋涛、姚平:《我国检察听证制度的诉讼功能及其实现》,载《兰州大学学报(社会科学版)》2024年第1期。

同诉讼阶段公检法之间的互动、不同主体之间的博弈,也要体现在法律文书说理当中,即以看得见的方式将不同主体间的博弈过程和裁判结果形成的思考的动态过程展现出来,让司法机关、律师、被告人、被害人以及广大的人民群众看到博弈的过程和裁判过程。如此,可以提升裁判结果的被接纳程度,同时也通过生动的案例达到释法说理、以案释法,以及行为指引、一般预防等多重效果。

一、扩大说理文书的范围

前已述及,刑法解释的终极产品不只是法院作出的判决书。公安机关的不立案决定书、撤案决定书,检察机关的不批准逮捕决定书、不起书决定书,以及法院的判决书等,从不同角度对刑法解释进行着具有一定终局意义的处理。尽管有些文书不上网公开,但其需要面对的是不同利益主体对刑法解释的关注,关涉利益相关方的切身利益,以及社会公众对刑法解释的立场观念。特别是对于刑事判决书而言,它是法官庭审活动的结晶,是法官基于法律思维和逻辑推理对案件作出的最终处理意见,而其说理部分更是裁判文书的精华,当事人能否从内心服判,很大程度上取决于裁判文书的说理程度。因此,文书说理是案件处理的重中之重。

健全完善严格的法律文书说理机制,首先要解决的问题是扩大文书说理范围。理论研究和司法实践中,往往重点关注刑事裁判文书的说理,而对于引发当事人不同意见的立案决定书、不立案件决定书、不批准逮捕理由说明书或批准逮捕决定书、不起诉决定书或起诉书等具有终局性意义的文书的说理关注不够;且在当下的刑事司法实践中,立案决定书、不立案件决定书、批准逮捕决定书、不起诉决定书、起诉书等往往都不进行说理,或者说理不充分,往往以"事实不清,证据不足""构成犯罪,具有逮捕社会危险性"等进行简单的说理。当下说理较多的是不批准逮捕理由说明书和刑事判决书,但是这两者也存在一定的问题,不批准逮捕决定的文书说理仅仅是对侦查机关进行说理,而不对被害人等其他人进行说理;刑事判决书的说理程度也有限,很多判决书都存在说理不明确、不充分,以及说理水平不高、程度不够,推理不清晰,论证不充分等方面的问题。[1] 因此,在文书说理范围方面要在现有的基础上进行扩展,"要将所有的终局性文书都纳入说理范围。公安机关的不立案决定书、撤销案件决定书等,检察机关的证据不足不批准决定书、起诉书、不起诉决定书,法院的裁判文书等,都应当进行说理。并且,在不违反保密规定的情况下应当向社会公开,将对刑法规定的解释过程和理由等进行公布"[2]。并且应当以强制性的方式——规范强制、目标考核强制等——加以推行。对于刑事法律文书说理范围,也有学者主张进行扩张,如孙长永教授指出,应当建立批准逮捕决定的说理机制,并从批准逮捕决定说理的必要性、可行性,以及如何进行说理等方面进行了详尽论述。[3] 还有司法实务工作者指出,应当充分认识不起诉决定书说理的价值和意义,加强对不起诉决定书的说理力度,规范不起诉决定书说理的内容和方式。[4] 这些论述和倡导,充分体现了理论界和司法实务界对刑事终局性法律文书说理的重视,且不同程度地主张扩大说理文书的范围。并且,从司法实践来看,对终局性的法律文书进行充分说理,能够为社会公众所接受,起到良好的效果。如浙江省昆山市警方就昆山反杀案撤销案件发布的通报,从案件基本情况、侦查认定的事实、案件定性及理由,以及公众关心的刘某龙的黑社会背景等情况,以2000多字的篇幅进行了详细的说理论证,特别是对案件定性及理由进行了充分论证,[5] 便收到了良好的效果。

---

[1] 参见凌斌:《法官如何说理:中国经验与普遍原理》,载《中国法学》2015年第5期。
[2] 王东海:《动态解释刑法规定的机制保障》,载《中国社会科学报》2019年1月2日,第5版。
[3] 参见孙长永:《批准逮捕决定的公开说理问题研究》,载《法学》2023年第6期。
[4] 参见兰楠:《不起诉决定书说理的反思与重构》,载《中国法律评论》2024年第2期。
[5] 参见警方通报关于"案件定性及理由"部分。警方通报指出,根据侦查和听取检察机关意见建议,认为于某明的行为符合《刑法》第20条第3款之规定,属于正当防卫,不负刑事责任。理由为:刘某龙的行为系《刑法》第20条第3款的"行凶";于某明反击时刘某龙的不法侵害正在发生;于某明主观具有防卫意图和防卫目的。

当然,需要进一步说明的是,当下司法机关普遍存在"案多人少事杂"的矛盾,特别是在经济发达地区更是如此。然而,面对日益增长的案件量以及办案之外的事务性工作,政法编制却难以增加。这种情况下,让所有的刑事终局性文书进行详尽的说理,必然成为司法人员的"不能承受之重"。因此,笔者建议在扩大说理刑事法律文书范围的同时,也考虑司法实践的可行性,在案多人少未能有效解决的当下,建议司法机关对可能判处10年以上有期徒刑、无期徒刑、死刑的案件,恐怖主义、黑恶势力等特殊犯罪的案件进行说理,以及对当事人要求说理的案件进行说理,对于一般案件则采取"自由说理"的模式,将是否说理的权力交由承办人决定。如此,既可以扩大说理文书的范围,加大说理的力度,又不会给司法机关工作人员过度增加压力。

二、健全文书说理制度

"裁判文书是司法的最终产品,说理是裁判文书的灵魂。"[1]党的十八届三中全会通过的《关于全面深化改革若干重大问题的决定》提出,"增强法律文书说理性,推动公开法院生效裁判文书";党的十八届四中全会通过的《关于全面推进依法治国若干重大问题的决定》再次强调,"加强法律文书释法说理,建立生效法律文书统一上网和公开查询制度"。两个决定的前述规定,对人民法院加强裁判文书说理提出了明确要求,也对裁判文书改革提出了更高的要求。最高人民法院发布的《关于全面深化人民法院改革的意见——人民法院第四个五年改革纲要(2014-2018)》对"推动裁判文书说理改革"进行了具体部署,制定了较为细致的实施方案和具体要求。2017年最高人民检察院发布的《关于加强检察法律文书说理工作的意见》更新了检察法律文书说理的界定,范围更加具体,内在要素更加丰富,但依然存在需要完善之处。特别是,司法实践中如何将相应的规定落到实处,更需要创造性

---

[1] 潘自强、邵新:《裁判文书说理:内涵界定与原则遵循》,载《法治研究》2018年第4期。

思考。可以说,深化和继续推进裁判文书说理改革刻不容缓。

当前,人民法院的裁判文书说理和检察机关的检察文书说理水平已经有了较大提高,说理的逻辑性、合法性、正当性、明确性、针对性等都取得了很大进步。但不可否认,裁判文书说理不足的现象仍然存在,直接或者间接地损害了司法公信力。如在王某某收购玉米案中,一审判决认定王某某构成非法经营罪,二审法院审理后改判王某某无罪,虽然二审改判的结果获得了广大人民群众和专家学者的认同,但是不管是一审判决书的说理还是二审判决书的说理都存在说理不充分的问题,没有充分展示刑法解释的依据和过程。

不得不说,终局性法律文书,特别是对于刑事判决书而言,判决书的说理综合了多方解释利益主体的价值需求,不同利益诉求之间经对话与协商,最终形成展示在公众面前的判决书。判决书说理的充分程度直接关系到社会公众参与司法协商的程度,关系到人民群众了解事实案情和法院裁判思考的过程,也关系到了公众对于司法判决的认同程度——只有有效的说理,才可能在最大程度和最大范围说服案件当事人和社会公众。随着司法改革的不断推进,裁判文书不仅应全部公开上网,同时应不断提高裁判文书的制作水平,特别是裁判文书中的说理部分的重点阐释,这对于司法获得公众认同具有重要意义。[1] 裁判文书上网可以让司法案件更加清晰、更加量化,让司法程序、司法权力在阳光下运行,不断促进司法公正公信,是倒逼司法公正重要手段。

司法实践中,应将法律文书说理进行制度化。一是发布统一的指导性规范。最高人民法院、最高人民检察院、司法部宜联合发布法律文书说理的指导意见,对各部门进行法律文书说理的事项加以明确和规制,规范法律文书说理的范围、方式、内容等。二是形成优秀文书发布制度。最高人民法

---

[1] 参见李期:《刑法解释的利益平衡问题研究》,北京大学出版社2015年版,第167~168页。

院、最高人民检察院、司法部定期联合发布法律文书说理优秀案例,督促全国公安司法干警进行学习讨论,以真实的案例进行具体的指导。三是进行法律文书说理考评。将法律文书说理,纳入对司法机关工作人员业绩的考评范围,作为评先评优、晋职晋级的重要参考,以考核促进该项工作的推动和落实。法律文书特别是终局性的法律文书说理,充分展现了刑法解释过程中不同主体之间的沟通、博弈、互动,充分体现了终局性法律文书作出者对各方关于刑法解释意见的回应,向社会公众展示司法人员进行刑法解释的事实理由和推理过程,对司法人员进行刑法解释的依据选取、推理过程等进行有效监督制约,"以使对刑法规定的解释适用结论符合当下的经济、政治、宗教、道德等方面的情势,符合'常识常情常理'"[1]。

---

[1] 王东海:《动态解释刑法规定的机制保障》,载《中国社会科学报》2019年1月2日,第5版。

结语 新时代刑法解释的观念革新

我国已进入中国特色社会主义新时代,推进国家治理体系和治理能力现代化是一个系统性的重要课题。刑法是我国法律体系中重要的实体法之一,系其他法律的保障法,作为惩罚犯罪保护人民的一部重要法律,在推进国家治理体系和治理能力现代化过程中,具有不可替代的重要作用。刑法要发挥作用,就需要科学有效地加以实施。通过实施,刑法一方面为经济社会发展保驾护航,另一方面来为全面依法治国贡献力量。刑法的生命在于实施,刑法的实施就是刑法的适用,而"刑法的适用过程即是刑法的解释过程"[1]。

通过本书主体部分的论证,可以得出如此之结论:刑法解释是一个过程,是一个以刑法规范文本和案件事实为对象,以规范逻辑和情理价值为主线,多元主体参与的、以历时性和共时性为支撑的动态递进过程,也是将具体的刑法规范条文与待决的案

---

[1] 李翔:《刑法解释的利益平衡问题研究》,北京大学出版社2015年版,第163页。

件事实相对应,进而得出既符合规范逻辑又符合情理价值的判决的过程。

刑法解释动态观兼顾了规范逻辑和情理价值。规范逻辑保证了刑法解释不会偏离罪刑法定原则这一铁则,不会使刑法解释脱离法律规范文本的约束而使社会陷入罪与非罪捉摸不定的恐慌状态;情理价值则保证了刑法解释是以正义理念为指引的,是有血有肉有温情的,不是简单地机械地对法条的"生搬硬套",而是将其放在当下社会的整体的社会情理价值中进行衡量。按照场域划分,刑法解释动态观可以分为个人场域、司法场域、社会场域,每个场域的参与者有所不同,但是都体现了人民民主原则,都具有主体间性、重叠共识、商谈交往、利益博弈等理论的支撑,更是对司法实践刑法解释样态的完整再现和理论整合、提升。刑法解释是一个动态的过程,而不是静止不变的终点,也不是机械地刻舟求剑式的遵循。

刑法解释动态观的提出,要求解释者要尊重司法实践的客观情况和客观规律,采用动态思维,对案件事实和刑法规范条文进行共时性和历时性、规范逻辑和情理价值等全方位的考量,充分考虑不同主体的理念、立场、态度,达成最大共识,得出融"天理、国法、人情"于一体的判决,使得刑法能够有效解决社会中的问题,使得问题的解决能够实现正义理念,能够引领社会向上向善,能够得到人民群众的认同和认可,能够符合"常情、常识、常理"。而刑法解释动态观,恰恰兼具了社会需求和不同主体的利益需求,有效地避免了刑法解释成为一种单向的、内部的决策机制,使得刑法解释能够最大程度地落实人民民主原则并符合社会需要,体现多数人的正义观,照顾到多数人的利益,使得刑法能够在不可磨灭的人类感情的肥沃土壤中茁壮成长,更好地发挥打击犯罪、保障人权的机能。

参考文献

一、中文参考文献

(一)著作类

1. 高铭暄、马克昌主编:《刑法学》,北京大学出版社、高等教育出版社 2022 年版。

2. 高铭暄主编:《新编中国刑法学》(上册),中国人民大学出版社 1998 年版。

3. 储槐植:《刑事一体化论要》,北京大学出版社 2007 年版。

4. 储槐植、江溯:《美国刑法》,北京大学出版社 2012 年版。

5. 刘仁文:《死刑的温度》,生活·读书·新知三联书店 2018 年版。

6. 刘仁文等:《立体刑法学》,中国社会科学出版社 2018 年版。

7. 张明楷:《刑法分则的解释原理》,中国人民大学出版社 2011 年版。

8. 张明楷:《罪刑法定与刑法解释》,北京大学出版社 2009 年版。

9. 李希慧:《刑法解释论》,中国人民公安大学出版社 1995 年版。

10. 袁林主编:《以人为本与刑法解释范式的创新研究》,法律出版社 2010 年版。

11. 赵秉志主编:《刑法学教程》,中国人民大学出版社 2001 年版。

12. 陈兴良:《教义刑法学》,中国人民大学出版社 2014 年版。

13. 高维俭:《刑事三元结构论——刑事哲学方法论初探》,北京大学出版社 2006 年版。

14. 高维俭:《罪刑辩证及其知识拓展》,法律出版社 2010 年版。

15. 刘艳红:《走向实质的刑法解释》,北京大学出版社 2009 年版。

16. 刘艳红:《实质刑法观》,中国人民大学出版社 2009 年版。

17. 邓子滨:《中国实质刑法观批判》,法律出版社 2009 年版。

18. 黄奇中:《刑法解释的沟通之维》,中国人民公安大学出版社 2011 年版。

19. 李翔:《刑法解释的利益平衡问题研究》,北京大学出版社 2015 年版。

20. 王政勋:《刑法解释的语言论研究》,商务印书馆 2016 年版。

21. 王海桥:《刑法解释的基本原理:理念、方法及其运作规则》,法律出版社 2012 年版。

22. 魏东:《刑法理性与解释论》,中国社会科学出版社 2015 年版。

23. 李荣:《刑法适用中的法官解释》,知识产权出版社 2007 年版。

24. 吴丙新:《修正的刑法解释理论》,山东人民出版社 2007 年版。

25. 徐岱:《刑法解释学基础理论建构》,法律出版社 2010 年版。

26. 林维:《刑法解释的权力分析》,中国人民公安大学出版社 2006 年版。

27. 梁治平编:《法律解释问题》,法律出版社 1998 年版。

28. 王人博：《法的中国性》，广西师范大学出版社2014年版。

29. 林钰雄：《刑法与刑诉之交错适用》，中国人民大学出版社2009年版。

30. 王彬：《法律解释的本体与方法》，人民出版社2011年版。

31. 严存生：《西方法哲学问题史研究》，中国法制出版社2013年版。

32. 周永坤：《法理学——全球视野》，法律出版社2016年版。

33. 胡新主编：《新编刑法学》，中国政法大学出版社1990年版。

34. 杨敦先、张文：《刑法简论》，北京大学出版社1986年版。

35. 王凯石：《刑法适用解释》，中国检察出版社2008年版。

36. 陈金钊：《法律解释的哲理》，山东人民出版社1999年版。

37. 吴经熊：《法律哲学研究》，清华大学出版社2005年版。

38. （汉）班固：《汉书·艺文志》，中华书局2014年版。

39. 黄寿祺、张善文撰：《周易译注》（修订本），上海古籍出版社2001年版。

40. 周欣：《侦查权配置问题研究》，中国人民公安大学出版社2010年版。

41. 廖奕：《法治中国的均衡螺旋》，社会科学文献出版社2014年版。

42. 王帅：《刑法解释分歧的司法化解》，中国人民公安大学出版社、群众出版社2018年版。

43. 陈瑞华：《问题与主义之间——刑事诉讼基本问题研究》，中国人民大学出版社2003年版。

44. 汪习根：《司法权论——当代中国司法权运行的目标模式、方法与技巧》，武汉大学出版社2006年版。

45. 张志铭：《法律解释学》，中国人民大学出版社2015年版。

46. 朱景文主编：《法理学专题研究》，中国人民大学出版社2010年版。

47. 蒋耀祖：《中美司法制度比较》，台北，商务印书馆1976年版。

48. 梁根林、[德]埃里克·希尔根多夫主编:《中德刑法学者的对话:罪刑法定与刑法解释》,北京大学出版社 2013 年版。

49. 葛洪义主编:《法理学》,中国政法大学出版社 2010 年版。

50. 周维明:《刑法解释学中的前理解与方法选择——刑事裁判的实践理性保障》,知识产权出版社 2018 年版。

51. 王作富主编:《刑法分则实务研究》(上),中国方正出版社 2007 年版。

52. 陈兴良:《刑法的价值构造》,中国人民大学出版社 2006 年版。

53. 胡云腾:《宣告无罪实务指南与案例精析》,法律出版社 2014 年版。

(二)翻译著作

54. [德]拉德布鲁赫:《法学导论》,米健、朱林译,中国大百科全书出版社 1997 年版。

55. [德]H. 科殷:《法哲学》,林荣远译,华夏出版社 2003 年版。

56. [德]尼克拉斯·卢曼:《法社会学》,宾凯、赵春燕译,上海人民出版社 2013 年版。

57. [德]卡尔·拉伦茨:《法学方法论》,陈爱娥译,商务印书馆 2003 年版。

58. [德]齐佩利乌斯:《法学方法论》,金振豹译,法律出版社 2009 年版。

59. [德]伯恩·魏德士:《法理学》,丁小春、吴越译,法律出版社 2003 年版。

60. [德]卡尔·恩吉施:《法律思维导论》,郑永流译,法律出版社 2013 年版。

61. [德]哈贝马斯:《在事实与规范之间——关于法律和民主法治国的商谈理论》,童世骏译,生活·读书·新知三联书店 2014 年版。

62. [德]N. 霍恩:《法律科学与法哲学导论》,罗莉译,法律出版社 2005 年版。

63.［美］迈克尔·沃尔泽:《正义诸领域:为多元主义与平等一辩》,褚松燕译,译林出版社 2002 年版。

64.［美］史蒂文·J.波顿:《法律和法律推理导论》,张志铭、解兴权译,中国政法大学出版社 1998 年版。

65.［美］理查德·A.波斯纳:《法理学问题》,苏力译,中国政法大学出版社 2002 年版。

66.［日］前田雅英:《刑法总论讲义》,曾文科译,北京大学出版社 2017 年版。

67.［意］切萨雷·贝卡里亚:《论犯罪与刑罚》,黄风译,中国法制出版社 2002 年版。

68.［英］韦恩·莫里森:《法理学:从古希腊到后现代》,李桂林、李清伟等译,武汉大学出版社 2003 年版。

69.［法］亨利·莱维·布律尔:《法律社会学》,许钧译,上海人民出版社 1987 年版。

70.［匈牙利］阿格妮丝·赫勒:《超越正义》,文长春译,黑龙江大学出版社 2011 年版。

(三)论文类

71.储槐植、闫雨:《刑事一体化践行》,载《中国法学》2013 年第 2 期。

72.张明楷:《实质解释论的再提倡》,载《中国法学》2010 年第 4 期。

73.张明楷:《案件事实的认定方法》,载《法学杂志》2006 年第 2 期。

74.陈兴良:《形式解释论的再宣示》,载《中国法学》2010 年第 4 期。

75.陈兴良:《刑法教义学的逻辑方法:形式逻辑与实体逻辑》,载《政法论坛》2017 年第 5 期。

76.刘仁文:《再论强化中国刑法学研究的主体性》,载《现代法学》2023 年第 4 期。

77.刘仁文:《刑事案件另案处理的检视与完善》,载《政治与法律》2021

年第 5 期。

78. 王凌皞:《走向认知科学的法学研究——从法学与科学的关系切入》,载《法学家》2015 年第 5 期。

79. 袁林:《公众认同与刑法解释范式的择向》,载《法学》2011 年第 5 期。

80. 蒋熙辉:《刑法解释限度论》,载《法学研究》2005 年第 4 期。

81. 郑永流:《法律判断大小前提的建构及其方法》,载《法学研究》2006 年第 4 期。

82. 劳东燕:《刑法解释中的形式论与实质论之争》,载《法学研究》2013 年第 3 期。

83. 张建军:《互动解释:一种新的刑法适用解释观》,载《法商研究》2016 年第 6 期。

84. 魏东:《刑法解释学基石范畴的法理阐释——关于"刑法解释"的若干重要命题》,载《法治现代化研究》2018 年第 3 期。

85. 杨兴培:《刑法实质解释论与形式解释论的透析和批评》,载《法学家》2013 年第 1 期。

86. 俞小海:《刑法解释的公众认同》,载《现代法学》2010 年第 3 期。

87. 江国华:《中国宪法学的研究范式与向度》,载《中国法学》2011 年第 1 期。

88. 谢晖:《从弱契约、利益可接受证成法律之为制度修辞》,载《政法论丛》2018 年第 2 期。

89. 付玉明:《诠释学视野下的刑法解释学》,载《法律科学(西北政法大学学报)》2011 年第 3 期。

90. 吴丙新:《刑法解释的对象——在事实与规范之间》,载《文史哲》2009 年第 1 期。

91. 余双彪:《事实与规范:刑法的"静"与"动"》,载《中国刑事法杂志》

2012 年第 9 期。

92. 梁根林:《传统犯罪网络化:归责障碍、刑法应对与教义限缩》,载《法学》2017 年第 2 期。

93. 李世阳:《互联网时代破坏生产经营罪的新解释——以南京"反向炒信案"为素材》,载《华东政法大学学报》2018 年第 1 期。

94. 张中秋:《中国传统法律正义观研究》,载《清华法学》2018 年第 3 期。

95. 刘钊:《论沃尔泽动态正义观》,载《湖南社会科学》2016 年第 6 期。

96. 尚连杰:《缔约过程中说明义务的动态体系论》,载《法学研究》2016 年第 3 期。

97. 解亘、班天可:《被误解和被高估的动态体系论》,载《法学研究》2017 年第 2 期。

98. 田心铭:《认识发展规律的客观性与主体认识活动的自觉性》,载《北京大学学报(哲学社会科学版)》2000 年第 1 期。

99. 郭春镇:《法律直觉与社科法教义学》,载《人大法律评论》2015 年第 2 期。

100. 张小虎:《对刑法解释的反思》,载《北京师范大学学报(社会科学版)》2003 年第 3 期。

101. 张苏:《以法益保护为目的的刑法解释论》,载《政治与法律》2011 年第 4 期。

102. 孙道萃:《论罪责刑关系作为刑法解释对象》,载《中国刑事法杂志》2013 年第 4 期。

103. 马静华:《侦查权力的控制如何实现——以刑事拘留审批制度为例的分析》,载《政法论坛》2009 年第 5 期。

104. 朱全宝:《论检察机关的提前介入:法理、限度与程序》,载《法学杂志》2019 年第 9 期。

105. 黄泽敏:《案件事实的归属论证》,载《法学研究》2017 年第 5 期。

106. 万毅:《检察官客观义务的解释与适用》,载《国家检察官学院学报》2015 年第 6 期。

107. 龙宗智:《检察官客观义务与司法伦理建设》,载《国家检察官学院学报》2015 年第 3 期。

108. 徐清:《刑事诉讼中公检法三机关间的"共议格局"——一种组织社会学解读》,载《山东大学学报(哲学社会科学版)》2017 年第 3 期。

109. 叶琦、孙红日:《刑事判决书针对辩护意见的"回应性说理"之提倡——以 S 市基层法院无罪辩护的刑事判决书为样本》,载《法律适用》2017 年第 13 期。

110. 李奋飞:《论"唯庭审主义"之辩护模式》,载《中国法学》2019 年第 1 期。

111. 赵军:《正当防卫法律规则司法重构的经验研究》,载《法学研究》2019 年第 4 期。

112. 贺卫:《正当防卫制度的沉睡与激活》,载《国家检察官学院学报》2019 年第 4 期。

113. 孙长永:《"捕诉合一"的域外实践及其启示》,载《环球法律评论》2019 年第 5 期。

114. 肖中华、朱志炜:《论刑法解释的价值取舍——从法治视角看人权保障与社会正义的冲突》,载《法学杂志》2017 年第 3 期。

115. 高维俭、王东海:《刑法体系解释层次论——兼以"赵春华案"为实践检验样本》,载《现代法学》2019 年第 3 期。

116. 步洋洋:《中国式陪审制度的溯源与重构》,载《中国刑事法杂志》2018 年第 5 期。

117. 陈卫东、胡晴晴、崔永存:《新时代人民监督员制度的发展与完善》,载《法学》2019 年第 3 期。

118. 林东茂:《客观归责理论》,载《北方法学》2009 年第 5 期。

119. 孙海波:《告别司法三段论?——对法律推理中形式逻辑的批判与拯救》,载《法制与社会发展》2013 年第 4 期。

120. 于辉:《法律推论中大前提建构的逻辑机制》,载《社会科学家》2016 年第 8 期。

121. 储槐植:《刑事"三化"述要》,载《中国检察官》2018 年第 1 期。

122. 梁治平:《"辱母"难题:中国社会转型时期的情—法关系》,载《中国法律评论》2017 年第 4 期。

123. 张文显:《治国理政的法治理念和法治思维》,载《中国社会科学》2017 年第 4 期。

124. 王敏远:《认罪认罚从宽制度疑难问题研究》,载《中国法学》2017 年第 1 期。

125. 杨兴培:《刺杀辱母者案的刑法理论分析与技术操作》,载《东方法学》2017 年第 3 期。

126. 陈璇:《正当防卫、维稳优先与结果导向——以"于欢故意伤害案"为契机展开的法理思考》,载《法律科学(西北政法大学学报)》2018 年第 3 期。

127. 高铭暄:《于欢案审理对正当防卫条款适用的指导意义》,载《人民法院报》2017 年 6 月 24 日,第 2 版。

128. 李奋飞:《论司法决策的社会期望模式——以"于欢案"为实证切入点》,载《法学》2019 年第 8 期。

(四)其他类

129. 山东省高级人民法院刑事附带民事判决书,(2017)鲁刑终 151 号。

130. 《关于适用认罪认罚从宽制度的指导意见》。

131. 余清楚、杨成:《客观理性看待辱母杀人案》,载人民网,http://opinion.people.com.cn/n1/2017/0327/c1003~29171394.html。

132. 广东省高级人民法院刑事附带民事判决书,(2014)粤高法刑一终字 351 号。

133. 湖南省沅江市人民检察院不起诉决定书,沅检公刑不诉〔2015〕1 号。

二、外文参考文献

134. William N. Eskridge, *Dynamic Statutory Interpretation*, Harvard University Press,1994.

135. Adrian Vermeule, *Dynamic Statutory Interpretation and the Institutional Turn*,Issues in Legal Scholarship,2002.

136. Alex M. Jr. Johnson & Ross D. Taylor, *Revolutionizing Judicial Interpretation of Charitable Trusts:Applying Relational Contracts and Dynamic Interpretation to Cy Pres and America's Cup Litigation*, Iowa Law Review,1989.

137. Anna Lumelsky, *Diamond v. Chakrabarty:Gauging Congress's Response to Dynamic Statutory Interpretation by the Supreme Court*,University of San Francisco Law Review,2005.

138. Bernard Bell, *Hypnotized by Images of the Past:Dynamic Interpretation and the Flawed Majoritarianism of Statutory Law*,Issues in Legal Scholarship,2002.

139. Edward Rubin,*Dynamic Statutory Interpretation in the Administrative State*,Issues in Legal Scholarship,2002.

140. Anthony D'Amato,*The Injustice of Dynamic Statutory Interpretation*, University of Cincinnati Law Review,1996.

141. Vgl. Bydlinski / krejci / Schilcher /Steininger (Hrsg.), Das Bewegliche System im geltenden und künftigen Recht, Wien · New York:

Springer ~ Verlag,1986.

142. Plessner, Henning, Cornelia Betsch & Tilmann Betsch, eds., *Intuion in Judgment and Decision Making*, Pwychology Press, 2011.

143. Guthie, Chris, Jeffrey J. Rachinski & Anddrew J. Wistrich, *Blinking on the Bench: How Judges Decide Cases*, Cornell Law Review Vol. 93, 2007.